Elite
34

關於 美學
的100個故事

100 Stories of Esthetics

馮慧◎編著

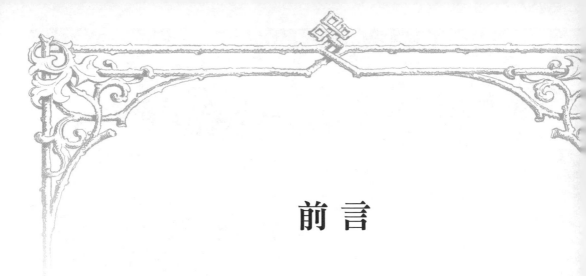

前 言

　　愛美之心人皆有之，生活之美，自然之美，藝術之美，心靈之美，無不令人心嚮往之。美，貫穿了人類生活的始終，是人生境界的終極追求。而發現美，創造美，就是美學的宗旨。

　　人類自從能夠直立行走，便開始了對美的創造與欣賞。從遠古人把顏色各異的石珠、獸齒、海蚶殼等飾品佩戴在脖頸和腰間上起，就顯示出人類已經開始了對美的創造和認識。

　　美學就是以藝術做為主要對象，從現實的審美角度出發，來辨別其善、惡、美、醜的一門審美科學。它是一個多元化的學科，所研究的對象包括美的發現、美的創造、美的發展及美的規律等。同時，美學做為哲學的一個分支，還研究藝術裡的哲學問題，這些問題包括美的本質、審美意識以及審美對象的關係等。

　　一談到美學，讀者也許會問：「藝術家比平常人更高明嗎？為什麼我們看到一幅美麗的風景，想要把它畫下來的時候，腦海裡卻消失了？而畫家卻能完美地在畫布上呈現出來？難道藝術境界只存

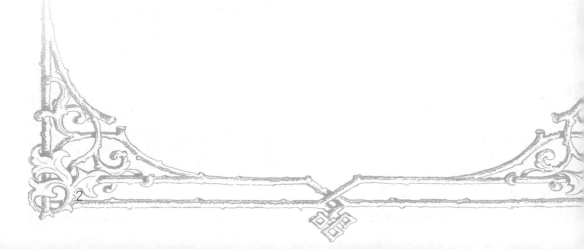

在藝術家們的心裡嗎？」其實不然，美麗的景色一直存在，只是有些人用心去看，發現了其中的美，創造了新的美。所以，那些成功地展現美，對美有很高造詣的人，被稱為藝術家。

我們常常為看到的自然美景感到開心，為他人創作的偉大藝術品而發出由衷的讚嘆。為此有些人就會想，為什麼美景會令人賞心悅目？那些偉大的藝術品究竟美在哪裡？人們為什麼會創作這些作品？其中蘊含著怎樣的規律？如果想破解這些謎團，那就請踏上這段探索美的旅程吧！相信閱讀完本書通俗易懂的介紹，會使你豁然開朗，發現美學蘊含的無窮寶藏。

本書選取了一百個生動有趣、富含哲理的故事，結合美學基礎理論常識，不僅能讓你領略到生活之美、人性之美，破解藝術領域存在的未解之謎，還能令你在輕鬆的閱讀之餘，全面而深入地了解藝術，了解美學。進而陶冶情操，增長智慧，讓生活變得更加美好。

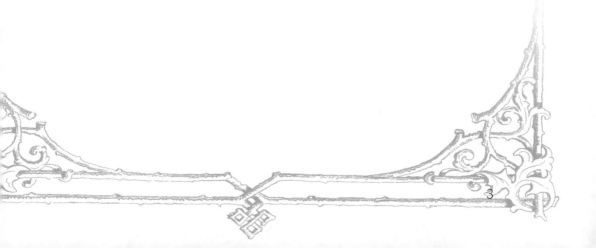

目 錄

第三篇 借你一雙尋找美的眼睛──美學方法

第四篇 美的，更美些──美學分類

第五篇 讓人生更美的使者──一睹歷代美學大師的風采

第一篇
美麗的世界，美學的生活
——美學的基本原理

魯本斯找模特兒
揭示了美學的定義

美學是從人對現實的審美關係出發，以藝術做為主要對象，研究美、醜、崇高等審美範疇和人的審美意識、美感經驗，以及美的創造、發展及其規律的科學。

在十七世紀的法蘭德斯，有一位非常傑出的畫家叫魯本斯。他是歐洲第一個巴洛克式的畫家，以肖像畫最為知名。他畫的肖像之所以引人入勝，不僅由於繪畫技巧的完美，同時還由於他在作品裡表現出了脈搏在熱烈地跳動、目光中充滿了生命力、皮膚富有彈性的栩栩如生的人物。他的一幅名為《對無辜者的大屠殺》的作品，曾被英國索比斯拍賣場拍出了四千九百五十萬英鎊的天價。所以，從某種角度上來說，魯本斯的畫不僅代表了法蘭德斯，還代表了十七世紀西歐的繪畫藝術。

魯本斯出生在德國錫根，由於父親過早地離世，他一直跟著母親生活。少年時代的魯本斯曾在一個伯爵家裡做侍童，在那種高雅的環境裡，他不僅有機會接受了許多正統的教育，還學會了多種語言，為他日後的繪畫生涯打下了堅實的基礎。

母親希望魯本斯將來能夠成為一名畫家，所以請了當時幾位著名的畫家來為兒子指點畫技。自身的聰穎好學再加上名師的指點，魯本斯的畫技有了長足的進步，年僅二十一歲時他便獲得安特衛普畫家公會的承認，成為一名正式的畫家。

一六○○年，魯本斯來到義大利的威尼斯，在那裡，他一邊潛心研究繪畫，一邊又精心研究臨摹古代藝術精品和文藝復興盛期大師們的畫跡。這一階段的繪

畫給魯本斯帶來的不僅是名利和地位，而且還帶來了無盡的藝術享受。他對繪畫的癡迷已到了在大街上一見到體態豐盈的女子都會拉去做模特兒。被冒然拉去做模特兒是一件很難為情的事情，更何況魯本斯畫的大多數都是裸體畫。可是當這些美麗的女子知道了魯本斯對繪畫的熱愛以及他的人品以後，非但不計較，甚至還很願意配合。

魯本斯善於運用健康豐滿、生機勃勃的形象，洋溢著樂觀與激情的性格，去表現自己的審美理想與趣味。由於他所處的是上流社會環境，所畫的女子基本上

魯本斯的繪畫作品《三美神》。在他的筆下，這些女神都有著健壯豐滿、充滿生命力的形體，有著秀麗俊美的面孔，整個形象充溢著激情與藝術魅力。

都是貴婦人，體態豐滿，皮膚細嫩，時而端莊，時而可愛，而他所畫的男子也是以風流浪蕩的官宦子弟為題材，生動刻畫了法蘭德斯貴族資產者追求享樂和驕奢淫逸的生活情趣。

魯本斯最初的繪畫題材來自於基督教信仰，可是這樣的題材難免會受到宗教的制約。為了能夠淋漓盡致地發揮自己的構思，他就改以神話為題材。在那些神話故事裡，他的藝術個性得到了完美而毫無阻攔的發揮，進而使他的繪畫藝術達到了更高層次的昇華。

自從能夠直立行走，人類就開始了對美的創造與欣賞。從原始人把顏色各異的石珠、獸齒、海蚌殼等飾品佩戴在脖頸和腰間上起，就已顯示了人類已經開始了對美的創造和認識。

以藝術做為主要對象，從現實的審美角度出發，來辨別其善、惡、美、醜的一種審美意識，就叫做美學。

人類研究美學的方式是多元化的，既可以用哲學的方式去研究，也可以從生活經驗的角度去探索，還可以從心理分析的角度、人類學以及社會學的角度等進行研究。

最早把美學納入科學行列來做研究的是德國哲學家鮑姆加登。他首次給美學的定義是「來自感官的感受」，他認為美首先是從感覺上獲得的。到了十九世紀，現代的美學家們將美定義在從藝術、科學和哲學中感知認知的一種理論哲學。對於審美對象來說，審美的標準不只是停留在觀察美醜的表面，而是從更深一層的角度去觀察和認識它潛在的本質。

小知識

孔子（西元前551年～西元前479年），名丘，字仲尼。中國古代偉大的思想家和教育家，儒家學派創始人，世界最著名的文化名人之一。他的言行思想主要載於語錄體散文集《論語》及先秦和秦漢保存下的《史記·孔子世家》中。

牧師的玫瑰
體現了美學的研究對象

美學是一個多元化的學科，它所研究的對象包括美的發現、美的創造、美的發展及美的規律等。同時，美學做為哲學的一個分支，還研究藝術裡的哲學問題，這些問題包括美的本質、審美意識以及審美對象的關係等。

約翰每個禮拜天都會去附近的那家教堂講道。那個教堂不大，但是環境佈置得很好，尤其是四周的牆角，都是用石頭砌成的一個個花壇，一年四季都開著各種顏色的鮮花。約翰講道的那段時間，正好是玫瑰花開放的季節。當他每次講完道的時候，都會有人拿著剛採的花朵別在他的領子上，然後再圍著他問東問西，天天如此。

有一天，約翰講完道的時候，照樣有人圍在他身邊。

這時，人群中有一個個子矮小，年齡不到十歲的小男孩對約翰說：「先生，你衣服上的那朵花真好看。」

「你喜歡嗎？喜歡的話，我可以送給你。」約翰親切地說。

小男孩沒說要，也沒說不要，只是肯定地點了點頭。

約翰把花拿下來，別在小男孩那皺巴巴的衣服上，問道：「你要它做什麼？」

「給我祖母。」

「為什麼要送給你的祖母呢？難道她生病了？」

「沒有，我爸爸媽媽離婚了，他們都不要我，我只能跟著祖母一起生活。祖母每天給我做最好吃的土豆餅，教我唱歌，耶誕節的時候還帶我去看馬戲團表演。我什麼忙都幫不上祖母，她說我年齡太小，什麼也不用做，所以我想把這朵花拿回家送給她，她一定會很高興的。」

原來是這樣，眼前這個小男孩心裡竟然裝著如此的感恩。其實很多時候，我們對別人給予的愛都習以為常，而忽略了怎樣去回報，小男孩的話使約翰心裡泛起了一種酸楚，使他想起了自己的那些親人，想起了他們溫暖的臉。

其實教堂裡的花有很多，不僅花壇裡生長著，而且每個禮拜天，都會有人買花送給教堂。約翰蹲下身告訴男孩說：「孩子，你做得很對，如果你想要感謝祖母的話，僅這一朵花太少了。你看外面那花壇裡有很多玫瑰花，你再去摘幾朵其他顏色的花來，然後放在一起，會更好看的。」

「謝謝先生，我原來只想要一朵，可是我現在卻有了一大束鮮花。」

過了一會兒，小男孩抱著大把的玫瑰花走了，那些花瓣經過的地方，留下了一路芳香。約翰彷彿看到那些鮮花從男孩小手上遞到祖母手上的時候，祖母那滿是皺紋卻又無比開心的笑臉。

對於美學研究對象的定義，學術界一直以來都眾說紛紜，缺乏一個最準確、最直觀的概念。鮑姆嘉通曾經闡述過美學所針對的就是感官方面的研究，美學就是感性學，但是這個說法並不全面。後來經過了大量的論證，在整個學術界形成了三種觀點：

1.美學應該針對美本身進行研究。這裡所謂的美本身，不是某種事物單獨具

有的美，而是所有此類事物普遍存在的美，也就是定義事物審美意義的參考值。

2.美學所研究的對象應該是藝術。美學就是從哲學的角度上來分析藝術，這是在西方被普遍認可的一種見解。

3.應該把審美過程中產生的經驗和心理，做為美學研究的對象。學術界之所以把經驗和心理列為審美對象，是因為十九世紀心理學的興起。心理學是研究人類心理活動和行為表現的一門學科，從心理學的角度上來研究和解釋一切審美活動，進而把審美經驗和審美心理推向美學研究的中間地帶。

對於以上三種觀點，各個時期都有不同的理解和認識。傳統觀念認為，第一種最符合美學研究的本質，外界所有的審美活動和審美現象最後都依賴於美的本質上的詮釋，因此對美的本質的研究是最基礎，也是最根本的。但是現代學者更傾向於第二種，美就是對藝術的闡述和解釋，美學等同於藝術哲學，如一種事物或一件藝術作品，不能用哲學的角度來審視的話，就無法判定其美學價值。

小知識

老子（約西元前571年～西元前471年），名李耳，字伯陽，又稱老聃。中國古代最偉大的哲學家和思想家之一，被道教尊為教祖，著有《道德經》。

愛因斯坦教人欣賞樂曲
教出了美學研究的任務

美學研究的任務，除了能真實地解釋審美現象和事物本質、幫助人們懂得怎樣創造美、欣賞美，以及瞭解這其中的規律以外，還在科學研究的層面上起到完善和發展美學學科本身的作用，以此提高人類的精神境界。

巴赫是德國著名的作曲家、管風琴及羽管鍵琴演奏家，他萃集義大利、法國和德國傳統音樂中的精華，對後來將近三百年整個德國音樂文化乃至世界音樂文化產生了深遠的影響。

在一場室內音樂會上，年輕人傑羅姆剛好坐在了大名鼎鼎的愛因斯坦身邊。

「你喜歡巴赫的作品嗎？」隨著周圍陣陣的喝采聲，愛因斯坦輕輕地問傑羅姆。傑羅姆非常尷尬地說，「說實在的，我對巴赫一無所知，我從來沒有欣賞過他的作品。」

愛因斯坦一臉關切地問：「你從來都沒有聽過巴赫的樂曲？那麼好吧！跟我來好嗎？」他把傑羅姆領上樓，讓進了一個房間，然後問道：「你對音樂的這種感受有多久了？」

傑羅姆心裡有點惶惑，說道，「從來都是如此。我想您還是下樓去

聽音樂吧！愛因斯坦博士，我不去沒關係……」

「有沒有你喜歡的樂曲？請回答我。」愛因斯坦接著問道。

傑羅姆忐忑地回答說：「我喜歡有詞的歌，還有那種我能哼唱的曲調。」

愛因斯坦笑著點點頭，說道：「也許你能舉個例子。」

傑羅姆鼓足勇氣說：「可以，比如平·克勞斯貝的作品。」

愛因斯坦點點頭，大聲說：「好極了！」

接著，他走到房間的角落，打開一臺留聲機，開始找起唱片來。很快，他便放上了唱片，霎時書房裡響起了輕快活潑的樂曲，這是平·克勞斯貝的《黎明時分》。大約放了三、四節後，愛因斯坦關上了留聲機。

「你能告訴我剛剛聽了些什麼嗎？」

傑羅姆沒有回答，而是複唱了一遍，並盡可能克服粗聲大氣的毛病。

一唱完，愛因斯坦就高興地嚷道：「你能欣賞音樂！」

傑羅姆喃喃地辯解道：「這是我平時最愛哼的歌曲，都唱過幾百遍了，並不能說明什麼。」

「這能說明一切！你還記得學校裡第一堂算術課嗎？假定在你剛剛接觸到數字時，你的老師就讓你演算一道有關豎式除法或分數的題目，你能夠做到嗎？」

「不能，當然不能！」傑羅姆肯定地回答。

愛因斯坦高興而又得意地揮動了一下手中的菸斗，說道：「沒錯！那是無法辦到的，你會感到困惑不解，因為對豎式除法和分數一竅不通。結果，很可能由於老師的這個小小的錯誤而使你一生都無法領略豎式除法和分數的妙處。聽音樂

也是同樣的道理，這令人陶醉的簡單歌曲正如最基本的加減法，現在你已掌握了，我們可以進行一些比較複雜的課程了。」

說完，愛因斯坦伸出手臂挽住傑羅姆說：「我們去聽巴赫的作品！」

當兩人回到客廳時，音樂會很快就結束了。

女主人來到他們身旁說：「非常抱歉，你們沒能欣賞到大部分音樂節目。」

愛因斯坦急忙站了起來，「我也很抱歉，可是我和這位年輕的朋友剛剛進行了人類所能夠做的最偉大的事業。」

「真的嗎？」女主人完全困惑了，「那是什麼呢？」

愛因斯坦笑著摟住了傑羅姆的肩膀，一字一頓地說：「開拓了美的新領域！」

美學研究所帶給人們的，除了能真實地解釋審美現象和事物本質，幫助人們懂得怎樣創造美、欣賞美，以及了解這其中的規律以外，還在科學研究的層面上起到完善和發展美學學科本身的作用。美學學科的完善化，不僅能夠提高人們的審美能力，而且還能夠提高人類的精神境界，讓人類從審美的角度來追求生命的完美和尋找生命的意義。

德國詩人荷爾德林曾經寫過這樣的詩句：願人們生活在充滿詩意的大地上。海德格也曾經說過，人類一切的生產生活以及一切的創造，都應建立在「詩意地棲居」這個基礎上。海德格所處的時代是一個被技術控制的時代，所有與技術無關的事物都遭到了社會的歧視與拒絕，同時這也是一個精神極度貧乏與麻木的時代。美學的任務就是以一種關懷的態度提醒人們，在提高審美能力的基礎上，努力尋找和發現自我的生存價值。

　　現今，人們一味追求物質享受，拜金主義之風盛行，人類的精神世界逐漸萎靡。美學研究的目的就是提高人類的自我意識，並把這樣的思想融入到文學作品中，以生動感人的形象喚醒人們提高審美意識，進而使他們能夠真正脫離平庸和愚昧，以一種超凡脫俗的形象「詩意地棲居在大地上」。

小知識

蘇格拉底（西元前469年～西元前399年），古希臘著名的思想家、哲學家、教育家，他和他的學生柏拉圖以及柏拉圖的學生亞里斯多德並稱為「古希臘三賢」。蘇格拉底終生從事教育工作，具有豐富的教育實踐經驗並有自己的教育理論。他的問答法對後世影響很大，直到今天，問答法仍然是一種重要的教學方法。

哲學家痛苦於美學的
研究方法

美學是一門獨立學科，它研究的是美的本質和意義。但是在研究審美現象的同時，也要注重對人類的研究。二者相輔相成，不能把人與事物剝離開來，而單獨去研究與人無關的事物本質。

坐在岸邊的礁石上，哲學家目不轉睛地凝望著大海。起伏的浪潮拍打著礁石與海岸，彷彿向世界講述著它生命中一個又一個奇異而又驚心動魄的故事。

黃昏時分的沙灘在夕陽的照耀下，除了洶湧的波濤之外，周圍的一切都是那麼安詳和寧靜，可是此刻哲學家的內心卻充滿了困惑和迷惘。他一直在思考著這樣一個問題：「人的一生就像這深邃的大海，充滿了希望，但是又有許多深溝與暗流，當遇到艱難和傷痛的時候，又該如何來解脫呢？」

這時，兩個貴婦模樣的女人說笑著從哲學家身邊走過，她們看到哲學家一個人在礁石上坐著，便停住腳步問道：「你怎麼一個人在這裡發呆啊？你沒看到太陽都快落山了嗎？」

「我沒有發呆，我是在想一些問題。」哲學家說完把右手的中指和食指合在一起，放在嘴邊說：「噓」，做了一個安靜手勢，然後又繼續面對大海。

「問題？哈哈，有什麼可想的問題，你一定是看書看傻了，整天把自己打扮得像個學者一樣。其實人生哪有什麼問題，所謂的問題都是編來耍你們這些書呆子的。」其中一個塗著口紅，打扮得很妖豔的女人不以為然地說道。

「妳錯了，從哲學的角度上來說，人生充滿了各式各樣的問題，它們無時無

刻不在困擾著我，讓我連吃飯和走路都不能擺脫對它的思索。」

「可是你費盡腦筋考慮這樣的問題，每天把自己弄得痛苦不堪，有什麼意義呢？人的一生這樣度過，不是一種浪費嗎？你看我，找了一個有錢的老公，有了錢，這世界上就幾乎沒有什麼能夠讓我發愁的事情了。三個月前，我嫌待在家裡悶，他就買給我一輛車，我可以想去哪就去哪。而且，就在上個禮拜，他又在我生日的時候，送給了我一個鑲著三克拉鑽石的項鍊。你看看，多漂亮！」說著，她把脖子上的項鍊捏在手裡，故意向哲學家炫耀。

「是啊！夫人，妳很快樂，妳不用考慮任何問題，不費一點腦子，就能過得很快樂，而我則必須要考慮很多問題，也許我們生來就帶著不同的使命。可是如果人們都像妳這樣活著，生命真的沒有任何意義可言了。」

說完，哲學家從礁石上跳下來，頭也不回地走了。

從柏拉圖的那句「美是什麼」開始，人類就真正進入了對美的探索與發現的進程中。美的本質是什麼？該用什麼樣的方法來探尋美的本質？各個歷史時期的美學家們對此都付出了艱辛的努力。首先，把美學做為一門學科，這是研究或者解釋審美現象中的一些感覺和認識的一門學科。其次，要承認美學與人類的生存息息相關，在研究審美現象的同時，也要注重對人類的研究，二者相輔相成，缺一不可。在研究事物本質的時候，從人的角度出發，而不能把人與事物剝離開來，單獨去研究與人無關的事物本質。

西方探討美的本質，從柏拉圖、普羅提諾、黑格爾代表的客觀精神，到休謨、康德代表的主觀精神，從亞里斯多德、霍加斯、博克代表的物質方面，到狄德羅、車爾尼雪夫斯基代表的物質與精神統一的方面，他們之間的探討充滿了強烈的思辨與爭論。

　　相比之下，中國古代哲學家對於美的探討則是著重於「道」、「氣」、「妙」等幾個方面，這是從整個宇宙的意蘊和人的精神領域來探尋美的本質。如儒家學派所講的「比德說」，所強調的就是一種人與自然合一的狀態，人與自然之間互相依存，互相影響，人類的旦夕禍福完全可以從自然現象中尋找到答案。在探尋美的本質的過程中，以自然化、客觀化去掌握人的性格，而把自然人格化、道德化，進而使美的本質達到天人相感，陰陽相合的狀態。

小知識

柏拉圖（約西元前427年～西元前347年），古希臘哲學家、教育家。他十分重視教育的社會作用，是在西方教育史上最早提出教育具有重大政治意義的思想，把教育看做是建立和鞏固「理想國」的工具，並認為教育是改造人性的手段。他一生著述較多，其教育思想主要表述在《理想國》、《法律篇》等著作中。

小鎮的唱片
唱出美學思想的發展史

在整個歷史演變的過程中，美學的發展軌跡可以分為胚胎、成型、系統發展和現代發展四個階段，並逐漸劃分為哲學美學、藝術美學、心理美學、技術美學、生活美學等各類分支。

在偏僻的山區，有一個很小的村莊，這個村莊住著幾十戶人家，由於自然環境所限，他們平日裡做完農活就無事可做了。尤其是到了冬天，很多年輕人都聚在一起喝酒賭博，每當喝醉酒或者是輸了錢，就站在村口鋪天蓋地對罵起來。他們的生活就這樣一天天的過下來，連他們的孩子也在這種煩躁的環境中沾染上了罵人的惡習。

有一天，村子裡來了一位老人，他帶著兩個很不起眼的木箱子，住進了一個小客棧。村子裡沒有人關心這位老人的來歷，他們依舊如往常一樣過著自己的日子。

在一天清晨，大家都還沒有起床，就隱約聽見一種奇妙的聲音，委婉悠揚，如絲般柔順，又如綢緞般的流暢，它甚至勾起了村裡人心底深處最柔軟、最纏綿的那根弦。這是什麼聲音？它是從哪裡傳來的？順著聲音，村裡人來到了老人的住所，原來聲音是從一個很奇特的機器上發出來的。

「這是什麼？為什麼會發出這麼好聽的聲音？」

老人微笑著說：「這是唱片，聲音就是從這上面發出來的，這都是我年輕時最喜歡聽的音樂，現在老了，聽起來依然那麼入耳。人老了，就喜歡懷舊。」

留聲機。

老人的唱片引起了村人們的注意，他們每天都擠在老人的房間裡聽音樂。在和老人一起分享快樂的同時，也給自己的生活增添了些許情趣。漸漸地，站在村口罵人的現象少了，音樂讓小山村多了一份安寧，也讓這裡的人們相互之間多了一份信任和友好。

在整個歷史演變的過程中，美學的發展軌跡可以分為胚胎、成型、系統發展和現代發展四個階段。

1.在原始社會，美處於剛剛啟蒙的胚胎階段。原始人類在對自然、社會、藝術等表現出了對美的最初認識，他們的思想和意識中逐漸產生美的萌芽，繼而創造出美的雛形。

2.隨著社會的發展，人類進入文明時代。隨著生產力、生產方式的進步、科學以及藝術的發展，人類的思維方式開始改變。在這種前提下，美學思想也逐漸清晰化、自覺化、理論化，美學家們把對美的研究和發現，以及總結出來的一系列的經驗，都一一記載在哲學、文學、倫理學等文獻之中。

3.從十八世紀起到十九世紀中葉，人們開始有系統地研究美學。在這一時期，德國美學家康德建立了主觀唯心主義的美學體系，黑格爾建立了客觀唯心主義的辯證的美學體系。而在馬克思主義的美學理論中，又論證了美是從實踐勞動中創造出來的，並闡述了人的自然化、人本質的對象化，以及人的審美意識和審

美能力是對現實狀態的一種直觀反映等美學觀點。這種系統化的美學研究已逐漸走向成熟。

4.從十九世紀後半葉至今，在微觀與宏觀、綜合與分類、理論與實際相結合的過程中，逐漸衍生出哲學美學、藝術美學、心理美學、技術美學、生活美學等各類分支。

小知識

伊曼努爾‧康德（西元1724年4月22日～西元1804年2月12日），啟蒙運動時期最重要的思想家之一，德國古典哲學和古典美學創始人。其代表著作是《純粹理性批判》、《實踐理性批判》和《判斷力批判》。

歌唱家的愛情
詮釋了美學存在的意義

美學是人類社會實踐、審美實踐、創造美實踐的產物，是對人類、個體的歷時性、共時性審美、創造美實踐經驗的理論概括。它的誕生對於繁榮藝術，起到了推波助瀾的作用，同時推動了哲學社會科學、自然科學的發展。

在一座小城裡，歌唱家幾乎是家喻戶曉的人物。以他瀟灑的舉止、魁偉的身形、渾厚美妙的歌聲迷倒了眾多異性粉絲。可能是「熟悉的地方上沒有風景」的緣故，歌唱家的妻子卻對他的魅力不以為然，最終離開了他。

那時候，歌唱家已經病入膏肓，長期的腹瀉和厭食讓他渾身乏力，精神也萎靡不振。由於他沉浸在婚變的絕望苦痛中無法自拔，所以他一直拼命隱瞞著自己的病情，也從沒有去醫院治療的想法。

歌唱家有一個妹妹，在一所幼兒藝術學校當教師。妹妹有一個很好的朋友，是一個文靜美麗的乖女孩，深得妹妹信任，妹妹就把哥哥的病情告訴了這個女孩。沒想到不久之後這個女孩也病倒了，同樣是腹瀉，沒過幾天，女孩就變得面色憔悴枯槁。妹妹把這個女孩引薦給了歌唱家，也許是同病相憐，本來心情沉重的他，卻反過來不停地安慰和鼓勵著女孩。

女孩被感動了，在絕望中向他提出了一個請求：希望在她生命最後的日子裡，歌唱家能夠為她譜寫並親自演唱一首歌曲。如果放在過去，這根本不算什麼問題，歌唱家不僅歌唱得非常好，作詞和譜曲也很擅長。可是這時的他身體虛弱不堪，走路有氣無力，說話氣喘吁吁，根本無法提起精神進行創作。

女孩用充滿期待和執拗的眼神盯著他，流露出無盡的哀傷。歌唱家怎忍心拒絕？他誠實地告訴了女孩自己目前的身體狀況，要求女孩要勇敢地堅持下去，耐心等待。從此，每個黎明和黃昏，他都會接到女孩的電話。她在電話裡傳遞著同一個信念，她在等待著，等待著……

日復一日，歌唱家的病情開始慢慢好轉。終於有一天，他不再感到頭暈眼花了，於是欣喜地拿起筆，創作了《春天的愛》這首歌詞。接著，他興奮地在電話裡告訴女孩，他的身體好轉了起來，已經寫好了歌詞，正在譜曲，並且偶爾還能哼唱幾句。雖然現在他寫的不理想，唱的也不好，但他對未來充滿了信心，相信有一天一定能寫好、唱好這首將要送給女孩的歌。女孩在電話裡聲音哽咽，她說她會繼續等待，等待著春天的到來。

又是一個春回大地、百花盛開的時節，歌唱家終於譜寫好了那首特地為女孩創作的歌曲──《春天的愛》。在妹妹的陪伴下，女孩和歌唱家見了面，歌唱家動情地為女孩演唱了這首飽含深情的歌曲。當歌唱家唱完歌曲，女孩激動地撲進他的懷抱，眼裡流出了幸福的淚水。

那個女孩就是歌唱家現在的妻子，她是為了挽救他才和他的妹妹合演了這個淒美動人的故事。

人們從現實社會的勞動實踐、審美實踐、創造實踐的過程中逐漸發現美，進而產生了美學。美學的誕生對於繁榮藝術，起到了推波助瀾的作用，同時推動了哲學社會科學、自然科學的發展。

美學的意義在於：

1.美的本質來自於實際的勞動創造，所有與美有關的創造都是一種具體的勞動。勞動緩解著個體與其對象之間的緊張關係，同時把人從這種矛盾狀態中解脫

出來。由於個體在生活中所面臨的對象是紛繁複雜的，所以勞動的形式也是多種多樣的。

2.在創造美的過程中，其勞動的性質是自由的，如生活中的繪畫、舞蹈、植樹、建築等勞動，都是建立在一種自由的基礎上。所以說，凡是能夠體現自由理念的活動和勞動成果，都被認為是美的東西。

3.美是身心愉悅的勞動，所有的美好事物都是建立在自由勞動的基礎上，事物本身是勞動的成果，同時也是自由性勞動的一種表現，自由性被融合在勞動成果中，進而展現出美的本質。

小知識

奧古斯丁（西元354年～西元430年），古羅馬帝國時期基督教思想家，歐洲中世紀基督教神學、教父哲學的重要代表人物。他的理論是宗教改革的救贖和恩典思想的源頭，對於新教教會，特別是加爾文主義影響深遠。

無言的相助
展現了美學學科的人文品格

美學對於人類如何挖掘與探索自身的人文特點有非常重要的幫助，美學中存在的美的意識和美的氛圍化解了學界中緊張的批判精神。人們往往把美學中的人文品質與美學的研究對象聯結在一起，美學的人文品質主要體現在尊人、尊真、尊史這三個方面。

威廉·渥茲涯斯曾經講過這樣一個故事：很小的時候，父親帶他去看馬戲，那時候家境不太好，看馬戲也不是經常有的事，所以一說去看馬戲，當然是令人興奮的。一切都準備完畢，父親便帶上他去劇院了。

排隊買票時，在他們的前面排著很長的隊伍，威廉·渥茲涯斯按耐不住焦急的心情，老是抬著腳尖張望。

排在他們前面的是一家人，這家有八個小孩，穿著很簡單，整個排隊的過程，他們始終手拉著手，嘴裡還不停地跟他們的媽媽談論著小丑的模樣和大象精彩的表演。

終於輪到他們買票了，孩子的父親走上前說：「我買兩張成人票和八張兒童票。」售票員開出了價格，這時那個男子掏了掏口袋，面露難色，他妻子看出了端倪，剛才掛在臉上的笑容消失了，丈夫好像帶的錢不夠，可是又該如何跟孩子們解釋呢？

渥茲涯斯和父親親眼目睹了這一切，這時候他看見父親掏出了二十元鈔票，然後隨手丟在地上。接著，他站起身拍了拍前面那個男子的肩膀，說：「先生，這錢是你剛才掉的。」

那個男子眼神遲疑了一下，隨即明白了父親的用意，他緊緊握住了父親的雙手，眼神滿含著真誠的感激，嘴裡不停地說：「謝謝，謝謝，我不知道該怎麼說，這些錢比任何時候來的都有意義。」

在那位父親說話的瞬間，渥茲涅斯看到他的眼睛裡竟有晶瑩的淚水。

渥茲涅斯家也不是富有的人，錢給了他們，自己便看不成馬戲團了，他們只好趕著馬車轉頭回家。在路上，父子兩人談論著剛才發生的一切，渥茲涅斯的心情非常激動，他覺得這件事情帶給他心靈上的收穫遠遠高於看馬戲團本身。

美學對於人類如何挖掘與探索自身的人文特點有非常重要的幫助，美學中存在的美的意識和美的氛圍化解了學界中緊張的批判精神。人們往往把美學當中的人文品質與美學的研究對象聯結在一起，美學的人文品質主要體現在尊人、尊真、尊史這三個方面。

1.尊人。尊人即尊重人類自然本性的體現，人類的愛美之心存在於表面，並不能夠代表其本質上對美的追求，美學的功能把人類最初的愛美之心從理論上給出了有力的延伸與詮釋。從最早的古希臘文學裡，就把人看做是萬物之尊；文藝復興時代，人又被賦予「宇宙精華，萬物靈長」的稱謂；到了啟蒙運動時期，人的地位甚至與上帝齊平。美學從誕生的那天起，就提倡人文主義。在美學發展的歷史進程中，一方面從美學的角度把人們的精神推向一個高的層次，另一方面又把曾經賦予宗教神學的景仰摘下，加在人類頭頂。

2.尊真。美學把人類的審美文化推向了一個更高的層次，它既繼承了人類審美文化的傳統經驗，又為這種文化找到了理論上的依據，進而使審美文化與理論完美的結合起來。這樣的結合最注重的是真，所謂真，一是美學的一切理論都建立在真的基礎上；二是用真來保證科學的規範和學科的自明性；三是用真實性來

為唯美和泛美思想做有力的論據。

3.尊史。美學崇尚西方的史學求真的精神,西方的史學如實地記載歷史,如實地分析歷史的發展軌跡,美學則是在這個求真的基礎上,以文學的角度來對歷史加以彌補和矯正。

小知識

普羅提諾(西元204年~西元270年),古羅馬史上偉大的哲學家,柏拉圖的忠實繼承者。他發展了柏拉圖「理念」論的非現實的一面,即「理念」與「現實」堅決對立的一面,進而進一步貶抑現實世界。他還較早地提出了這樣一個論斷:倫理學高於存在論,「實踐理性」高於「理論理性」。

大師之戰
為的是美的本質

休謨說，美並不存在於事物的本身，而是存在於觀賞者的內心，事物的
美醜給人們帶來的快樂與痛苦的感覺，就是美的本質所在。

十六世紀中期，為了裝飾佛羅倫斯維吉奧宮的市政會議大廳，主辦方欲請達文西和米開朗基羅分別製作一幅巨畫。達文西是整個歐洲文藝復興時期最傑出的代表人物，而米開朗基羅則是文藝復興時期雕塑藝術最高峰的代表，這二位同被稱為偉大的繪畫家。

《大衛像》是米開蘭基羅二十五歲時的作品，不僅為他奠定了文藝復興大師的不朽地位，也成為佛羅倫斯人的驕傲和佛羅倫斯的精神象徵。

接到這個任務時達文西已經年過五十，並且他的成就已經馳名全歐。主辦方請他在這間大廳裡繪一幅壁畫，名字叫《安吉里之戰》，內容取材於十五世紀佛羅倫斯和米蘭之間的戰爭。達文西很高興地接受了這個任務，他說：「藝術是人類共有的財富，我希望我們包括整個佛羅倫斯透過這個方式來為世界留下點紀念性的作品。」為此，達文西做了很長時間的準備。

米開朗基羅當時年僅二十九歲，他所接受的繪畫任務是《卡辛那之戰》，這是一場發生在十四世紀的佛羅倫斯和比薩之間的戰爭。

《卡辛那之戰》與《安吉里之戰》最後的結局，都是以佛羅倫斯的勝利而告終。主辦方的意圖

不僅僅是讓人們記住義大利歷史上這兩
位傑出的繪畫大師，更重要的是從他們
的作品裡領略到對佛羅倫斯的熱愛和對
保衛佛羅倫斯英雄的崇拜。

達文西所繪的《安吉里之戰》手稿。

　　兩人的作品在一起展出，給觀眾帶
來的不僅僅是藝術上的享受，更多的是
來自心靈深處的震撼。但採取這種形
式進行展出，似乎是一場大師之間的競
爭。

　　毫無疑問，接下來的事情與人們的想像基本一樣，由於他們兩人都把這場繪
畫看做是一場高手之間的競爭，所以在各自的繪畫裡充滿了衝突的張力。從達文
西的草圖上就可以看出，他所畫的人物表現出了野獸般的殘忍——戰士們咆哮著
大張著嘴，像是要吃人肉。同時也展示了人與戰馬的軀體痛苦、恐怖的糾纏，透
露出自己對人性暴力的看法。而米開朗基羅畫的是戰爭邊緣一個奇異又平凡的時
刻：正在亞諾河中裸身洗浴的佛羅倫斯士兵突然聽到敵軍來臨的消息，急匆匆地
跳出水來穿鎧甲。

　　兩幅巨作所表現的都是一場沒有硝煙、聽不見炮聲的戰爭，兩人把戰爭赤裸
裸地搬上了牆壁，在議會廳裡偌大的牆壁上，他們淋漓盡致地發揮和宣洩著自己
的情感。進而使觀眾發現，其實情感還有另外一種表達方式，這樣的表達方式脫
離了時空，脫離了正常的思維與想像。兩位大師用自己獨特的手法使戰爭的核心
暴露在人們的視野中，進而使人們看到了戰爭的殘酷與荒謬。

　　從美學家的角度上說，美的本質就是一切事物之所以美的根據所在。美的現
象存在於社會的各個領域，從物質領域來說，包括自然美、科技美，精神領域包

33

括人類的心靈美、道德美和行為美，從生活角度來說，又包括人體、服裝、建築等，從藝術領域來說，包括舞蹈、繪畫、音樂、美術等，從理論上講，美的本質是唯一的，而美的表現形式是多樣的。

具體什麼是美？美學家們為此經歷了不懈的探討與研究。

希庇阿斯認為，美是恰到好處，是符合黃金分割的一種比例，如維納斯女神雕像。蘇格拉底認為，美是有益於人類生活的，是視覺和聽覺能夠感受到的一種快樂的感覺。阿奎那認為，美是完整、是和諧，是鮮亮明快的感覺。克萊夫·貝爾認為，美是一種含有深刻意味的表達方式。休謨認為，美並不存在於事物的本身，而是存在於觀賞者的內心，事物的美醜給人們帶來的快樂與痛苦的感覺，就是美的本質所在。

小知識

大衛·休謨（西元1711年4月26日～西元1776年8月25日），蘇格蘭的哲學家、經濟學家和歷史學家。他的倫理學觀念主要體現在《人性論》一書上，之後又在一篇名為《道德原理研究》的短文中進一步闡述了他的理論。休謨的研究根基於經驗主義，他認為大多數被我們認可的行為都是為了增進公共利益的。

浪子歸鄉
讓人看到美的特性

美的特性就是美的事物的特點，它包括形象性、感染性和客觀性三個方面。美的形象性指的是具體的事物本身，美的感染性指的是美的事物本身具有很大的吸引性、激勵性和愉悅性，美的客觀性指的是事物本身的社會性。

在挪威的一個村莊裡，住著一戶人家，年邁的母親和兒子、兒媳雖然經濟上不算富裕，但是吃穿不愁，和睦相處，日子倒也安穩。

兒子叫培爾·金特，是一個不太願意安於現狀的人，他覺得與其這樣碌碌無為地度過一生，不如轟轟烈烈地闖蕩一番。尤其是他看到很多同年齡的人都出去做生意，回家的時候都穿金戴銀，好不風光，更是按耐不住了。於是，培爾·金特告別了母親和妻子，帶著渴望與夢想來到了遙遠的城市。

培爾·金特是一個很聰明的人，可是他卻不願意腳踏實地打拼，總希望自己一夜暴富，因此他開始在賺錢的門路上動起了歪腦筋。有一個跟他一起做生意的同伴，在合作了三個月之後，培爾·金特便偷走了同伴所有的錢，趁夜悄悄地逃走了。帶著這些不義之財，培爾·金特又輾轉來到了另外一個地方，在那裡，他開了一間造假酒的地下作坊，並把這些劣質酒賣給附近靠挖煤掙錢的工人。可憐這些人在勞累之餘，光想著喝點酒解乏，根本不會想到培爾·金特的酒會有非法的添加物。培爾·金特越做越大膽，為了賺到更多的錢，他竟然用價格更低廉的工業酒精來兌酒，結果，有兩個顧客飲酒後中毒死亡。

造假酒出了人命，培爾·金特的酒坊不僅被取締，而且還上繳了所有的非法

所得，被當局關進了監獄。

　　幾年之後，刑滿釋放、走出監獄的他，看著眼前陌生的世界，想想自己這幾年的經歷，心裡不免湧上一陣陣的酸楚。這時，他想到了自己那個溫暖的家，想到了母親和妻子。

　　培爾‧金特記得，妻子經常在夜晚的燭光下紡紗，那時候，他就在旁邊靜靜地聽母親講故事。如今，在異鄉漂泊，最後傷痕累累的他一心只想回到故鄉，回到自己那個溫暖的小屋。可是當他歷盡艱辛，回到故鄉，面對那扇曾經推開過無數次家門的時候，卻猶豫了。因為悔恨、愧疚，他無顏面對自己的親人。

　　這時候，彷彿有心靈感應一樣，門「吱呀」一聲開了，妻子走了出來，她看到站在門口徘徊的培爾‧金特，說道：「進屋吧！」

　　「妳知道我站在門口嗎？」

　　「我不知道，但是我每天都會這樣出來看很多次，因為我知道你有一天會回來的。」

　　也許是回家的願望耗盡了他所有的力氣，此刻的培爾‧金特身心已經疲憊到了極點，他走進屋子，那紡車還在，那燭光還在。他依偎在妻子身邊，喃喃地講述著這幾年的經歷，那不堪回首的往事，一陣一陣地撕扯著他的心靈，最後他說：「我現在最大的願望就是回家。」

　　「你已經到家了。」妻子輕輕地提醒他。

　　「是嗎？」培爾‧金特環顧了四周，最後，目光落在妻子微笑的面容上，閉上眼睛睡著了。

　　美的特性就是美的事物的特點，它包括形象性、感染性和客觀性三個方面。

美的形象性指的是具體的事物本身。每一件事物都是具體的，是能夠感知的，如建築、雕塑、盆景花卉等，當人們在欣賞這些事物的時候，心裡會泛起一種愉悅的感覺。但並不是一切有形象的事物都能喚起人們的美感，能夠喚起美感的是因為事物本身所富含的美的本質。

美的感染性指的是美的事物本身具有很大的吸引性、激勵性和愉悅性，審美者能夠因為美的感染力而引起感情的波動和情緒的變遷。美是把情感與事物有機地統一在一起，以移情、昇華、共鳴三種形式傳達給人們。而美的事物之所有會有感染性，是因為美的事物本身能夠藉助生動具體的感性形象來確認人的本質力量。

美的客觀性指的是事物本身的社會性。美既是社會的，又是客觀存在的，這兩個方面不可分割。事物的社會性，指的是客觀存在的社會的屬性，而非主觀上的社會情趣和社會意識。正如車爾尼雪夫斯基給美的定義是「美離不開人，離不開人類的社會生活」。馬克思從真實的社會一定存在著客觀的內容這個角度給美下了一個定義，美就是包含著社會發展本質、規律和理想而具有可感形態的現實生活現象，總而言之，美是一種真正蘊含社會深度以及真實生活的勞動形象。

小知識

尼古拉‧加夫里諾維奇‧車爾尼雪夫斯基（西元1828年～西元1889年），俄國哲學家、作家和批評家，人本主義的代表人物。他的著述涉及哲學、經濟學、美學、文學、社會學等各個領域。最重要的著作有《藝術對現實的審美關係》、《哲學中的人本主義原理》、《生活與美學》以及小說《怎麼辦？》等。

驚豔的王妃
展現出美的特徵

美是人類實踐活動的產物，是建立在真、善、美基礎上的形式與內容的統一體。它以生動豐富的形象，引起人們心靈上的愉悅感受，是客觀性與社會性的統一、形象性與理智性的統一、真實性與功利性的統一、內容美與形式美的統一。

阿佩勒斯是古希臘歷史上一位著名的畫家，他的繪畫技藝精湛，栩栩如生，人物表情神態自若，從構思到染色都給人以無盡的想像空間，一直以來，他的作品都很受觀眾的青睞。

阿佩勒斯的繪畫藝術之所以會取得這樣的成就，與他的性格有很大的關係。他對待自己的繪畫非常認真，繪畫的題材也是取之於生活的，畫布上那些人物的舉手投足、穿衣戴帽都不會脫離生活的框架。為了能夠找出自己繪畫藝術上的缺點與不足，他常常在做完畫以後，把自己的作品擺在外面，然後悄悄躲在屋子裡，任憑路人對自己的繪畫進行指點和評論。然後，他再逐一記錄有哪些不足和缺陷，以便即時修補。

記得有一次，他畫了一個正在趕著牛車上市集賣東西的農夫，畫完以後，他就把畫放在路邊。那條路時常有人經過，他們看到這裡擺著一幅畫，常常停下來觀看，大家七嘴八舌地議論著畫的色彩與背景，有的拍手稱讚，有的則默不作聲。這時，有一個細心的老者說：「這個趕車人的鞋帶繫法不對，我從來沒見過這樣的繫法。」

阿佩勒斯聽見以後，趕緊從屋子裡跑出來，虛心向這位老者請教鞋帶的繫

法。老者見阿佩勒斯態度很誠懇，便耐心地告訴他說：「你所畫的鞋帶的繫法是很容易鬆開的，尤其是走遠路，如果是圍在腰間的帶子，這種繫法還可以。」聽完了老者的話，阿佩勒斯回去以後，就把自己的畫做了修改。

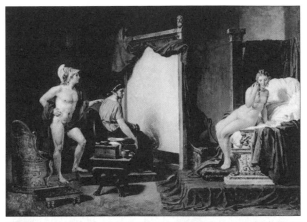

亞歷山大大帝命令美女坎帕斯普將裸體展示在阿佩勒斯面前，以供他作畫。阿佩勒斯見到這位瑩膚玉肌、千嬌百媚的模特兒，完全忘了手中的畫筆，只是呆呆地望著她出神。亞歷山大大帝見到阿佩勒斯對坎帕斯普如此一見傾心，就把她當作禮物送給了他。

對待繪畫如此精益求精的態度，使阿佩勒斯的畫技越來越純熟，他的名氣也越來越大，很快就得到了菲力浦國王和亞歷山大大帝的賞識，被聘為宮廷畫家。亞歷山大大帝甚至只許阿佩勒斯一人為他作畫，其他畫家都受到冷落。

有一次，亞歷山大大帝請他來作畫，阿佩勒斯當即為其畫了一幅昂首挺胸的奔馬。可是高傲的國王卻並不認可，老是用挑剔的眼光來尋找繪畫中奔馬的瑕疵，一會兒說馬畫得不真實，一會兒又說馬畫得很呆板。正巧這時，國王的一個侍從牽著一匹馬從這裡經過，這匹馬看見了繪畫中的馬，以為是遇到了同伴，立刻嘶叫著奔了過來。

這時，阿佩勒斯說：「國王，看來這匹馬比國王更會欣賞畫。」亞歷山大大帝面紅耳赤，不得不向他道歉。

美是人類實踐活動的產物，是建立在真、善、美基礎上的形式與內容的統一體。它以生動豐富的形象，引起人們心靈上愉悅的感受。總體說來，它具有如下

幾個不可分割的關聯性：

1.客觀性與社會性的統一。具體說來，審美客體之所以能夠刺激人的感官，給人美的感覺，是因為審美的主、客體之間的關係決定的。除了美感是主、客觀的統一體之外，美的本質也可以是主、客觀的統一體，主、客體相互作用產生出來的美，做為主角立場的時候就是「美感」，做為客體立場的時候就是「美質」。

2.形象性與理智性的統一。從康德提出的「美是含有目的性的表現形式」，到黑格爾提出的「美是感性的表現」，再到車爾尼雪夫斯基提出「美來自於生活」等概念中，皆證明人們對美的問題都有理性上的認識：美的根源就在於人的本質力量的對象化。人的本質力量指的是人在自然狀態下的一種自由自覺的生存活動，人在創造生活的過程中，所表現出來的個性、智慧、才能、情感等都是本質力量的具體體現。無論是在自然界還是在人類生存的社會空間，所有美的形象都是人類理性的顯現。

3.真實性與功利性的統一。審美活動具備了功利性與真實性兩副面孔，以及真、善、美、樂、用的五項功能。

4.內容美與形式美的統一。內容指的是事物本身的內涵，形式美指的是線條、結構和色彩上的美感。線條是視覺形象最基本的要素，它富有概括力，能夠直接傳達美感。

小知識

黑格爾（西元1770年～西元1831年），德國哲學家，德國古典唯心主義的集大成者。他一生著述頗豐，其代表作品有《精神現象學》、《邏輯學》、《哲學全書》、《法哲學原理》、《哲學史講演錄》、《歷史哲學》和《美學》等。

貝多芬修改音符
體現了審美發生理論的辨析

由於人們對審美的理論出發點和審美的角度不同，美學家們對於審美發生的解釋也是多種多樣的：德國考古學家提出的「模仿說」，雷納克提出的「巫術與圖騰崇拜說」，達爾文和佛洛伊德持有的「性本能」說，萊辛提出「遊戲說」。

貝多芬在創作上是一個非常認真的人，有一段時期，他甚至想毀掉青年時期所作的歌曲《降E大調七重奏》和《阿黛萊苔》。這並不是偶然的想法，貝多芬常常審視自己過去的作品，認真總結經驗和教訓。

貝多芬曾經教過一個學生，名字叫埃雷奧諾勒，他跟貝多芬學習了四年的鋼琴，後來由於貝多芬去了維也納，兩人便開始以書信的方式聯絡。一七九三年，貝多芬在維也納的第一部作品問世，這是一部以詠嘆調為主題的小提琴和鋼琴變奏曲，其結尾有一段非常難以掌握的顫音。在給埃雷奧諾勒的信中，他這樣寫道：「我當時在維也納演出，而某些人就把我的一些與眾不同的風格記錄下來，竊為己有，不幸的是，他們的詭計被我發現了，我想讓他們知道我的厲害，所以在他們的作品即將出版的時候，我搶先一步製作了這首鋼琴變奏曲。不僅如此，我在結尾處還添加了非常難操作的顫音技術，這是他們無論如何也想不到的。當我的作品與他們的作品同臺展示的時候，我看到了這些人臉上的尷尬和內心的不安。」

孟德爾松曾公布了一份貝多芬的手稿。在這份手稿上，有一處修改特別醒目，竟然在一個音符上貼了十二層小紙片。他逐一將這些小紙片揭開，發現最裡

貝多芬是德國最偉大的音樂家、鋼琴家，也是維也納古典樂派代表人物之一，他與海頓、莫札特一起被後人稱為「維也納三傑」。

面的那個最初構想的音符，竟然與最外面的也就是第十二次改寫的那個音符完全相同。由此看來，對於貝多芬而言，作曲是一項十分艱苦的工作。在創作歌劇《費德里奧》時，貝多芬曾為其中的一首合唱曲先後擬定過十幾種開頭。他常常懷揣筆記本，隨時記錄，即便散步，也從不忘記錄下突發的靈感。

貝多芬在晚年時曾發生過一件有趣的故事：一次，一位朋友演奏他的《C小調三十二變奏曲》，聽了一會兒，貝多芬就問：「這是誰的曲子？」朋友脫口而出，「你的。」「我的？如此笨拙的曲子會是我寫的？」接著，他又喃喃自語地補充了一句，「唉，當年的貝多芬呐，簡直是個大傻瓜！」

由於人們對審美的理論出發點和審美的角度不同，美學家們對於審美發生的解釋也是多種多樣的：

1.古希臘哲學家德謨克利特和亞里斯多德提出的「模仿說」。他們認為，人類在生活生存的發展過程中，對於美的創造是對禽獸的臨摹，如從蜘蛛那裡得來織布的經驗，從燕子那裡懂得了造房，從百靈以及黃鶯那裡學會了唱歌等。人類本身就具有模仿的本能，一切的審美藝術都來自於人類對自然界和對社會的模仿。

2.法國考古學家雷納克提出的「巫術與圖騰崇拜說」。在從對原始人的考古

中，雷納克發現，一切的審美活動都是以巫術的形式表現出來的，如人類在狩獵之前，會採用舞蹈、咒語等形式，來驅趕禽獸保佑自己。與巫術相關的，還有圖騰崇拜說。早期的考古研究證明，人類所有的審美活動都與巫術與圖騰有著緊密的聯繫，如此證明，人類最早的審美發生和形成是從巫術中來的。

3.達爾文和佛洛伊德所持有的「性本能」說。美的存在早於人類，並且不是人類社會所獨有的，美是自然界一切生物的共性，這一共性表現在對異性的關注上。

4.德國美學家萊辛提出「遊戲說」。萊辛認為，人類的審美發生是從遊戲中得來的。席勒在其《美育書簡》裡為這一理論做了補充，認為人類脫離動物的標誌就是有意識地選擇了裝飾和遊戲，遊戲使人類的本性得到了自由的發揮，進而獲得一種愉悅的感覺。

小知識

戈特霍爾德‧埃夫萊姆‧萊辛（西元1729年～西元1781年），德國啟蒙運動時期劇作家、美學家、文藝批評家。其美學著作主要有《關於當代文學的通訊》、《拉奧孔》、《漢堡劇評》等。

卡拉揚閉目指揮
暴露了審美發生的條件和契機

由於人類對審美活動理解的不同，審美發生的契機可以分為四個方面：
從無利害的愉悅性產生審美契機、無概念的普遍性、無目的和目的性、
無概念的必然性。

　　卡拉揚是世界著名的指揮家，而朱爾斯坦是當代著名的小提琴演奏家，這兩位世界級的音樂高手經常在一起合作。可是與其他音樂家不同的是，他們在一起合作的時候，都會有意識地閉上雙眼，用這種獨特的方式來感受潺潺流淌的音樂的魅力。這樣的場景感動了很多人，有人曾經就此問過朱爾斯坦：「你們在合作演奏的時候為什麼會閉上眼睛？難道就不怕出錯嗎？」

　　朱爾斯坦回答說：「真正的音樂是用心靈來感受的，而不是用眼睛看的，只有當我閉上眼睛的時候，才能把整首曲子毫無差錯地彈奏下來，使其如行雲流水般劃過耳際，達到出神入化的境界。否則，我所彈奏的音樂就會很生硬。記得有一次在演奏的過程中，我偷偷睜開了眼睛，看到卡拉揚正在全神貫注地指揮樂隊，他已經把身心投入到音樂中去，我不想打擾和破壞這難得的默契，那彷彿是一場心靈的對話。如果睜開眼睛，便失去了這種意境，如斷線無法再續，所以我睜開眼睛的一剎那，便趕緊又閉上了。」

　　「一個稱職的指揮家，不可能一邊看著曲譜一邊看著樂隊，那樣會使我的工作手忙腳亂。一首完整的曲子從頭到底都是連貫的，而每首曲子在演奏到一半的時候，我心裡就已經構思好完美的結尾了。所以，我只需閉上眼睛心無旁騖地指揮就行了。」這是卡拉揚對自己的要求。

卡拉揚還說：「在我看來，眼見的東西和耳聽的東西其實是兩回事，而樂譜是擺在我和樂隊之間最大的隔膜，它會擾亂和混淆我的視力，影響我對音樂的判斷以及臨場的發揮。因此，在每次的音樂會前，我熟悉完譜子之後，便遠遠地把它拋開，用身心去感受音樂超然的魅力。」

卡拉揚在音樂界享有盛譽，被人稱為「指揮帝王」。

審美的契機首先是發生在事物質的方面，對於美的判斷與事物本身給外界帶來的利害無關，審美不但是簡單的快樂，而是愉悅於這種快感之上的更高層次的愉悅感。

由於人類對審美活動理解的不同，審美發生的契機可以分為四個方面：

1.從無利害的愉悅性產生審美契機。根據康德的審美理論說，鑑賞審美的行為過程不應含有利害性，純粹的鑑賞判斷是事物的表象給人們帶來的美感，與事物本身的實質無關。這是一種從主觀的角度來做審美判斷的理論說法，因為每一項事物本身給人們帶來的快感和美感都是由其利害關係所決定的，因而康德的說法有失偏頗。

2.無概念的普遍性。這是一種來自於經驗上的審美判斷，指的是一個人在面

對某種事物的時候，單純地對其形象所反射出來的愉悅感覺。這種判斷既沒有理論上的依據，也不與任何審美概念相關聯，只是把快感做為審美判斷的根據。

3.無目的和目的性。如果拋開事物給人帶來的愉快感覺這個前提，只從先哲的經驗上來分析什麼是目的的話，目的就只是一個概念，這個概念就是事物所存在的本質和依據。從客體的角度上看，一個概念的成因就是它的目的性，這種審美發生的契機不考慮事物任何的概念性，只涉及它的表象在被另外一個表象規定時的關係。

4.無概念的必然性。每個人在面對美好的事物的時候，都會產生一種愉快的感覺，這是先天性的，不受客觀理論和概念的影響。

小知識

查爾斯·羅伯特·達爾文（西元1809年～西元1882年），英國博物學家、教育家、進化論的奠基人、機能心理學的理論先驅。主要著作有《物種起源》、《人類的由來和性選擇》、《人類和動物的表情》等。

海頓「製造」風暴
展示了審美發生的原初形態

能夠激發人類行為的因素有兩種：一種是來自外界的刺激，一種是內心意願的驅使。外界的刺激，就能夠激發審美預感，喚醒人們對美的感覺和意識。而審美發生的原初形態，也就是人類審美活動最初的起源，是來自於生命對生存環境資訊的攝取和反映。

海頓是奧地利著名的作曲家，但他最初卻是一名合唱團歌手。十八歲那年，他在一個合唱團當歌唱員，由於一次嚴重的感冒，使得他的嗓子突然變啞，以致於後來竟連正常的聲音都難以發出，沒辦法，他只好離開了合唱團。

出於對音樂的癡迷，使海頓並沒有因此放棄音樂，他開始試著從另外一個方向打開音樂的大門──那就是嘗試自己作曲、演奏。

為此，他買了一把小提琴，走上了自主創作的道路。海頓所譜的曲子悠揚婉轉、旋律流暢，逐漸地，很多朋友都知道他會作曲，並且他的作品在社會上逐漸流傳開來。

有一次，一個叫伯納登・柯茲的人找到了海頓。伯納登・柯茲是當時著名的丑角演員，他想請海頓為一部歌劇配曲，並強調說，歌劇中有一段是演繹海上風暴場景的，希望海頓能用音樂的形式把風暴淋漓盡致地表現出來。對於作曲海頓並不陌生，前面的工作也一直很順利，可是到了風暴這一段，海頓有些停滯了，因為他根本沒有見過大海，更沒有見到過海上的風暴。「該用怎

海頓畫像。

47

樣的形式來演繹風暴的場景，讓人們從音樂中找到風暴的感覺，感受風暴的威力
呢？」為此海頓愁眉不展。

後來，他雖開始試著譜曲，可是譜出來的曲子總是缺乏那種力度，不能給人
帶來震撼。他一次又一次地撕掉那些曲譜，重新作曲，可是一個多月過去了，仍
做不出令自己滿意的曲子。無奈之中，海頓只好去找伯納登·柯茲，告訴他自己
真的無能為力了，希望伯納登·柯茲能給自己一點提示。可是伯納登·柯茲卻遺
憾地說：「我也沒有見過大海，也不知道風暴究竟是什麼樣子。」

伯納登·柯茲的回答讓海頓非常失望，他揮起拳頭，猛地砸向桌子，並大聲
地吼道：「我怎麼就寫不出來風暴的曲子呢？這到底是為什麼？」海頓的咆哮
聲驚醒了沉思中的伯納登·柯茲，他看著海頓發怒的表情，若有所思地說道：
「對，就是這個意思。」

「什麼？你說什麼？」

「你已經找到了感覺，就在你發怒的時候。別停止，繼續。」海頓恍然大
悟，並由此完成了整部音樂劇的創作。

能夠激發人類行為的因素有兩種，一種是來自外界的刺激，一種是內心意願
的驅使。

1.外界的刺激。當客體事物的特徵與主體的願望十分契合的時候，就能夠激
發審美預感，喚醒人們對美的感覺和意識，進而產生一種由認知到想像，由創造
到策劃，由獲取到享受的一系列衝動。所以，美具有號召力和震撼力。

2.審美發生的原初形態，也就是人類審美活動最初的起源，是來自於生命對
生存環境資訊的攝取和反映。這是一種具有特殊意義的資訊，它從社會發展結構

和勞動實踐中得來，最後又應用在實踐活動當中。從哲學的角度上說，人類所有的活動（科學、政治、道德、藝術等）都是由實踐得來的，所以需要尋找出審美實踐與其他實踐之間的區別。

人類的審美意識是與生俱來的，這表明審美意識具有先天的遺傳性，在後天的生產生活和勞動創造的活動中，這種審美意識又得到了發展與完善。一個事物存在的形式，與人的視覺、聽覺的組織活動和藝術形式之間有一種對應關係，當這幾種力作用在一起，達到一種結構上的一致的時候，就能激發人的審美興趣。也正是在這樣的「異質同構」的作用下，人們才能感到藝術作品或外部事物中所表達的「生命力」、「和諧」、「平衡」、「動力」等性質。

小知識

路德維希‧安德列斯‧費爾巴哈（西元1804年～西元1872年），德國哲學家。他對基督教的批判在社會上產生了很大影響，某些觀點在德國教會和政府的鬥爭中被一些極端主義者接受，對卡爾‧馬克思的影響也很大。重要著作有《阿伯拉爾和赫羅伊絲》、《比埃爾‧拜勒》、《論哲學和基督教》、《神統》、《上帝、自由和不朽》等。

美麗的綠洲
代表了自然美

自然美是自然狀態下各種事物呈現出來的一種美。自然美是社會性與自然性的統一體，它的自然性表現在事物本身的屬性和本質，它的社會性指的是社會實踐中的美的根源所在。

有一個叫愛迪的年輕人，在自己的家鄉生活了幾十年以後，覺得不如出去看看外面的世界，或許有更適合自己居住的地方。打定主意以後，他便起身了。

一路走，一路打聽，有人告訴他說：「好地方，莫過於綠洲。」

一直往前走，一個月以後，終於到了這個叫做綠洲的地方。遠遠看去，那裡天是藍的，草是綠的，行走的羊群像一片片飄動的白雲。愛迪的心情立刻變得興奮起來，馬不停蹄地走進綠洲。這時，他遇見一個老先生，便向老先生詢問這裡的情況。老先生非但沒有回答他的問話，反而問他說：「你的家鄉怎麼樣呢？」

「那個倒楣的地方，我一天都不想住。」一提到家鄉，愛迪就滿臉懊喪。

「年輕人，這裡並不比你的家鄉更好，你還是走吧！」

愛迪走了，老先生望著他的背影，默然無語。過了幾天，路上又來了一位年輕人，他同樣向老先生打聽綠洲的情況，而老先生的問話是一樣的：「你的家鄉怎麼樣？」

「我的家鄉很好，那裡青山碧水，鳥語花香，一年四季都有吃不完的瓜果，還有節日裡姑娘們徹夜的歡歌。」

「小伙子，歡迎你來，這裡跟你的家鄉一樣美好。」老先生的回答透著一種發自內心的喜悅。

「為什麼你兩次說的話並不一樣呢？」旁邊的人不解地問道。

「這取決於他們各自的欣賞能力，因為前者看什麼都是挑剔的，用一種批評的眼光看世界，那麼他所看到的都是事物的缺點與不足，連生長了幾十年的故鄉都一無是處，他還會愛上別的地方嗎？而後者熱愛自己的家鄉，欣賞自己家鄉的一切，說明他很有熱情，用這樣的眼光看世界，所有的地方在他眼裡都是很美好的。」

自然美是自然狀態下，各種事物呈現出來的一種美。自然美是社會性與自然性的統一體，它的自然性表現在事物本身的屬性和本質，它的社會性指的是社會實踐中的美的根源所在。自然美的現象包括兩大類：一類是存在於自然界中未經修飾的自然狀態下的景物，另一種是經過了修飾的人為改造的景物。

自然美主要有以下幾個特點：

迷人的自然風光。

51

1.事物的本身是構成自然美的先決條件，它包括顏色、形狀、材料、線條等一些自然特徵，沒有這些特徵，就談不上自然美。

2.自然美偏重於形式。整體來說，美體現在形式和內容兩個方面，它雖然是形式和內容的統一體，但是不同的審美所側重的方面也不同，自然美側重於形式美。它做為一種直觀現象，是具體的，是人們隨時就可以感覺到的，也是隨時能夠欣賞和享受的，如高山流水、花草樹木、日月星辰等。而自然美的內容往往給人模糊不定的感覺，因此在自然美中，形式佔據主要的位置。

3.自然美的聯想性。這種特點能夠引發美感的事物，往往與人的聯想有密切的關聯，而且越豐富越奇特的聯想，越能激發人對事物的美感。

4.自然美的變易性。存在於自然界的事物形態都具有變幻無常的特點，隨著事物形式的變化，人的審美角度和審美經驗也發生變化。

小知識

西格蒙德‧佛洛伊德（西元1856年～西元1939年），奧地利精神病醫生，精神分析學派的創始人。他深信神經症可以透過心理治療而奏效，曾用催眠治病，後創始用精神分析療法。著有《夢的解析》、《日常生活的心理病理學》、《精神分析引論》、《精神分析引論新編》等。

畢卡索的偶然失誤
揭示了形式美的重要性

形式美由兩部分組成，一部分是構成事物本身的材料屬性，另一部分是材料的排列規律，二者結合在一起，共同構成形式美的條件和法則。

畢卡索出生在西班牙，小時候因為經常跟著父親去看鬥牛比賽，那驚心動魄的比賽場景，以及手持長矛的鬥牛士，都在他的心裡留下了深刻的印象。

長大以後，畢卡索逐漸喜歡上了繪畫。有一次，他突發其想，為什麼不把鬥牛的場面和鬥牛士英勇的瞬間繪製下來呢？於是，他帶著滿心的激情，開始創作平生第一幅銅版畫。

因為小時候看過很多次鬥牛比賽，所以畢卡索對鬥牛士的形象並不陌生，很快，這幅作品的雛形就出來了：一位鬥牛士右手手持長矛，全神貫注地盯著咆哮的公牛，絲毫沒有怯意，這正是自己心目中的鬥牛英雄。作品繪製完成以後，畢卡索覺得很滿意，就將銅版畫交給印刷廠印刷。

可是印刷出來的畫面，方向正好跟原作相反，只見鬥牛士左手緊握長矛，而不是真實鬥牛場上習慣的右手。畢卡索看後大吃了一驚，拍著自己的腦袋連連懊悔。原來，他只顧作畫，竟忘記銅版印刷的左右換位的特點了。他原來繪製的是右手手持長矛，現在儼然變成了鬥牛士左手持長矛，這看起來別提多彆扭了。幾分鐘以前還興致勃勃的畢卡索，此刻像被潑了一頭冷水一樣，頓時啞口無言，不知道該如何是好。

只因為一點小小的疏忽，竟讓辛辛苦苦繪製出來的銅版畫變成了廢紙，畢卡索越想越懊惱，但他又不捨得丟棄。這畢竟是自己生平第一幅銅版畫，於是他把

畢卡索的名作──《鬥牛士之死》。

這幅畫悄悄地收了起來。

半年以後，一個偶然的機會，畢卡索在收拾舊物的時候，忽然間又看到了這幅畫，便仔細端詳起來。看著看著，他突然想：「這幅畫不是很精美嗎？那左手持長矛的鬥牛士，那炯炯有神的目光，不同樣深刻地表達著鬥牛的英姿嗎？」想到這裡，他斷然決定，不如把這幅畫就叫做《左撇子》吧！

令人意想不到的是，這幅畫一經展出，就引起了很大的迴響。人們喜歡這幅作品，除了精湛的繪畫技藝之外，更多的是對「左撇子」這個藝術創作的獨特角度的偏愛。

形式美由兩部分組成，一部分是構成事物本身的材料屬性，另一部分是材料的排列規律，二者結合在一起，共同構成形式美的條件和法則。

與美的形式有區別的是，形式美是一個完全獨立的審美對象，它只體現形式

本身的內容，與事物所要表達的內容沒有任何關聯。它的存在法則表現在事物的整齊與參差、黃金分割的規律、過渡之間的照應、節奏與韻律、數量的統一以及層次上的鮮明感等。人們在長期的生活實踐與勞動創造中，不斷地認知和熟悉這樣的規律，進而把它們記錄下來，在與事物的形式因素之間相聯結之後，總結出來的一些概念。這樣的概念或多或少隱藏或表達著人類一種朦朧的意味和人類感情理念。

人類實際的創造過程，也是對美的事物進行不斷地模仿和複製的過程。這樣的活動同時也改善著具體社會內容，使之轉化成為含有某種特定觀念的內容。美的外在形式也在這樣的活動中演化成為一種規範化的形式，發展成為一個具有獨立審美理念的審美對象。

由於形式美在作品中的獨立作用，藝術家們往往把追求形式美做為藝術創作的主要目標，把形式美定為作品的主要基調。但是形式美只有在與其相對的精神內容相結合的時候，才會體現出強大的感染力。所以，形式美只有做為目的，也做為手段時，它的本質與能量才會得到充分的發揮和體現。

小知識

鮑姆加登（西元1714年～西元1762年），德國哲學家、美學家，被稱為「美學之父」。在美學史上，他第一次賦予審美以範疇的地位，認為審美是感性認識的能力，這種感性理解和創造美，並在藝術中達到完美。從此，「美學」做為獨立學科誕生。主要著作有《關於詩的哲學默想錄》、《美學》、《形而上學》等。

席勒的潛心研究
促成了《美育書簡》的問世

《美育書簡》共有二十七篇，主要內容由席勒寫給丹麥王子克里斯謙公爵的二十七封信組成，其核心思想就是追求人類本性的完善，提倡理性的自由。

席勒出生於德國符騰堡的小城馬爾赫爾的貧窮市民家庭，他的父親是軍醫，母親是麵包師的女兒。他從童年時代起就對詩歌、戲劇有濃厚的興趣。一七六八年入拉丁語學校學習，但一七七三年被公爵強制選入他所創辦的軍事學校，接受嚴格的軍事教育。詩人舒巴特曾稱這座軍事學校是「奴隸養成所」。

在軍事學校上學期間，席勒結識了心理學教師阿爾貝，並在他的影響下接觸到了莎士比亞、盧梭、歌德等人的作品，這促使他堅定地走上文學創作的道路。

一七八六年，席勒前往魏瑪。次年，他在歌德的舉薦下任耶拿大學歷史教授。從一七八七年到一七九六年，席勒幾乎沒有進行文學創作，而是專事歷史和美學的研究，並沉醉於康德哲學之中。

一七九五年席勒發表了《審美教育書簡》（又譯《美育書簡》），第一次明確提出了「審美教育」的概念，並對美育的性質、特徵和社會作用做了系統闡釋。

他從人本主義的立場出發，以美育理論為武器，深刻批判了啟蒙理性的弊端，提出恢復感性的合法性，解除理性對感性的粗暴專制，並在此基礎上闡述了具有現代性意義的美和美育範疇。

除了在學術上所取得的成就讓世人仰慕外，席勒與歌德之間的友情也令後人津津樂道。

歌德二十幾歲成名，三十歲出頭就當了國務大臣，一生過著貴族生活。席勒雖然二十幾歲也蜚聲文壇，但窮困與疾病一直伴隨著他。儘管如此，歌德與席勒卻保持著真誠的友誼。

席勒的友誼和勤奮使歌德從富貴享樂中驚起，又拿起筆來寫作，包括《浮士德》在內的許多名作的問世，都與席勒的影響分不開。

歌德滿懷深情地向席勒說：「你給了我第二次青春，使我做為詩人復活了——我早已不再是詩人。」席勒也在朋友的鼓勵下，抱病完成了最後一部偉大作品《威廉·泰爾》。這部作品的素材，都是歌德提供的。

他們一起出版過《女神》雜誌，合辦過文藝刊物《霍倫》，共同出版過詩集《克賽尼恩》。他們常常是一個人構思、起草，另一個人修改潤色，然後發表。互助的力量，使他們的文藝作品發出奪目的光輝。

席勒病故後，歌德悲痛萬分，他說：「如今我失去了朋友，所以我的存在也喪失了一半。」二十七年後，歌德也完成了塵世的歷程，安然長睡在席勒身邊。

《美育書簡》又譯為《審美教育書簡》，整部著作共有二十七篇，主要內容由席勒寫給丹麥王子克里斯謙公爵的二十七封信組成，其核心思想就是追求人類本性的完善，提倡理性的自由。《美育書簡》也是席勒從現代審美的角度編著的具有劃時代

歌德與席勒手握象徵友誼的花環成為魏瑪的標誌。

意義的文獻。

由於席勒是康德的美學思想的追隨者，所以人們在把他當作啟蒙主義美學家的同時，也把他的《美育書簡》看做是啟蒙主義審美教育的經典性著作。

近代哲學的主體是理性主義和主體性哲學，人們把理想看做是最高的審美標準，賦予最高的價值。啟蒙運動以實現理性主義為原則，理性的勝利也就意味著主體性的勝利，並且近代美學也是建立在這個基礎上，把理性主義看做是感性的顯現。

有理性精神主宰世界，進而獲得自我價值的圓滿實現，啟蒙思想所肯定的現代性理性主義，在席勒這裡得到了嚴肅的宣判。

他揭示和批判現代社會人性的分裂和異化，而從現代美學意義和美育範疇上提倡弘揚人的感性本質，把美賦予鮮明的現代性，這種現代性就是建議人們把美和審美做為生活創造的範疇。

席勒認為，人類一切的審美活動都是建立在自由自主的基礎上，這同時也是人類實現自由的主要途徑。審美教育最突出的作用，就是喚醒感性，實現理性與感性完美統一性，進而造就人性的完美與完善。

小知識

約翰‧克里斯多夫‧弗里德里希‧馮‧席勒（西元1759年～西元1805年），德國十八世紀著名詩人、哲學家、歷史學家和劇作家，德國啟蒙文學的代表人物之一。他是德國文學史上著名的「狂飆突進運動」代表人物，也被公認為德國文學史上地位僅次於歌德的偉大作家。

拉斐爾的愛情
本身就是藝術品

藝術品就是指具有獨特造型和獨特表現形式的藝術作品，它由兩個部分組成：一個是存在於作品中的線條、色彩、形狀、聲音等，這些被稱為藝術品的形式成分；另一種是題材，題材是藝術品所要表達的內容和思想。

義大利文藝復興時期「三傑」之一的拉斐爾所畫的聖母，著重表現母性或少女的善良、端莊、純潔和美麗。他為西斯廷禮拜堂所作的《西斯廷聖母》名聞遐邇，被認為是他的所有聖母像中集大成者。如果說達文西是深不可測的深淵，米開朗基羅是高聳入雲的山峰，那麼拉斐爾就是一望無際的平原，在明媚的陽光下展現絢麗的風景。這幅《西斯廷聖母》就是拉斐爾以他的情人為原型所作，雖然他們因為各種阻礙沒能在一起，但是以作畫的方式讓情人的名字流芳百世，也是一件很浪漫的事情。

拉斐爾是一個天才畫家，又出身名門，很多上層社會的王公貴族都想與之攀親，特別是當時的紅衣主教比別納更是急不可耐地讓自己的侄女與拉斐爾訂了親事。

訂親之後的拉斐爾，並沒有表現出想結婚的願望，他一而再，再而三地推遲婚期，令很多人疑惑不已。後來人們發現，這個畫壇天才早已經有了意中人。但令人遺憾的是，他的意中人並不是大家閨秀，

《西斯廷聖母》為拉斐爾「聖母像」中的代表作，以甜美、悠然的抒情風格聞名於世。

而是一個普通麵包師的女兒，名字叫拉多娜·韋拉塔。當拉斐爾第一次見到她的時候，就被她那娟秀的容貌所吸引。當時拉多娜·韋拉塔正在自家的花園裡濯足，噴泉的水珠噴濺在她秀美的小腿上，掬水女子旁若無人的表情讓拉斐爾覺得這簡直就是一幅畫。從那時起，拉斐爾就經常來找拉多娜·韋拉塔，但是由於社會地位的懸殊，他們的婚姻註定得不到家人的贊同與支持，也註定會遭到社會輿論的攻擊，所以他們的愛情只能保持一種祕密狀態。

為了能與心愛的姑娘長相廝守，拉斐爾悄悄買了一處房屋，把拉多娜·韋拉塔接過來，然後又為她訂做了一枚價格不菲的珍珠別針。在那個時候，珍珠別針是婚禮上新娘子佩戴的飾物，這也象徵著拉斐爾與拉多娜·韋拉塔已經私訂了終身。

祕密結婚以後的拉斐爾，不敢公開自己與拉多娜·韋拉塔的婚事，只能把自己對她的深情付諸在畫裡。毫無疑問，《西斯廷聖母》中的聖母就是以拉多娜·韋拉塔為模特兒的。為了紀念這對情人，法國畫家安格爾還把拉斐爾和他的情人畫在一起，題名為《拉·福爾納麗娜》，福爾納麗娜其真名就是拉多娜·韋拉塔。

拉多娜·韋拉塔有幸被拉斐爾化身為聖母，在畫布上散發著聖潔的光。拉斐爾為她提供的住房被後人掛上了一個牌子，上面寫著：「據歷代史料，拉斐爾萬分寵愛並使之流芳百世的人曾居住於此。」儘管如此，身為情人身分的拉多娜·韋拉塔仍然無法與拉斐爾生死相依。

一五二〇年，年僅三十七歲的拉斐爾走完了他輝煌而又苦澀的一生。在四個月之後，人們發現，一位麵包師的女兒加入了聖阿波洛尼亞女子修道院。

藝術品就是指具有獨特造型和獨特表現形式的藝術作品，它由兩個部分組成：一個是存在於作品當中的線條、色彩、形狀、聲音等，這些被稱為藝術品的

形式成分；另一種是題材，題材是藝術品所要表達的內容和思想，這樣的成分又被稱作是聯想成分或是表現成分。

從本身具有的可以交換的性質上來說，藝術品具有商品的特性，但是它又不同於普通的商品，它沒有普通商品所具有的實用性和工具性，它的價值體現在精神文化領域，人們藉欣賞藝術品來滿足審美需要和精神需要。所以，人們主觀因素就成為評定藝術品價值的重要依據。藝術品的價值與市場上的供需有直接的關係，而與自身的品質無關。

藝術品與普通商品的不同之處，還表現在它的產生方式上，普通商品能夠複製和批量生產，而藝術品則不同。從邏輯的角度上說，對於它的價值的判定與社會必要勞動條件、勞動強度和勞動效率是沒有直接的因果關係的，而它所具有的自主性、個體性、創造性和不可重複性等屬性，使它具有了一種無法掌握的價值。做為精神產物，藝術家在創作的時候，受時空與環境的影響，受自由精神的支配，所以每件藝術品形成都是獨一無二的，它們的價值也不盡相同。

藝術品雖然也能從價格上體現它的價值，但是這種價格與價值的關係往往是複雜多變的。判斷藝術品的價值要考慮多方面的因素，僅以藝術品的價格來確認它的價值，沒有任何理論依據，同時也是荒謬的。

小知識

約翰‧約阿辛‧溫克爾曼（西元1717年～西元1768年），德國考古學家、美學家。他開闢了一條以造型藝術為主要研究對象的美學新途徑，主張從對藝術作品的直觀感受出發，經過批評的仲介，而達到美學的理論高度。著有《古代美術史》、《未經發表的古物》等。

飛燕舞蹈
堪比美學中的人化自然

人化自然代表的是一個過程，既可以理解成是人類在長期的生產創造過程中，把客觀世界對象化的過程，也可以理解成是由於人的活動，使越來越多的對象由自然的生態系統轉化為人工生態系統的過程。

唐詩絕句《漢宮曲》寫道：「水色簾前流玉霜，趙家飛燕侍昭陽，掌中舞罷簫聲絕，三十六宮秋夜長。」用現在的白話翻譯過來，讀者就會發現詩中描繪了這樣一個場景：在月兒皎潔的秋夜，洞簫吹著優美的旋律，在昭陽宮侍奉皇帝的趙飛燕，隨著音樂的起伏跳起了掌上之舞。

趙飛燕在很小的時候，就被父親送去陽阿公主府學習彈琴和跳舞。由於她聰明靈秀，很快就學會了各種舞蹈，在絲竹樂器的伴奏下，長袖起舞，婀娜多姿，再加上她那非凡的氣質，宛若天外飛仙。

當時的皇上漢成帝劉驁是一個喜愛遊玩的人，在陽阿公主府裡，他第一次見到趙飛燕，就被她的舞姿和氣質所傾倒，當即決定把飛燕招進皇宮，做了自己的妃子。

相傳，趙飛燕能站在掌上起舞。皇帝劉驁曾命令太監兩手併攏前伸，掌心朝上，讓趙飛燕站在其掌上，在極小的面積上做出各種舞蹈動作。並且還特意造了一個水晶盤，叫兩個宮女將盤上托，趙飛燕在盤上起伏進退，旋轉飄飛，就像仙女在萬里長空中迎風而舞一樣優美自如。

為了能夠隨時欣賞到愛妃的舞姿，劉驁命人在漢宮修建了太液池，在池子的中央，建造了一個高達四十多呎的高榭，讓趙飛燕在高榭上面跳舞。

　　高榭建成之時，正巧南越送來了為趙飛燕跳舞準備的雲芙紫裙，這條裙子如蟬翼般輕薄，穿在身上，給人一種飄然若仙的感覺。一邊是趙飛燕在高臺上翩翩起舞，一邊是絲竹聲聲，器樂合鳴，正當劉驁用手隨著樂曲的節奏敲擊玉瓶，沉醉其中的時候，突然平地颳起一場大風，捲著趙飛燕的衣裙似要攜她飛天而去。劉驁看得心急，忙大聲命令侍衛抓住趙飛燕，以免她被風吹走。侍衛眼疾手快，急忙抓住趙飛燕的裙子，由於用力過猛，裙子被抓出了褶皺。正是這條裙子留住了趙飛燕，後來人們將這條裙子稱為「留仙裙」。

　　「一朝天子一朝臣」，漢成帝劉驁死後，朝中群臣痛斥趙飛燕不能為皇室生個後代，就上奏新皇帝將其貶為平民。一個超凡的舞蹈家，最後竟被迫自殺，悲慘地離開了人間。

　　人化自然是馬克思在其著作《一八四四年經濟學哲學手稿》中，論述人與自然的關係時用到的一個專業術語。人化自然代表的是一個過程，既可以理解成是人類在長期的生產創造過程中，把客觀世界對象化的過程，也可以理解成是由於人的活動，使越來越多的對象由自然的生態系統轉化為人工生態系統的過程。

　　自從人類誕生以來，就因為生存或者是安全的需要，開始了對自然萬物的改造活動，「人化自然」的意思就是人的活動改變了自然，在自然界中，給改造對象印上了改造的標記。具體地說，就是人把自然界的事物當作是可以隨自己的意志輕鬆駕馭的「器官」，隨時可以根據自身的需要來改造自然。人在改造自然的活動中，逐漸體現出與自然之間所尋求的和諧關係，進而也達到了人與自然的統一性。

　　人化自然同時也是人類本質力量、智慧和才能的體現。隨著社會的發展，人類本質力量越來越廣泛地體現在對客觀事物的主觀改造上，使天然的變為人化的自然。

63

人化自然的活動的意義主要有：

1.能夠使其有害的一面變成有利的一面。

2.可以從很大程度上提高審美性。

3.人類在改造自然的過程中，增強了對自然界的了解，熟悉了它們的規律，使它們成為與人類生活緊密相連的一部分。

4.經由改造，使自然界的事物都被擬人化、性情化，進而也實現了人們審美中的移情現象。

小知識

亞里斯多德（西元前384年～西元前322年），古希臘斯吉塔拉人，世界古代史上最偉大的哲學家、科學家和教育家之一。他是柏拉圖的學生，亞歷山大的老師。西元前三三五年，他在雅典辦了一所叫呂克昂的學校，被稱為逍遙學派。主要著作有《工具論》、《物理學》、《形而上學》、《倫理學》、《政治學》等。

尋找真愛的故事
揭示了宗教與美學的關係

上帝把人看做是「有罪之身」，人類只有按照上帝的旨意來約束自己，才有可能洗清罪過。由此可見，基督教向社會所宣揚的美都是與神明的顯現緊密相連的。

在一所很古老的教堂，每逢禮拜日，都會有很多教徒來這裡。他們向神唱讚歌，向神表達自己的願望、祈求和懺悔，同時希望得到神的幫助和賜福。

一天，十八歲的珍妮也來到了教堂，她低頭合掌，一番虔誠的禱告完畢以後，打算離開。剛走到門口，她發現迎面走進來一位男子，這個男子跟珍妮差不多的年紀，相貌英俊，氣宇非凡。珍妮在看他的時候，發現他也正在看著自己，突然感到一陣慌亂，便急忙收回目光，匆匆離去。

又到了禮拜日，因為一直念念不忘上次遇見的男子，珍妮便懷著忐忑的心情來到教堂，期望能夠再次遇見。可是人海茫茫，這種相遇的可能性幾乎為零。上帝看透了她的心思，對她說：「我能夠讓妳再次遇見他，可是妳要堅守五百年的寂寞，妳能做到嗎？」

「能。」

為了能夠見到心上人，珍妮毫不猶豫地答應了上帝的條件。於是，上帝就把她變成了路邊大樹下的一塊石頭，珍妮就在這裡開始了寂寞的守候。

一百年過去了，二百年過去了，四百年過去了……珍妮承受著風霜雨雪和日曬雨淋，但卻始終沒有放棄當初的信念。直到最後一天，臨近傍晚的時候，她終

65

於看見朝思暮想的男子向她走過來了。還是那身裝束，還是那樣英俊，與當初遇見的一模一樣，珍妮欣喜若狂，可是男子根本不會想到路邊的這塊「石頭」已經為他等候了五百年。

五百年的守候換來了一分鐘的相遇，珍妮又去求上帝，希望自己能夠與他牽一次手。

「我能夠滿足妳的心願，但是這次妳還要繼續堅守五百年的寂寞，能做到嗎？」

「能。」珍妮又開始了漫長的等候。

春去秋來，珍妮始終沒有改變自己的信念，很快又到了五百年的最後一天，她又看到男子向她走來。可能是有些疲憊，男子走到樹下，便不再走了，他坐了下來，順手拿起身邊的小石頭，仔細端詳著，他不知道這塊石頭就是珍妮，可是珍妮心裡卻是十分的溫暖和幸福。過了一會兒，男子把石頭丟下，又起身趕路了。

一千年的守候，換來了相互牽手，如果想永遠守在一起呢？上帝告訴她說：「如果能再堅守五百年，你們就會在一起，永遠也不會分開了。」

「他的妻子也為他守候了一千年嗎？」

「當然，這是毫無疑問的。」

「我想我也能做到，但是我不想再繼續了。」

「如果妳打算放棄的話，那麼有一個男孩要少等候五百年了，因為他為了能夠看妳一眼，已經等候了二千年。」

珍妮吃了一驚，同時她看到上帝眼裡竟閃爍著晶瑩的淚滴。

　　美學是感性和理性的綜合，但是在西方的美學歷史上，不同的派別之間爭論的焦點卻一直是側重於感性還是側重於理性。

　　前者注重於感官愉悅，後者注重於人格思想的提升。從主觀意識上講，康德傾向後者，但是他更主張二者相結合的美學觀點，他的這種觀點是把歷史與現代的文化發展成果有機地融合在一起。

　　歷史上，西方最早所宣導的是希伯來文化，他們把上帝看做是神聖的、無所不能的，為了尋求庇佑，他們把自己的命運完全歸屬於上帝，甘願接受上帝的審判和統治。而上帝也把人看做是「有罪之身」，人類只有按照上帝的旨意來約束自己，才有可能洗清罪過。基督教向社會宣揚一種怯懦、自卑、自甘屈辱的生活態度，否認自然的塵世生活，宣揚禁慾主義，所有的美都是與神明的顯現緊密相連。

　　到了十六世紀，隨著文藝復興的到來，自主的人文主義開始活躍在歷史舞

文藝復興的心臟——佛羅倫斯。

67

臺，他們反對神學和基督教，並摒棄一切信仰，只提倡自由自主的生活理念，張揚個性解放的思想。但是這種僅憑自然本性來施展慾望的生活態度，無疑是缺乏理性的，這實際上是把人從神的統治下解救出來，又投進慾望的控制中。

這樣的狀態使得人們開始對文藝復興初期否定神學和信仰的觀點懷疑起來，他們試圖經由改造信仰而使其「理性化」和「道德化」，進而使最初的「神明顯現」的美，轉化成含有理想和道德信念的美。

小知識

湯瑪斯‧阿奎那（西元1225年～西元1274年），義大利中世紀神學家和經院哲學家。他創造性地總結了西方古代，特別是中世紀基督教美學的審美理想，是中世紀美學的集大成者，其美學思想已經具有了近代美學的諸多因素。著作有《反異教大全》、《神學大全》等。

音樂家學畫畫
混淆了美學學科之間的關係

由於美學與哲學在結構題材上不存在矛盾與分歧，所以美學能夠以哲學的角度和哲學的邏輯方式發展壯大。

一位音樂家死後來到了天堂。

上帝對他早有耳聞，於是就說：「很高興見到你這位名揚天下的音樂家。」

「慚愧，不敢當。」音樂家謙虛地回答。

上帝接著說：「你能不能演奏一曲讓我欣賞一下呢？」

「當然可以，這是萬分榮幸的事情！」音樂家痛快地答道。隨即，他找來小提琴，演奏了自己的成名曲——《幸福的來世》。上帝深深陶醉了，久久沉浸在那美妙的旋律之中。

聽完之後，上帝評價道：「果然實至名歸！」

「謝謝謬讚。」音樂家微笑著說。

「如此優秀的音樂人才，如果來世不當音樂家簡直就是暴殄天物。」上帝自言自語地說。

「我明白您的意思，您是想……」音樂家心情有些激動。

上帝爽快地告訴他說：「我決定讓你到人間繼續當個音樂家。」

「真的嗎？太棒了，感謝您！」音樂家高興得跳了起來。

上帝立刻安排手下把人間所有孕婦的相關資料都找來，讓音樂家自己選擇做誰的兒子。

音樂家的新爸爸是一個美術迷，但由於天賦有限，一生努力也沒能成為畫家。為此，他把成為畫家的願望全部寄託在了新出生的兒子身上。為了能讓兒子成為繪畫大師，在音樂家剛剛懂事的時候，一家人就開始營造美術氛圍，努力培養他對繪畫的興趣和愛好。

音樂家前世非常討厭畫畫，他癡迷音樂，渴望擁有一架鋼琴，讓世界充滿美妙的樂曲。可是父母卻強迫自己學習繪畫，這讓音樂家心裡充滿了煩惱，生活也因此變成了一團灰色。

《最後的審判》。

當父母費盡周折，想方設法要把他送到一所全國一流的美術院校時，音樂家感到再也無法忍受了，他大聲抗議說：「我堅決不去美術學院！」

父親沒有想到兒子竟然是這樣的態度，忙問其中的原因。

音樂家大聲叫嚷：「我不喜歡畫畫，我不要成為畫家！」

父親聽了非常氣憤，咆哮著說：「不當畫家，你想

做什麼？」

音樂家毫不退讓，斬釘截鐵地回答道：「我喜歡音樂，我要當音樂家！」

父親更加惱怒，大聲吼道，「你是我的兒子，你身上流著繪畫的血液，你沒有音樂的天賦，必須去學繪畫！」

……

經過激烈地爭吵，音樂家不得不按照父親的安排，去學習繪畫，丟掉了自己喜歡的音樂。

然而，許多年過去了，他最終還是沒有成為畫家。

上帝目睹了這一切，感慨地說道：「人類又扼殺了一位音樂天才。」

人類最早並沒有分門別類地建立各類學科，他們對於事物的美感和審美感官的理性認識，以及強烈的求知願望，都是從實際的文化創造與社會實踐中發展而來的，因此審美活動就成為了人類精神活動的主要特徵。由於美學與哲學在結構題材上，不存在矛盾與分歧，所以美學能夠以哲學的角度和哲學的邏輯方式發展壯大。

從歷史上說，真正能夠實現美學思維和美學感受的，是對美的定義和對美的規律的準確把握。對美進行定義使得審美對象有了通俗與高雅之分，同時也有了高級和低級之分，這也是美學有別於生活中其他感性活動的特徵。蘇格拉底透過演講和教育的方式，把哲學從一個抽象的理念傳播到人類中間，進而使人們在這個基礎上尋找道德與理想主義的內涵。

在蘇格拉底的觀點中，美學的作用就是讓概念形成一種推理，並建立起概念與概念、概念與推理之間存在狀態的關係。美與善一樣，都是一種合乎某種目的

的東西，所以審美的意義不在於美的界定，而是在於如何尋找和揭示美所帶給人的感受，以及人們對美的評價的相關性和一致性。

　　從整個美學領域上說，蘇格拉底的美學是對審美對象的分析與揣測；柏拉圖的美學研究是從世界的等級方面尋找美學的制度化；而康德則是完成了對形而上學的成功轉向，最終實現了對古典美學具有歷史意義的終結。

小知識

　　勒內・笛卡兒（西元1596年～西元1650年），十七世紀法國哲學家、教育家、科學家，西方近代哲學的奠基人之一，解析幾何的創始人。主要著作有《形而上學的沉思》和心理學著作《論心靈的感情》等。

美的發現，美的散步

——美學的發展

琴聲保護下的
古希臘美學

在古希臘美學家對美學的探索過程中，始終相信自然界有一個永恆的美的本體存在。從第一階段的代表人物畢達哥拉斯開始，一直到第三階段的亞里斯多德，他們都不停地在探尋自然界中美的本體，注重真、善、美的信念與理論。

在天后赫拉的幫助下，阿耳戈英雄們擺脫了科爾喀斯人的追趕，來到了一座荒涼的島嶼。這時，雅典娜提前鑲嵌在船上的占卜木忽然開了口，對英雄們說：「知道你們為什麼遭到漂泊的命運嗎？這都怪你們得罪了神父宙斯。現在你們唯一的出路，就是找到魔法女神喀爾刻，她會幫你們洗刷罪孽！」

英雄們經過了無數大大小小的部落，最後來到了魔法女神喀爾刻居住的島嶼。

當時，喀爾刻正在洗頭，身邊站滿了各種怪獸。英雄們見到這一幕，嚇得心驚肉跳，他們從沒有見過這麼多怪獸。伊阿宋沒有遲疑，他安排大家保護好船隻，然後和美狄亞走出船艙，毅然地走進喀爾刻的宮殿。喀爾刻接待了這對外鄉人，請他們落座，明白了他們的遭遇後，表示願意伸出援手。

魔法女神喀爾刻宰殺了乳狗，向宙斯獻祭，並祈求他給予自己洗刷伊阿宋和美狄亞罪孽的權力。然而，喀爾刻的努力沒有效果，獻祭完畢，她明確地告訴美狄亞：「妳的罪過太大了，妳的父親不會放過妳。我也沒有能力幫妳，帶著這位外鄉人趕快逃走吧！」

美狄亞沒有想到魔法女神都不能為自己脫罪，當即失聲痛哭。伊阿宋二話沒

說，拉著美狄亞的手走出了魔法宮殿。

天后赫拉看到伊阿宋遭到拒絕，知道這又是宙斯在背後搗鬼。這讓她很生氣，於是急忙派遣海洋女神前去保護英雄們。

果然，伊阿宋和美狄亞一回到船上，就吹起溫暖的西風。英雄們高興極了，他們揚起船帆，順風駛入大海，尋找新的家園。

在海洋女神保護下，英雄們一路都很安全，可是即將到達海岸時，竟闖入了女妖塞壬的領地。女妖唱著婉轉動聽的歌，吸引了英雄們的注意。如果被她的歌聲迷惑，不管是誰都會葬身海底。為了抵制女妖的歌聲，俄耳甫斯連忙站了出來，他彈奏起古琴，悠揚美妙的琴聲，蓋過了女妖的靡靡之音。

琴聲保護了大多數英雄，只有忒勒翁的兒子波忒斯被誘惑，跳入大海追尋令人銷魂的歌聲。所幸愛與美的女神阿佛洛狄忒出手相助，把他從水中救了上來，扔到一座島嶼上，從此這裡成為他的地盤。

美學思想最早起源於藝術家們對藝術思想性的辯論和探究。在世界各國的美學中，古希臘的美學成就最為突出。它從畢達哥拉斯學派延伸出來，又融入了赫拉克利特、德謨克利特和蘇格拉底等美學思想，到了柏拉圖和亞里斯多德這一代，已經發展成為一門非常成熟的學科。

綜覽希臘美學的發展軌跡，大致可分為三個階段：

當俄耳甫斯撥動琴弦的時候，天上的飛鳥、水下的游魚、林中的走獸，甚至連樹木頑石都為之傾倒。

1.自然哲學階段。這是美學最初的原始狀態，人們接觸自然、熟悉自然，藝術家們主要從自然本質的角度出發，來探尋美的存在和總結美學原理。這一時期的代表人物有畢達哥拉斯、赫拉克利特、德謨克利特等。

2.人文哲學階段。這一時期的代表人物是蘇格拉底、柏拉圖，他們把研究美學的角度從以自然為本轉向了以人為本，把對自然的思考轉向了對理念的思考。他們把美看做是一種超越自然而獨立存在的現象，並希望從這種現象裡尋找到一個包括自然、人與社會在內的宇宙本體。

3.藝術哲學階段。在這個時期，哲學家們的關注點由抽象美轉為藝術美，他們把藝術看做是美的載體，用悲劇、雕塑、建築等藝術來表現美，發展美學。

在古希臘美學家對美學的探索過程中，始終相信自然界有一個永恆的美的本體存在，從第一階段的代表人物畢達哥拉斯開始，一直到第三階段的亞里斯多德，他們都不停地探尋自然界中美的本體。除此之外，希臘美學還注重真、善、美的信念與理論，以上的美學家們都認為，認識真的過程就是體驗美的過程，美是核心，藝術是載體。

小知識

德謨克利特（約西元前460年～西元前370年），古希臘哲學家，原子唯物論的創立者。他是原子學說創立者留基伯的學生，繼承了老師的觀點，並用原子論解釋認識論，認為從事物中不斷流溢出來的原子形成了「影像」，而人的感覺和思想就是這種「影像」作用於感官和心靈而產生的。這就是「影像說」。

討要舊報紙的孩子
發現了美在和諧

和諧是一種比例協調的狀態，是複雜形式的統一體，這種和諧既存在於自然界，也存在於人體自身，如五官之間的距離，各個手指之間的距離，都體現出一種適當的比例。

一個冬天的黃昏，瑪麗正在收拾那些舊書籍，突然聽見門外傳來一陣竊竊的私語聲。她打開房門，發現門口站著兩個衣衫襤褸的孩子，他們頭髮蓬亂、臉上全是泥斑，當看到女主人出來時，他們都露出了些許驚恐的表情。

這時，那個大一點的孩子說：「夫人，您有舊報紙嗎？」

兩個髒兮兮的孩子站在家門口，本來就讓瑪麗有些厭煩，她正想說沒有，可是此刻恰巧看到了孩子們光著的小腳，不由得心裡萌生出一絲憐惜。

瑪麗把孩子叫進屋裡，給他們端來了牛奶、麵包和可可醬，然後又接著收拾書籍去了。

當她路過門廳的時候，那個小一點的孩子仰起臉問道：「夫人，您是不是很富有啊？」

「上帝保佑，我可不是有錢人。」

孩子們已經吃飽了，他們玩弄著手裡的杯子和果盤，杯子和果盤的顏色是一致的，雖有些破舊，但是看起來乾淨整潔。這就像瑪麗的生活，簡潔明瞭，但又不缺乏趣味。

填飽肚子，孩子們走了，帶著瑪麗給他們的報紙，那是用來禦寒的。瑪麗相信孩子們的內心是溫暖的，足以抵擋外面的風寒。她想：「我一個普通的職員，在一個冬天的黃昏能夠以自己的力量，讓兩個飢寒的孩子感到滿足，這也算是我最大的安慰吧！而這種安慰，將在一定時間內，提醒我曾經是一個很富有的人。」

繪畫大師魯本斯所畫的歐洲第一幅提倡素食的藝術作品──《畢達哥拉斯提倡素食主義》。

瑪麗回到屋裡，再次經過門廳的時候，看見那幾個帶著泥漬的腳印，像個問號一樣留在地板上，不禁再次想起了孩子天真的詢問：「夫人，您是不是很富有啊？」

美在和諧，這個命題最早是由希臘美學家畢達哥拉斯提出的，畢達哥拉斯創立了畢達哥拉斯學派，這個學派亦稱「南義大利學派」，是一個集政治、學術、宗教三位於一體的組織。畢達哥拉斯年輕的時候曾經周遊世界，受埃及當地風俗的影響，他不僅了解了很多宗教方面的知識，而且還熟悉了自然與數學以及幾何之間的聯繫。所以說，畢達哥拉斯不僅是一位美學家，而且還是一位哲學家、天文學家和數學家。

在探索天文的過程中，他發現天地之間有著和諧統一的狀態，在天上發生的事情，地上也可以找到同樣的現象。於是，他認為自然界的生存法則和人類的活動都受到宇宙整體的支配，這是一種以和諧為本存在的現象。藝術家們把這現象稱作是和諧美，也就是美在和諧。

畢達哥拉斯學派認為，如果對幾何形式和數字關係的思考，能夠讓人產生一種精神釋放的話，那麼音樂就是一種可以淨化人類靈魂的最有效的手段。宇宙萬物之間的美是因為有和諧因素的存在，人類的靈魂和宇宙是一樣的，也存在著一種支配和諧的能力，而音樂給人的快感正是基於宇宙和靈魂二者和諧的共同感應。音樂家把宇宙的和諧送達給地球，送到人類中間，這種來自天上自然界的和諧以及由此產生的和諧美是持久的，也是永恆的。

小知識

畢達哥拉斯（約西元前582年～西元前500年），古希臘數學家、哲學家。他是第一個使用了「哲學」這個辭彙，並稱自己為哲學家的人，也是最早悟出萬事萬物背後都有數的法則在起作用的人。主張無論是解說外在物質世界，還是描寫內在精神世界，都不能沒有數學。

朱庇特的神話
體現了賀拉斯的古典主義美學思想

在文化本質上，古羅馬美學一方面接受傳統的模仿藝術形式，一方面又提出一個創造的概念，要求在傳統形式上加以創造。創造是想像虛構的部分，但是這種虛構不能脫離現實，要站在對現實正確的分析和判斷的基礎上。

在古羅馬神話中，關於朱庇特的故事非常多。

相傳，朱庇特小時候生活在克里特島上，由庫雷特巨人照看。

一天，剛剛成年的朱庇特聽到島外傳來一陣密集的戰鼓聲。原來，人類在正義神的支持下，拿起武器反抗薩圖恩殘暴的統治。朱庇特急忙衝出島外，看到天上集結了一群身披金光燦燦戰甲的士兵們，而地上則是一群衣不蔽體，手中全是高低不一削尖竹竿的人類。

「哦，難道你們要去送死嗎？」朱庇特逕自走向人類，勸阻道。

「戰死總比窩囊著死好！」一位頭領看到朱庇特毫無敵意，回答道。

「不，不許和他們戰鬥，至少你們要等我，我會幫助你們，我以神的名義。」朱庇特煞有其事舉起右拳宣誓道。

「喔，可是……」

「別可是了，你們快跑，我來阻擋他們。」

在朱庇特的幫助下，人類集結的烏合之眾四散逃開尋找藏身之處。而朱庇特

則飛到天神軍隊的陣前，喊道：「誰是
首領，你們做為神祇為什麼要屠戮自己
的子民？」

這時，從軍隊中走出來一位戰盔上插
著一根長長羽毛的神，他身上的戰甲閃
耀著白色的光芒，來人見到陣前只有一
個乳臭未乾的年輕人，頓時起了輕視之
心，暗道：「一個黃毛小子，能有多大的
本領！」嘴上卻說著：「我就是首領。」

在克里特島上，朱庇特被撫養長大。

「我要和你單打獨鬥，如果我贏了你們都聽我，輸了我任憑你發落。」朱庇
特死死盯著這位首領一字一句地說道。

這位首領正是朱庇特的父親薩圖恩，他親率大軍前來剿滅人類。薩圖恩盯著
朱庇特看了看，半晌才說道：「不，神祇是不會和你決鬥的。」說罷，轉身走向
軍隊中。而此時，大地之神用她特有的方式告訴朱庇特：「孩子，那是你的父
親，你的兄弟姐妹都被他吞到肚子裡了，你要先把他們救出來。」

朱庇特怔怔地聽著大地之神的傳話，頭腦飛速地旋轉，不久便想出了一個辦
法。晚上，朱庇特一人趁著夜色，來到薩圖恩軍隊駐紮的地方，他觀察了一下四
周的情況，幻化成普通的士兵，跟隨在巡邏隊的後面，悄悄潛入薩圖恩軍帳中。
薩圖恩正在帳中和手下喝酒，朱庇特見是個機會，忙把剛剛製作的催吐藥悄悄倒
進喝得半醉的薩圖恩杯中。沒多久，薩圖恩感覺肚子裡翻江倒海，嘔吐出一大堆
還未消化的食物，連吃進肚中已長大成人的五個孩子也吐了出來。

「快跑！」朱庇特見到計謀成功，一腳將薩圖恩踢暈了過去，拉著從薩圖恩
肚子裡出來的兄弟姐妹一路衝出包圍，安全脫險。

　　賀拉斯既是古典主義的開創者，也是歐洲中世紀美學代表人物。在文化本質上，他一方面接受傳統的模仿藝術形式，一方面又提出一個創造的概念，要求在傳統形式上加以創造。創造是想像虛構的部分，但是這種虛構不能脫離現實，要站在對現實正確的分析和判斷的基礎上。

　　賀拉斯主張文化應該具有教化性和娛樂性，這樣才能使文化的發展更有意義。只有把教化性和娛樂性有機地結合在一起，以一種潛移默化的形式發揮其懲惡揚善的社會功用，才能夠讓文化更好服務於歷史的發展，服務於人類。

　　在賀拉斯看來，一個詩人或者是藝術家，因為他的創作目的是以弘揚真、善、美為主，是以教育為目的，所以首先他自己必須具備良好的道德修養和人文素質，然後要對整個社會有一個正確的認識，能夠洞悉善、惡、美、醜。

　　賀拉斯還把古典視為典範，進而創建了古典主義的理論雛形。古典主義建議在選材上盡量沿用舊題材，然後稍加創新，如詩歌的格律，歐洲許多文學家一直採用舊體。但是在語言上，賀拉斯不主張守舊，因為語言根據時代的發展一直在不斷地更新，當代的語言能夠更清晰地表達思想。

　　古羅馬的古典文藝精髓就在於它的合成形式，既有古典文學的特徵，又有不斷更新的現代表達方式。

小知識

　　賀拉斯（西元前65年～西元前8年），古羅馬詩人、批評家。其美學思想見於寫給皮索父子的詩體長信《詩藝》。

聖誕夜之歌
證明神才是美的起源

神學美學源於美學範疇，但又脫離了美學的感性和哲學層面的束縛，把
藝術融合在神學裡面，進而實現神聖的美之所在。

一八一八年十二月二十四日早晨，離聖誕夜還有十幾個小時，在奧地利小鎮
奧伯恩托夫，音樂家格魯伯急匆匆走進教堂。

他坐上琴凳上，正準備練習當晚聖誕之夜要伴奏的聖歌伴奏曲。可是，當他
用力踩動踏板，管風琴卻沒有任何反應，沒有發出一絲琴音，只有一陣陣吱吱的
漏氣聲吹出來。看來是管風琴出了毛病，格魯伯急忙請牧師查看管風琴到底出了
什麼問題。

兩人有條不紊地拆開風琴，仔細檢查裡面的器件，發現風箱上有許多小孔。
牧師說，這大概是被老鼠啃的，可是立刻就要演出了，這樣的鼠洞該怎麼修補
呢？格魯伯有些焦急地看著牧師。

「不要著急，看我的，保證不會耽誤你在耶誕節的演出。」牧師微笑著勸慰
格魯伯。

格魯伯不知道牧師到底有什麼好辦法，他有些疑惑地看著牧師，只見牧師從
口袋裡掏出一張紙，遞給格魯伯，並告訴他說：「這上面有一首小詩，你譜上曲
子，然後教給孩子們，這不就成了？」

格魯伯看了這首題名為「平安夜」的小詩，越看越覺得有味道，於是立即動
手配上了曲子，接著興致勃勃地把唱詩班的孩子們叫過來，讓他們跟著自己學習

這首剛剛創作的新歌。

歌曲動情又流暢，孩子們學起來也很投入，很快就學會了。隨著聖誕夜鐘聲的敲響，這首來自平安夜的歌聲，帶著溫暖，帶著希望，帶著人們對美好未來的憧憬，開始迴盪在夜空。

許多人聽到了這首「平安夜」，把這首歌帶到了很遠的地方，帶到了城鎮、鄉村以及世界的各個角落。當每一個聖誕夜來臨的時候，人們都會聽到這美妙的歌聲，聽到這來自平安夜的祝福。

巴爾塔薩認為，基督正是神的形象，是神榮耀的聚焦點。

神學美學是一種在神學沉思的基礎上建立起來的學說，它源於美學範疇，但是又脫離了美學的感性和哲學層面的束縛，把藝術融合在神學裡面，進而實現神聖的美之所在。

神學美學的主要特徵是打破了文化模式隔絕封閉的狀態，為現代文化與美學研究開闢了一個全新的領域。

在巴爾塔薩的神學理念中，不可忽視美學在其中所起到的作用，神學藉助美學的力量光大自己，所以巴爾塔薩的神學應該稱其為是一種神學美學。神學美學

與其他非神學美學同出一轍，但是神學美學是站在神學的高度上去研究、分析一切美學的，這是神學美學與其他美學的區別之處。

巴爾塔薩的神學美學不僅與西方的主流美學思想同步，而且還融合了東方美學的思想，這使神學美學具有了濃重的後現代色彩。他從神學的角度給美學做了一次新的定位，因為神使真、善、美統一，所以美不僅僅源於真或者善，而是真與善的合一。神學美學把上帝做為美的本體而展開研究，這裡的美是以是否關係到上帝的榮耀為出發點，並以此來定位美的高低。他的觀點以上帝為基礎，而上帝的美是可以建立在各種卑微的、低下的，甚至畸形的形象之上的，這近似於以宇宙為基礎的莊子美學。莊子美學不以宮廷貴族、寶馬香車或者是珠囊寶飾為美，美更不是表面風光的謙謙君子，而是能夠超越社會神人、真人、至人和德有所長的畸人、醜人。

小知識

巴爾塔薩（西元1905年～西元1988年），瑞士羅馬天主教最重要的神學家與靈修作家。他從真、善、美的角度，把神學、哲學和文學揉合在一起。主要著作有《主的榮耀》、《神學戲劇》等。

伯牙操琴
彈奏出先秦美學

先秦美學最初是從老子的美學思想中剝離出來的，它分為先秦道家美學
和先秦儒家美學，前者的集大成者是莊子，後者的奠基人是孔子。

中國古代春秋時期，有一個才華橫溢的青年，名叫伯牙，他拜成連先生為
師，跟隨他學古琴。由於伯牙聰明過人，很快便掌握了各種演奏技巧，對各種曲
目熟練自如，自己也頗為得意。

對於伯牙的這種態度，老師成連先生很看不慣，因為伯牙雖然按照要求把曲
譜彈奏出來，但若仔細一聽就知道，因為沒有理解曲子的內涵，所以演奏的曲子
多半是毫無韻味的。

這樣的音樂聽上去很單調，沒有可回味的地方或者可想像的空間，但是面對
伯牙目前這個自傲的狀態，該怎樣有效地勸說他，才能使他接受自己的意見呢？
為此，成連愁眉不展。

一天，伯牙帶著琴來找成連。成連吩咐伯牙彈琴，伯牙彈完之後，成連在心
裡連聲嘆氣，於是，他很坦誠地告訴伯牙說：「我的老師彈了一手好琴，無論是
花鳥魚蟲，還是小橋流水，一聽便知。」

伯牙希望能夠認識這位高人，便央求成連帶自己前往。

兩人走了幾天幾夜，來到一個看似仙境的地方，「這是蓬萊仙島，我的老師
就住在這裡，你只需稍等即可。」

成連說完就走了，留下伯牙一個人在這裡等待。

　　蓬萊仙島是人間仙境，遠處霧靄繚繞，煙霞蒸騰，近處林間不知名的各種鳥兒在啁啾，以及清風吹過樹林，掀起的「沙沙」聲音。伯牙醉心於這裡的環境，便安心住了下來，每天在這美妙絕倫的環境中一邊彈琴，一邊等候高人的到來。日子過得很快，轉眼十多天過去了，島上依舊還是伯牙一個人。

　　又過了很多天，成連所說的老師依然沒有來，伯牙當初等候的焦急心情已經逐漸消失了，因為有一種更大的力量在吸引他。

　　在這裡，他切身感受到了大自然的神聖和魅力，花草樹木的柔情和山嶺的巧奪天工，無不讓他從心底發出一陣陣的讚嘆。這是一種與眾不同的力量，他從來沒有感受到過，這種感受激發了他創作的慾望，他把對大自然的感嘆銘刻在心裡，同時又化作跳躍的音符，用音樂的形式真實而生動地表現出來。

　　又過了幾個月，伯牙在這種自然狀態下，已經把琴藝練得爐火純青。一次，他剛彈完一曲，忽聽不遠處有人拍掌，回頭一看，原來是多日不見的成連，忙起身問道：「我等了很多日子，誰也沒有見到，你又偏偏才來。」

　　「伯牙，你說謊，你的技藝已經大大提高，怎麼會說沒有人來指教呢？」

元代畫家王振鵬所畫的《伯牙鼓琴圖》。

「要說指教，也就是這大自然了，我每天對著此地的山水彈琴，它們既是我的聽眾，又是我的老師，我從中了解了很多，也感悟了很多。」

「這不是最好的老師嗎？」成連意味深長地笑了起來。

「原來如此。」為了讓自己能夠從本質上提高琴藝，成連真是煞費苦心。而此時的伯牙也懂得，要成為一名傑出的琴師，僅靠會彈奏音符是不夠的，更重要的是要用心靈去感受和體驗。然後將其幻化在自己的作品裡，讓自己的作品生動傳神，回味悠長，才是佳作。

先秦美學最初是從老子的美學思想中剝離出來的，它分為先秦道家美學和先秦儒家美學，前者的集大成者是莊子，後者的奠基人是孔子。

藝術能夠把人與自然內在的純真本質一併展現出來，從無為的角度上來說，道家美學肯定了藝術的價值，但是，它又反對那種遮人耳目、虛假造作的過於「文采」化的藝術。

莊子在藝術創作過程中主張「用志不分，乃凝於神」，志是心志，神的精神，心志不能分散，精神要凝聚一起，這樣才能創作出有價值的藝術作品。莊子的道家美學強調個性解放，強調精神自由，並以「謬悠之說，荒唐之言，無端崖之辭」來描述自己的觀點。

儒家美學重視的是藝術與仁義道德之間的本質關聯，並在此基礎上，強調了藝術一方面作用於自身的道德修養以外，另一方面還在社會政治方面起著積極的作用。孔子曾說「人而不仁，如樂何」，這裡仁是指仁愛，意思就是一個人如果本身沒有仁愛之心，那麼奏樂又有什麼意義呢？

孔子的「樂」也是從仁愛而來，沒有「仁」的樂談不上是「樂」，所以

「樂」是「仁」的情感的表達，是「仁」本質的體現。儒家思想認為，人和自然是一體的，並且人也具有山水的特性，孔子說「智者樂水，仁者樂山」，智者好動，仁者喜靜，水是流動的、變化的，它與智者的個性相得益彰，而山則是靜止的、巍然屹立的，它與仁者的性格是統一的。

總而言之，先秦美學的主要思想，就是把美的境界做為人類生命所追求的最高境界。

小知識

莊子（約西元前369年～西元前286年），名周，字子休
（一說子沐）。戰國時期著名的思想家、哲學家、文學
家，是道家學派的代表人物，老子哲學思想的繼承者和
發揚者，先秦莊子學派的創始人。他的學說涵蓋著當
時社會生活的方方面面，但根本精神還是皈依於老子的
哲學。後世將他與老子並稱為「老莊」，他們的哲學
為「老莊哲學」。莊子一生著書十餘萬言，書名《莊
子》。《莊子》一書也被稱為《南華真經》。

曹操對酒當歌
唱出了魏晉美學的風韻

魏晉玄學的誕生，旨在新的美學結構關係，在主體與客體之間尋找一個平衡的切入點，以化解二者之間的矛盾和衝突，使個體的人在能夠實現自己價值的同時，又能獲得一個完整的人格。總之，新美學結構關係實現的是一種理想化的人格之美。

「對酒當歌，人生幾何。」這是三國時期曹操所創作的一首詩中最經典的一句，這首詩的名字叫《短歌行》。可是就因為這首《短歌行》，致使揚州刺史劉馥命喪黃泉。

曹操既是一名傑出的軍事家，同時又是很有才華的詩人，他性格開朗，樂觀向上，平日若遇到心情很好的時候，便集合眾臣一起飲酒作詩，暢談快意人生。

與孫權赤壁大戰之前，曹操召集群臣，設宴擺酒，以示祝賀。群臣排列左右，曹操坐在正中，錦衣繡襖，荷戈執戟，看起來堂皇氣派。當他喝到興頭上的時候，便有些口無遮攔地說道：「我手下有八十萬大軍，隨之聽候使喚，那劉備與諸葛亮太自不量力了，以螻蟻的力量，如何能夠撼動我這泰山？待不久之後，我等收復江南，那時再盡情的歡樂。」

話音剛落，忽見一隻烏鴉鳴叫著向南飛去，曹操問道：「半夜十分烏鴉為什麼要離枝？」

「回我主，許是烏鴉錯把明亮的月色當成白晝，因而飛走覓食去了。」

「連烏鴉都向南飛去了，看來我統一江南大業指日可待了。我戎馬一生，破

黃巾、擒呂布、滅袁術、收袁紹，征戰塞北與遼東，今日想來，頗有感慨，我做歌一首怎樣？」

於是，曹操便對著蒼茫夜空，郎朗誦讀起來「對酒當歌，人生幾何：譬如朝露，去日苦多……月明星稀，烏鵲南飛；繞樹三匝，無枝可依。山不厭高，水不厭深：周公吐哺，天下歸心。」

曹操吟詩完畢，群臣都拍手叫好，無不誇讚曹操的豪情和才氣。但是其中有一人卻表情嚴肅，沒有一點開懷的意思，這個人就是劉馥。劉馥是曹操手下的重臣，很有才幹，也很得曹操的賞識，只見他起身向曹操鞠躬，說道：「我主歌中唱到月明星稀，烏鵲南飛；繞樹三匝，無枝可依，看似有不祥之兆也。」

曹操此時已有八分的醉意，當聽到有人說他這首表達統一天下願望的詩歌被人說成是不祥之兆時，不禁大怒，說道：「你竟敢敗我的興。」

說著，手起槊落，刺死了劉馥。

第二天，曹操醒酒後，痛哭流涕，萬分的懊悔，為了表示自己的悔意，他命人把劉馥厚葬。

在魏晉南北朝時期，中國的美學經歷了一次大變革，這是一次以哲學思潮的邏輯思維的演化為先導的變革，它的主要意義就在於闡述了美學觀念和哲學思潮之間的關係。

早期對美學的研究只停留在表面和周邊，諸如對玄言詩（一種以闡釋老莊和佛教哲理為主要內容的詩歌）的分析以及對佛教藝術進行的探究等，所針對的都是一些表象，而忽略了它們存在的實質和內涵，也並沒完成審美的價值和意義。

魏晉南北朝美學革命正是對這一現狀的突破，而它最明顯的突破就是從魏晉

91

東晉著名畫家顧愷之所作的《洛神賦圖》。作者經由處於驚疑、恍惚中的曹植，在洛水之濱與洛神遙遙相對、留戀徘徊可望而不可及的樣子，傳達出無限惆悵的情意和哀傷情調。體現了魏晉美學中個體意識縱情任性的特點。

時期的玄學過渡到了南朝時期的佛學，這正是魏晉南北朝美學的核心之所在。

　　魏晉南北朝美學的變革是對先秦文化提出了異議。在先秦文化中，無論是道家的天地精神，還是儒家的仁義道德，所弘揚的都是以大為美、以陽剛為美的思想，並且這種美又僅僅以主體的外觀形象存在。

　　到了魏晉時期，由於社會功能衰敗、道德倫理失常，那些充滿陽剛之氣的形象在人們心目中已經失去了原有的風采，雖然人們內心還對其存有一絲的敬畏，但是緊張的社會環境又使他們經常處於惶恐不安的狀態。

　　「常恐失羅網，憂禍一旦并」便是他們處境的真實寫照。在這樣的狀態下，個體與社會、感性與理性、名教與自然等一些外向型的和諧結構開始在內部出現矛盾，人們的思想也產生動搖，一種新的、被稱作魏晉玄學的美學體系應運而

生。

　　魏晉玄學的誕生旨在新的美學結構關係，在主體與客體之間尋找一個平衡的切入點，以化解二者之間的矛盾和衝突，使個體的人在能夠實現自己價值的同時，又能獲得一個完整的人格。總之，新美學結構關係實現的是一種理想化的人格之美。

小知識

　　嵇康（西元224年～西元263年），字叔夜，三國時魏末著名的思想家，詩人與音樂家。他在正始末年與阮籍等竹林名士共倡玄學新風，主張「越名教而任自然」、「審貴賤而通物情」，成為竹林七賢的精神領袖之一。他通曉音律，留下的「廣陵絕響」的典故被後世傳為佳話，《廣陵散》更是成為中國十大古琴曲之一。著有《聲無哀樂論》、《與山巨源絕交書》、《琴賦》、《養生論》等作品。

白居易寫詩
顯露出隋唐美學的端倪

隋唐後期，人們開始注重藝術的深層意蘊，一些藝術品也開始從規律中尋找更深層次的變化。受這一現象影響，這一時期的作品呈現出一種內涵和張力。唐代美學一方面是隋代美學的延伸，另一方面又在整個中國美學發展史上起了繼往開來的作用。

唐代著名詩人白居易從少年時代就酷愛寫詩，為了提高寫作技巧，他不辭辛苦到處求見名家高手為自己指點。十六歲那年，他隻身來到當時的京城長安，求見顧況。顧況是當時非常著名的詩人，他的職務是負責編撰國史和為朝廷一些要事起草文稿，前來找他求教的人絡繹不絕。顧況在繁忙的職務之餘，也樂於為這些學子傳授詩道。

接過白居易的詩稿，一看上面署名「居易」二字，不僅感嘆年輕人的狂妄，隨即脫口而出道：「現在的長安城，糧價上漲，布匹甚貴，要想居住下來，可不是一件容易的事情。」

大家聽了便哈哈大笑，而白居易初來乍到，心裡自然有些惶恐。顧況邊說話邊翻看，掀開一頁，一首題名為《賦得古原草送別》的詩映入眼簾，看完一遍，覺得意猶未盡，顧況複又放聲朗讀起來：「離離原上草，一歲一枯榮。野火燒不盡，春風吹又生。遠芳侵古道，晴翠接荒城。又送王孫去，萋萋滿別情。」

顧況聲情並茂的朗讀讓此詩更添了一份送別的意境，他不由得從心裡讚嘆這首詩之精煉與巧妙，短短的幾行字，淡淡的幾處景，便把一份離別的無奈與淒涼淋漓盡致地潑灑在紙上。

　　小草的生命是卑微的，可是它又有著不可忽視的頑強生命力，從小草的身上就可以體現出大自然生生不息的客觀規律，同時也象徵人在逆境中頑強奮鬥、奮發向上的精神。用小草來比喻命運的百折不撓，足見作者的心胸和對未來所給予的希望。

唐代敦煌莫高窟壁畫——《反彈琵琶圖》。

　　顧況的目光再次投到白居易的臉上時，眼裡已充滿了一種鼓勵和欣慰，他說：「能寫出這樣的詩，久居長安，不是難事。」

　　顧況肯定了白居易的詩，因此他在長安暫時居住下來，不過接下來的事情並沒有如想像中那麼簡單。幾年的時間，白居易一直沒有得到有權勢之人的引薦與推舉，他還是漠然地離開了這個不易長居之地。

　　隨著歷史的興衰、社會的變遷，隋唐時期的美學開始走向新的時期。這一階段的美學所追求的是儒家、道家、佛家為基礎的一種融合的狀態。這種狀態不但影響著人們的審美情趣，還影響著藝術家們的創作方向，史上把這種融合稱作是「初步圓融」。「初步圓融」的狀態結果，就是使儒家宗教化、道家宗教化，而佛教趨於中國化，中國化泛指受當地風俗的影響而地方化。

　　中國早期的儒家思想並不是宗教，在時代的發展過程中，科舉考試的制度越來越完善，為了能夠達到自己理想的社會層面，獲取更理想的官宦地位，人們開始崇尚儒家思想，於是建立廟宇，頂禮膜拜。漸漸的，儒家以及儒家思想便成為了一種鍥而不捨的信仰。這種形式的信仰與宗教形式相近似，故而儒家在人們眼裡也被宗教化。中國的道教最初就是以宗教的身分出現的，從最早的建立教派，

創始人張陵就自稱是太上老君派來的「天師」，後又在道家學派中灌輸了道家思想（老莊思想），成了名副其實的中國宗教流派。中國早期的佛教本也是屬於宗教，不過早期的佛教派並不喜歡束縛於佛教的那些桎梏，而更喜歡以修練者的身分自居。

隋唐後期，這三種思想再度翻新融合，給人們帶來新的審美理念。在佛學道家思想的影響下，人們開始注重藝術的深層意蘊，一些藝術品也開始從規律中尋找更深層次的變化。受這一現象影響，這一時期的作品呈現出一種內涵和張力。唐代美學一方面是隋代美學的延伸，另一方面又在整個中國美學發展史上起到了繼往開來的作用。

小知識

弗蘭西斯・培根（西元1561年～西元1626年），英國哲學家、思想家、教育家、作家和科學家，被馬克思稱為「英國唯物主義和整個現代實驗科學的真正始祖」。他在邏輯學、美學、教育學方面也提出許多思想，因其博學而被人們譽為「萬能博士」。著有《新工具》、《論說隨筆文集》等。

林布蘭在貧民窟裡
等待人文主義萌芽

人文主義的美論首先把人放在第一位，認為人能主宰一切，上帝賦予他
健康健美的身體，並且還賜予他智慧的大腦，使其不僅具有先天的天
分，還具有後天一切能夠主宰世界的能力。

林布蘭是荷蘭著名的畫家，漂亮的薩斯基亞既是他的模特兒，同時也是他的
妻子。他們婚後一共生了四個孩子，然而，這段幸福的婚姻卻只走了短短的八
年。在薩斯基亞生完第四個孩子僅僅九個月，她就撇下林布蘭和孩子們離開了人
世。

薩斯基亞死去的時候是六月，可是林布蘭的心裡，卻如陷入嚴冬一般的冰
冷。他全身麻木，感覺這個世界都拋棄了他，每天全部的生活內容就是看著妻子
生前的照片，一遍一遍地回想妻子的英容笑貌，然後就是長時間的發呆。一年以
後，他拿起畫筆，決定再為妻子畫一
幅畫。

不記得為妻子畫過多少肖像畫
了，那時候妻子身披時尚的外套，面
若桃花，一顰一笑都給林布蘭帶來無
限的靈感。而今，再為妻子畫畫，憑
藉的卻是一份深藏的記憶。林布蘭沉
痛的心情讓記憶的那些碎片也越來越
莊重，越來越嚴肅，在他的畫裡，他

林布蘭的巔峰之作——《夜巡》。

不再為妻子穿那些華麗的服飾，而是為妻子穿上了厚重的皮草。皮草的顏色是深灰的，能夠禦寒保暖，在林布蘭心裡，他要為妻子穿上厚衣服，讓她一個人在天堂裡也遠離孤寂寒冷。

妻子的早逝及事業上的坎坷，讓林布蘭一蹶不振。由於他在生活上揮霍成性，債臺高築，無奈之下，只好帶著孩子搬到了平民區居住。這時，一個年輕的女傭闖進了他的生活中，她的名字叫亨德麗克耶。這位女子在精心照顧林布蘭父子的同時，也給林布蘭的心裡帶來了無限的溫暖與慰藉。

為了感謝亨德麗克耶，林布蘭再次提起畫筆，為亨德麗克耶畫了一幅肖像畫。林布蘭在畫裡傾注了對亨德麗克耶所有的愛戀，畫中的亨德麗克耶身穿樸素的外衣，倚在窗臺邊，面帶聖母一般的微笑。不料想這幅畫面世以後，卻遭到了保守的教會的嚴厲排斥，他們認為林布蘭與亨德麗克耶之間的感情是不道德的，可是林布蘭卻無心顧及這些，他說，「我不管別人怎麼看我，我只為我的繪畫而活。」

住在平民區的林布蘭晚年並不幸福，相濡以沫的日子沒過多久，亨德麗克耶也離開了人世。五年之後，他的兒子也一病而亡。現在的林布蘭孑然一身，孤獨與淒涼時時困擾著他，讓他的心裡再也沒有片刻的安寧。

最後，林布蘭拿起畫筆，為自己畫了一幅自畫像。他要在畫裡為自己找回自信與尊嚴，所以畫裡的林布蘭手握權杖，一身的穿戴都閃著琳琅的金光，他的表情泰然自若，彷彿對世界充滿了傲視與冷漠。他用這幅畫告訴世人，儘管自己已是一文不名，但是依然沒有人可以打垮他。

人文主義所包含的內容有兩個方面：一是研究自中世紀以來一切以神學問題為對立面的世俗問題，主要內容以希臘神話及羅馬神話流傳下來的古典學術為基

礎，研究它的世俗性；二是以基督教的神性為出發點，研究與它相對立的以人性為中心的一種精神，這樣的精神在希臘的古典文化中有著非常濃重的表現。這種人文研究使古希臘文化得以重生，特別是在十四至十六世紀，這類的思潮在歐洲廣泛傳播，這一段歷史被史學家們稱作是「文藝復興」時期。

人文主義最早從歐洲開始萌生，它滲透於社會的各個方面，因而在美學中也有許多表現。這種人文主義表現在美學中的特徵是：以研究古希臘羅馬文化的名義，實則是建構一種反對封建主義文化的資本主義新文化，主張弘揚人文主義文學，並在此基礎上，力求弘揚人文精神。這種精神是藉著希臘古典文化剖析得來的，所以恩格斯曾說：這種人文主義的自由思想，是從新發現的希臘哲學那裡獲取的。

人文主義的美論首先把人放在第一位，認為人是主宰一切的，上帝賦予他健康健美的身體，並且還賜予他智慧的大腦，使他不僅具有先天的天分，還具有後天能夠主宰世界的一切能力。所以說，人是最美的。從這一點上，人文美學反駁了神學美論中把神看做是最美的，而把人看做是有著醜陋靈魂的說法。

人文主義的美論衝破了神學的牢籠，使人們的思想得以解放，在另一方面它又為唯物人文主義的美論主義提供了方法。

小知識

尚·雅克·盧梭（西元1712年～西元1778年），法國著名啟蒙思想家、哲學家、教育家、文學家，是十八世紀法國大革命的思想先驅，啟蒙運動最卓越的代表人物之一。主要著作有《論人類不平等的起源和基礎》、《社會契約論》、《愛彌兒》、《懺悔錄》等。

三把石粉
塗抹出文藝復興時期的美學

文藝復興時期的藝術美學，脫離了哲學的母體，而自成一個理論體系。它提倡自然與精神相結合，是追求一種源於自然而又高於自然的藝術之美。除此之外，主張個性化表現。所謂的個性化不是一種超現實的存在，而是來自於人類自身的一種自我精神。

有這麼一句話叫「權貴的虛榮就好像雕像鼻子上三把石灰粉」。據說關於這句話的來歷，跟米開朗基羅的一尊雕像有關。

米開朗基羅是義大利文藝復興時期著名的建築家、雕塑家，他的作品磅礴大氣，真實而震撼。成名以後的米開朗基羅曾經為義大利西部城市佛羅倫斯雕刻過一尊石像，這尊石像體積龐大，歷經兩年才完工。完工以後的石像被擺放在佛羅倫斯的廣場，很多人都來觀看，對它評頭論足。對於這樣龐大的雕塑，圍觀者在驚嘆之餘，又不得不從心裡佩服米開朗基羅那高超的藝術造詣與那雙神來之手。

一尊雕像引來很多人，同時也包括佛羅倫斯的市長。他在雕像前很認真地看了半天，然後若有所思地說：「這尊雕像的作者在哪裡？」

「市長先生，我就是作者。」米開朗基羅撥開眾人走到市長面前。

「看出這尊雕像有什麼毛病沒有？」

「市長請講。」

「他的鼻子有些矮，影響了整個雕像的美感。」市長很傲慢地說：「雕像就是這麼一種東西，往往很小的一處，就能體現出它的精美或者是瑕疵。」

圍觀者似懂非懂，感覺市長說的話彷彿也有些道理，所以也就跟著點點頭。

「我立刻就修改。」

米開朗基羅從自己的工具包裡拿出來刻刀、石灰粉等，但是他並沒有對雕像做什麼修改，只是往石像的鼻子上抹了三把石灰粉，然後就收起了工具。

幾天以後，市長又來到廣場，這時米開朗基羅告訴他說：「我已經對雕像做了修改，您看現在怎麼樣？」

「這樣看起來就好多了。」

市長走了以後，眾人都不解地問道：「先生，你並沒有修改石像啊？只是往鼻子上抹了點石灰粉，那鼻子怎麼就高了呢？」

「鼻子還是那個鼻子，一點也沒增高，只是市長的虛榮得到滿足了。所以在他看來，這鼻子的確跟原來不一樣了。」

如果把西方的美學階段按其時間長短來劃分的話，那麼文藝復興時期的美學應該是時間跨度最長的，所達到的成就也最耀眼、最璀璨。

一直到文藝復興之前，中世紀的美學理論已經逐漸成熟和完善。中世紀的美學理論主要宣導以神為主的神學思想，神被看做是最權威的，代表著至高無上的權力。到了文藝復興時期，古希臘和羅馬文

《蒙娜麗莎》是一幅享有盛譽的肖像畫傑作，代表了達文西的最高藝術成就。作者在人文主義思想影響下，著力地表現人物的感情。

化在人文主義的理念上得到重新的審視。這一時期的美學是立於現實基礎上，肯定了現實世界的美。這個觀點與文藝復興以前的美學觀點是對立的，文藝復興以前也主張美是自然界的屬性，但是在崇尚神學的環境中，自然界的美是上帝創造的，這種美是物質上的，而非精神上，所以並不具備真正的美學價值。隨著文藝復興的到來，這種經院哲學逐漸被自然性、人的創造性所瓦解和取代。

文藝復興時期的藝術美學脫離了哲學的母體，而自成一個理論體系。它提倡自然與精神相結合，是追求一種源於自然而又高於自然的藝術之美。除此之外，它還主張個性化表現。所謂的個性化不是一種超現實的存在，而是一種來自於人類自身的一種自我精神。這一時期所湧現出來的作品，包括繪畫、雕塑、建築和裝飾等，大都是自然美與創造性相結合的產物，不僅令人耳目一新，而且還能夠名垂青史。

小知識

塞繆爾・泰勒・柯勒律治（西元1772年～西元1834年），英國詩人、評論家、哲學家，作品有《古舟子詠》、《克里斯特貝爾》、《忽必烈汗》、《對沉思的援助》等，其中《對沉思的援助》是一篇關於哲學、文學和宗教的專題論文，意在調和正統基督教教義與德國先驗哲學之間的關係，它對美國的先驗論者有著特別的影響。

待月西廂
等待明代美學的輝煌

新、舊文化相互存在是明代思想的兩大支點，它們之間的矛盾也是明代文化的主要特徵。

有關待月西廂的故事，民間流傳很多，特別是紅娘，更是家喻戶曉、人人皆知。

故事發生在唐朝貞元年間，前朝崔相國因病逝世，他的夫人鄭氏帶著女兒崔鶯鶯、侍女紅娘等人護送崔相國的靈柩回河北老家博陵安葬。不料途中道路中斷，只好暫時寄住在河中府普救寺裡。恰好這個時候，河南洛陽有個書生叫張珙的，就是大家後來叫他張生的人，要奔赴長安趕考，路過河中府，就來看望同窗好友白馬將軍，順便到普救寺來遊玩。在寺中與崔鶯鶯相遇，兩人一見鍾情，產生了愛慕之意。這個張生立刻墜入了愛河，為了追求鶯鶯，竟然放棄去京師趕考，找了個理由，以讀書為名，在寺中借了一間廂房住下。

張生借住的房子，正好與鶯鶯所住的西廂只有一牆之隔，這是張生早早就預謀好的。一天晚上，鶯鶯與紅娘在園中燒香禱告，張生聽到後，隔牆高聲朗誦了一首詩：「月色溶溶夜，花蔭寂寂春；如何臨皓魄，不見月中人？」鶯鶯聽了，立即和詩一首：「蘭閨久寂寞，無事度芳春；料得行吟者，應憐長嘆人。」兩人各自表達了自己的心曲，經過詩歌唱和，彼此更增添了好感，傾慕之情漸濃。

在寺裡為崔相國做超生道場時，張生與鶯鶯再次相遇，兩人默默地用眼神表達愛意。俗話說，無巧不成書，恰巧這時候，一個叫孫飛虎叛軍將領聽說了崔鶯鶯的美貌，率軍包圍了普救寺，要強搶崔鶯鶯為妻。崔夫人到處求援，但是沒有人願意出面幫她，無奈只好發下宏願：「誰能夠擊退敵兵，就把鶯鶯許配給

《西廂記──長亭送別》故事圖盤。

誰。」張生看到機會來了，主動請纓，一封書信請來白馬將軍杜確，擊敗叛軍，活捉了孫飛虎。

張生立了大功，以為這樣就可以名正言順地娶到鶯鶯了，卻沒料想到崔夫人出爾反爾，只允許張生和鶯鶯兄妹相稱，不肯將鶯鶯嫁給他為妻。這時，張生只好請紅娘幫忙，幫他拿個主意。紅娘讓他月下彈琴，鶯鶯聽了很受感動，便囑咐紅娘前去安慰張生。張生藉機給鶯鶯寫了一封信，鶯鶯回信寫了一首詩：「待月西廂下，迎風戶半開；隔牆花影動，疑是玉人來。」意思再明白不過，就是相約張生來和她幽會。憑張生的聰明，當然明白了鶯鶯的美意，他激動萬分，當晚就去赴約。但是礙於紅娘在場，害羞的鶯鶯假裝非常生氣，訓斥了張生一頓，什麼男女授受不親、知書達禮的人不該這麼唐突之類的話，說了一遍，就把張生打發走了。

張生悲憤交加，一病不起，鶯鶯派紅娘經常去探望，一來二去，鶯鶯答應再次和他約會，他的病就痊癒了。有一天夜裡，鶯鶯來到了張生的書房，兩人私訂終身，成就了秦晉之好。這事被崔夫人發現了，她怒不可遏，上演了一幕拷紅大戲，最後卻被紅娘據理力爭，徹底說服了。但崔夫人答應把鶯鶯許給張生的同時，附加了一個條件，張生必須進京趕考，如果考不中，鶯鶯就另擇人家。

張生無奈，只好與鶯鶯惜別，赴京趕考，終於金榜題名，中了狀元，回到普救寺娶了鶯鶯為妻，有情人終成了眷屬。

中國封建社會發展晚期，整個社會從制度到意識形態都出現一種僵硬的死板

化現象。與此同時，社會經濟長足迅猛發展，促進了資產階級思想的萌芽，人們的思想意識出現了一種高度自我價值的認識。他們憑藉雄厚的經濟實力，開始與傳統的文化理念背道而馳。自此，這種並不成熟的源自於市民階級內部的文化以強大的勢頭蔓延開來。

這些商業人士自成一體的團隊，他們個性張揚，勇於藐視權威、崇尚平等。貴族式的高雅文化開始受到衝擊，新的文化以更感性、更真實的面貌出現，在那個時期的很多小說裡，這樣新、舊文化之間的交替與激烈的衝撞，被表現的極為突出，如《三國演義》、《西遊記》、《金瓶梅》等。

新、舊文化相互存在是明代思想的兩大支點，它們之間的矛盾也是明代文化的主要特徵。在明朝初期，由於受社會生產力和經濟發展緩慢的制約，文化呈現出一種純樸的狀態。這樣的狀態在明朝中期逐漸有了變化，經濟復甦，手工農業都有了較為完整的發展，生活水準逐漸提高，人們開始貪圖享樂。雖然當朝權威向百姓提出了「存天理，滅人慾」的教化要求，但是受經濟上漲的蠱惑，人們已經有能力選擇和追求自己的生活，穿金戴銀、豢養寵物，已經成為當時的時尚。金錢橫行，使卑微的底層百姓也能擁有權貴們的高級生活，這初步驗證了普通市民追求平等、藐視權貴的潛意識。

小知識

王夫之（西元1619年～西元1692年），字而農，號薑齋，別號一壺道人，因晚年居衡陽之石船山，世稱「船山先生」。他是明末清初傑出的思想家、哲學家，與方以智、顧炎武、黃宗羲同稱明末四大學者。在美學方面，他對「意象」有深入的研究，提出了「意伏象外」的命題。主要著作有《周易外傳》、《周易內傳》、《尚書引義》、《張子正蒙注》等。

詠嘆調
吟詠十七世紀美學的理性精神

理性精神既注重古代古典文學，又推崇現代現實文化，藝術家們在文藝作品中有力度地表現現實生活，特別是處在社會最底層人們的生活。

托斯卡是一位女高音歌唱家，她的男友是羅馬著名的畫家馬里奧‧卡瓦拉多西。可是就在他們熱戀的時候，意外發生了，卡瓦拉多西因為掩護政治犯而遭到當局的追捕，最後不幸入獄，並且被判死刑。得知這個消息，托斯卡悲痛欲絕。為了拯救卡瓦拉多西，她不顧一切地來到了監獄長斯卡比亞的辦公室，請求他放卡瓦拉多西一條生路。當時托斯卡已經具有很高的知名度，既年輕又漂亮，斯卡比亞早就對她垂涎三尺。看到托斯卡來求自己，他裝作寬宏大量地說道：「要想讓卡瓦拉多西活下來也很容易，我讓劊子手在槍裡不放子彈，只放空槍就是了。」

「太謝謝你了。」

「不過嘛，做這件事是要冒很大風險的，萬一事情敗露我可就倒楣了。所以，妳要好好報答我才行。」斯卡比亞在說這句話時，眼睛直盯著沉浸在悲痛中的托斯卡。

「要我怎麼報答？」

「很容易，妳只要陪我過一夜就行。其實，我一直很喜歡妳。」斯卡比亞此時已是醜態畢露，他說著便露出一絲狡黠的微笑。

「那好吧！只要我的男友能夠活著出來，我就答應你的要求。」托斯卡無奈，只得假意答應。

監獄裡，卡瓦拉多西被執行死刑的日子一天天臨近。在剩最後一天的時候，吃過晚飯，獄卒告訴卡瓦拉多西說：「你的日子不多了，如果跟家人有什麼要說的話，就趕緊留言吧！」

卡瓦拉多西站起身，面對鐵窗外蒼茫的夜空，心裡思緒萬千。在這生死訣別的時候，他想起了自己心愛的托斯卡，因為在這個冷酷的世界中，只有托斯卡能給他帶來心理上的慰藉與溫暖。他對生活的無限熱愛和眷戀，也來自於托斯卡給予他的巨大精神支持。可是自己的生命即將要結束了，所有美好的東西只能是回憶，但是為了讓它能夠永久保存於人們的心中，他唱起了《今夜星光燦爛》。

第二天，卡瓦拉多西被帶到了刑場。而與此同時，斯卡比亞把托斯卡叫到了辦公室，告訴她說：「我已經安排好了，劊子手的槍裡沒有子彈，但是需要卡瓦拉多西做出應聲倒地的狀態，以免露出破綻。然後我再給妳一張通行證，你們就可以在圍觀的人散去後，神不知鬼不覺地逃走。」

斯卡比亞在把通行證遞給托斯卡的時候，趁機抓住了她的手，而托斯卡以為一切都像斯卡比亞說的那樣安排好了，便抽出早已準備好的匕首，刺死了這個禽獸不如的監獄長。

刺死了斯卡比亞，托斯卡拼命向刑場跑去，隨著一聲槍響，她看到卡瓦拉多西應聲倒地。等劊子手離開以後，托斯卡立刻去看男友，可是，事實讓她驚呆了，卡瓦拉多西胸口的鮮血染透了衣服，身體已經冰涼。

原來斯卡比亞所說的一切都是謊言，目的只是為了矇騙托斯卡，趁機佔有她。而卡瓦拉多西的死，讓托斯卡喪失了對生活所有的熱情，於是，她拿起匕首刺向了自己的心臟。

在十七到十八世紀，由英國、法國、德國和義大利為代表崇尚的啟蒙——理

性時期的美學思想為這一時期的主要美學思潮。啟蒙運動是繼歐洲文藝復興之後，所產生的新一輪思想文化運動，代表人物首推法國的思想家和詩人伏爾泰，他被譽為是十八世紀法國資產階級啟蒙運動的旗手，繼承並發揚了理性主義、經驗主義的哲學成果，並開始結合這樣的成果對各國的歷史和文化進行實踐性的研究。在此基礎上，他提出了一些關於民族審美鑑賞力、藝術想像力和藝術創造性的深刻見解，為啟蒙時代的藝術感性觀念開創了先河。在法國古典主義與啟蒙美學轉折時期，他一方面總結繼承了法國古典主義的思想理論，另一方面又開創了啟蒙美學。而啟蒙美學的啟蒙——理性精神又直接影響到了整個人類美學的發展，並在各個國家不同程度地體現出來。

理性精神既注重古代古典文學，又推崇現代現實文化，他們要求藝術家在文藝作品中有力度地表現現實生活，特別是生活在最底層的那些群體。為了真實地體現他們的生活、要求和悲歡，狄德羅曾提出「到鄉下去，到茅屋去」這樣的要求，要求藝術家們寫出這些人的不幸和困惑。在審美情趣上，古典主義只為貴族服務，迎合他們的審美特徵，喜歡高雅藝術，喜歡創造一種華麗的藝術氛圍，而理性精神卻恰恰相反，他們的藝術創作力求從最真實的角度出發，在題材上以反映市民喜、怒、哀、樂的形式為主，強調俗氣的滑稽和最莊重的嚴肅相結合的風格。啟蒙——理性美在繼承古典自然美的基礎上，又添加了實質的社會內容。

小知識

伏爾泰（西元1694年～西元1778年），十八世紀法國啟蒙哲學、文學和史學的首席代表，科學和理性主義史學學派創始人。他首創歷史哲學概念和縱橫比較史學方法，打破基督教「歐洲中心論」和「歷史循環論」，將印度、阿拉伯、中國和美洲歷史納入宏觀視野，並進行微觀考察。所著的《風俗論》是近代第一部世界史和文化史巨著。

威爾第的藝術創作
表現了經驗主義美學的特點

經驗主義美學主要是從生理學和心理學的觀點來研究美學，主要針對想像、情感和美感進行研究。經驗主義學家們希望能夠用觀念聯想的規律，來探索和研究審美活動和創造活動，並從是否有利於生命的發展和成長規律的角度來辨別美醜。

義大利作曲家威爾第是一個非常機智幽默的人。很多人都清楚，他有時會發發小脾氣，會因報酬過少而與公爵的財務管家吵上幾句，以此來顯示自己的個性。

有一次，他遭遇路匪，錢財被洗劫一空，但強盜沒拿走他的大氅，原因是大氅太長了。人們由此來可以推斷，大概威爾第個子較高，否則就是劫匪的個子過於矮小。

關於威爾第的家庭，其實並不複雜，他在一五九五年與宮廷歌手卡塔尼奧共結連理，婚後生了三個孩子，一家人過著簡單平靜的生活。

來自藝術方面的考驗，對威爾第來說比較棘手。一六〇〇年，一個名叫喬瓦尼・瑪麗亞・阿圖西的音樂理論家挑起一次事端，開始向威爾第發難。他發表了一篇抨擊音樂現狀的文章，認為音樂裡面用的誤音太多，聽起來簡直就是噪音。儘管阿圖西沒有指名道姓，但舉的幾個例子都來自威爾第的音樂作品，世人一目了然，一看便知是針對威爾第的。面對來自理論界的不實攻擊，威爾第泰然自若，依然我行我素，不予理睬，並繼續寫了一些牧歌。

但事情遠沒有他所想的那麼簡單，他的不予理睬，並沒有阻止阿圖西的攻

奧爾菲斯牽著妻子尤莉迪絲的手行走在地獄中。

擊。四年之後，阿圖西又揮筆發難，而且毫無顧忌地直接點了威爾第的大名。這是這一次威爾第真的被惹火了，他決定寫一部樣式全新、具有獨特風格的音樂作品，並且要使歌詞更具戲劇表現力，同時旋律要簡單些，以便使阿圖西能夠聽得懂。這種新體裁的創新作品被他稱做「音樂故事」，內容表現的是希臘神話故事中，關於奧爾菲斯與尤莉迪絲的傳說，威爾第為其取名《奧菲歐》。一部著名的義大利歌劇就此誕生了。

當然，威爾第並不是個狂妄自大的人，在他五十歲時發生過一件事足以說明這一點。那時，他曾經會見了一位年輕音樂家。這個音樂家只有十八歲，年輕人總是只談論自己和自己的樂曲。

那麼，威爾第是如何表現的呢？他專心地聽著年輕音樂家的談話，然後說：「當我十八歲時，我總是認為自己就是偉大的作曲家，任何場合總是談『我』。但到了二十五歲，我開始談『我和莫札特』。四十歲時，我便談『莫札特和我』了。而現在我談的只能是『莫札特』。」

這就是威爾第，一個富有才華的藝術家，一個幽默風趣的人。

經驗主義美學主要是從生理學和心理學的觀點來研究美學，主要針對想像、情感和美感進行研究。經驗主義學家們希望能夠用觀念聯想的規律，來探索和研

究審美活動和創造活動，並從是否有利於生命的發展和成長規律的角度來辨別美醜。

這種注重心理、生理現象的美學研究，對與西方美學研究發展來說，是屬於研究方向上的一個轉折。針對生理以及心理的特點，休謨、博克等人提出了「同情說」。所謂同情說，指的是在審美過程中，會產生一些由己及彼的同情心進而分享旁人乃至旁物的情感或活動。「同情說」就是「移情說」的雛形，但是早期英國人的經驗主義美學太過注重生理和心理的基礎，而忽視了在美學歷史發展過程中那些辯證的觀點。他們只注意到人的動物性，而忽略了人的社會價值，進而也就失去了審美過程中理性的一面。休謨的同情說，是新、舊二者合一的新概念，舊是指他繼承了前輩的理論，新是指他又添加了新穎的內容和思想。他認為，人類一切的倫理道德都是出自於情感，情感上的喜、怒、哀、樂是靈魂的動力來源，同情心是根據道德感而來的，也是區別善、惡的立足點。只有有價值的事物才可能獲得同情，因為對人的同情，進而產生對其事物的同情，然後才會把同情心以這種移植的方式轉移到對方心中，並調和及解決道德上的個體差異與普遍性要求之間的矛盾。休謨透過效用概念，把道德與利益、道德感與共同利益感結合起來，效用成為衡量道德價值的標準。

小知識

埃里希・弗羅姆（西元1900年～西元1980年），德國精神病學家，新精神分析學家，是精神分析學派的代表人物之一。他指出了健康人格的本質：與世界相處得很好並紮根於世界之中，擺脫了亂倫關係，是自我和命運的主體或動因，即具有創造性定向。著有《愛的藝術》、《為自己的人》等。

111

巴赫追求著
十八世紀啟蒙主義美學

啟蒙主義與新古典主義一樣，都推崇理性，但二者的角度有所不同：新
古典主義認為所有的和諧也是一種感性基礎上的和諧，而啟蒙主義所強
調的，是立於自由、平等、博愛的啟蒙口號之上，在鬥爭和矛盾中所獲
得的一種理性的和諧。

一七〇二年，巴赫以優秀成績從修道院學校畢業，在呂內堡小鎮當了一名管
風琴手，跟隨樂隊進行演出。這一年，他只有十七歲，但他那不凡的演奏技術已
經開始征服眾人，讓樂隊裡的同伴佩服不已。

巴赫的音樂才華逐漸傳開了，當時宮廷有位酷愛音樂的伯爵，叫約翰．思斯
特，他得知巴赫的才藝以後，就想把他接到宮裡，留在自己身邊。巴赫覺得宮裡
的條件肯定要比外面好很多，不僅能接觸到很多高級的樂器，還能夠結交很多大
人物，所以對於伯爵的邀請，巴赫很爽快地答應了。

宮裡的樂師給巴赫配置了最豪華的樂器，每當宮廷內有宴會或者是接待鄰國
來訪者，他們都會讓巴赫當場演奏。剛開始，巴赫覺得能為這些貴人們演奏算是
一件幸事，可是時間一久，他發現在這個宮裡，自己就像被關在籠中的鳥兒，每
天不停地為人們演奏，沒有一點自由。慢慢地，巴赫厭煩了這種生活，於是就向
思斯特請辭，離開了宮廷。

離開宮廷以後，巴赫來到了博尼法求思的教堂裡，做了一名管風琴師。在這
裡，他除了能夠享受到宮中沒有的自由以外，更多的是他能夠學到很多的音樂知
識，可以按照自己的思想和意願自由地發揮。在這段時間裡，巴赫創作了很多的

複調作品，他的演奏技巧也有了很大的突破和提高。

雖然巴赫的作品可以算得上是獨樹一幟，但是他的某些風格相悖於當時的宗教音樂習俗，因此他的作品也遭到了很多指責與批判。不過巴赫並不畏懼這些，他始終堅持自己的特點，甚至在有一次的演出中，本該由一個男人來扮演的角色，巴赫竟破天荒地安排一個女人來扮演。

女扮男裝登堂演出的現象引起了教堂主事極大的憤怒，他怒氣沖沖地找到了巴赫，嚴厲地訓斥了他。對於教堂主事的訓斥，巴赫進行了有力的反駁，他說：「音樂是獨立的，它有自己的風格和特色，它不是奴役，不屬於哪一個宗教，如果你把我對音樂本質的尊重看成是對宗教的背叛的話，那我就是個叛逆者。」

教堂沒有適合巴赫的藝術生存的土壤。不久，他便離開了那裡，到另外的地方繼續尋求自己的音樂事業。

西方古典美學主要發展階段，是處在十八世紀到十九世紀中期。這段時間，西方古典美學由啟蒙、發展到鼎盛。在這一百多年裡，它大體上可以分為兩個階段，一個是準備期，一個是成熟期。

準備期從一七三五年，德國哲學家鮑姆嘉通最早提出美的概念算起，到一七八一年，萊辛去世為止。在準備期裡，鮑姆嘉通所提出的美學概念，主要以「感性學」為主，提倡以感性的方式認識和解釋事物本身存在的狀態。

這是邏輯學關於真的探討和理論學關於美的探討之外，重新開闢的一個美學學科，同時也完善了德國乃至西方的美學體系。

從一七八一年到一八三一年黑格爾逝世，為成熟期。在十八世紀後半部，美學進入到了一個完善成熟的時期。這個時期經濟發達、政治穩定，由於經濟的復

甦，新興的資產階級日益強大。社會主導思想以資產階級的人生觀和價值觀為主，他們提出了自由、平等、博愛的啟蒙口號。啟蒙即為「照亮 」的意思，其根本目的就在於衝破封建牢籠，打擊封建統治的最高代表天主教，削弱王權與神權的統治。

啟蒙主義與新古典主義一樣，都推崇理性，但是他們的角度有所不同：新古典主義中所謂的理性是指對君王統治的服從，除此之外，所有的和諧也是一種感性基礎上的和諧。而啟蒙主義所強調的，是立於自由、平等、博愛的啟蒙口號之上，在鬥爭和矛盾中所獲得的一種理性的和諧。

小知識

亞瑟・叔本華（西元1788年～西元1860年），十九世紀德國哲學家，唯意志論的創始人。他的唯意志論和非理性主義倫理思想體系，對尼采的權力意志論產生了直接影響，並成為現代西方生命哲學、存在主義思潮的重要思想淵源。著作有《論自然意志》等。

史特勞斯保護頭髮
就是保護現實主義美學

現實主義美學指的就是發生在十九世紀的現實主義運動，它做為浪漫主義的對立面應運而生，從根本上反對浪漫主義的幻想和虛構，具有嚴肅的科學精神。

一八七二年，史特勞斯應美國一些朋友的邀請，做了轟動一時的美國之行。那次轟動的美國之行，留下了一段美好的逸聞趣事，那就是關於史特勞斯的頭髮的故事。

據傳，史特勞斯在美國的演出非常成功，在人們的心中產生了非常大的影響。史特勞斯一表人才，特別是他那彎曲長髮，瀟灑飄逸，很引人注目。一位美國婦女看了史特勞斯的演出，對他崇拜到了如醉如癡的程度，便想盡辦法得到了一束史特勞斯的長髮，當作珍品保存起來。

消息傳開，人們興奮起來，群起效仿，紛紛向史特勞斯索取頭髮，做為紀念，一時竟然掀起了史特勞斯的「頭髮熱」。好心的史特勞斯不願傷害這些樂迷的心，一一滿足了他們的要求，每個人都如願得到了史特勞斯的頭髮。

巡迴演出結束，史特勞斯離開美國時，熱情的觀眾聞訊紛紛前來為他送行。這時，只見史特勞斯揮著帽子，優雅地向前來送行的人們告別，人們看到他那捲曲的長髮還好好地長在頭上，感到很納悶。這時，有心人發現，史特勞斯來美國時曾帶來了一隻長毛狗，現在長毛狗卻變成了短毛狗。

到此，很多人才恍然大悟，原來他們珍藏的頭髮，不是史特勞斯頭髮的真品，而是用他寵物的毛所替代的，人們更加佩服史特勞斯的聰明和機智。

約翰‧史特勞斯的塑像。

在一八九四年舉行慶祝史特勞斯從事藝術活動五十週年慶祝會時，他收到了來自全世界的祝賀和授予他名譽會員稱號的證書，這一切顯示出史特勞斯美國之行的重要性。

一八九九年六月三日，史特勞斯在短時期臥病以後，於維也納的家中去世。一代藝術巨匠就這樣悄然離開了人間，離開了他心愛的音樂。

在古希臘文化中，崇尚的是一種返璞歸真的純模仿自然的風格，而現實主義美學就起源於這種古老的西方文學理論中。現實主義分為廣義與狹義兩種，廣義的現實主義指的是在追求自然的基礎上，塑造藝術作品。

一件藝術作品，是否能夠再現事物最真實的一面，或者說它是否能夠逼真地模仿事物的本來面貌，就是它是否成功的評判標準。從狹義的方面來說，現實主義美學就是指發生在十九世紀的現實主義運動。

當時浪漫主義風靡法國乃至整個歐洲，浪漫主義所宣導的是一種個性自由，以誇張的手法和有特徵的描繪來表達和抒發情感，它講究色彩奔放、構圖變化豐富，是一種超現實主義的表達手法。現實主義美學就是做為浪漫主義的對立面應運而生的，它從根本上反對浪漫主義的幻想和虛構。

　　現實主義滿足的是人類的認知慾望，所以它能夠擁有長久的生命力。認知慾望來自於人的本能和本質，人類所有的審美活動都不能排除認知慾望。除此之外，現實主義還具有嚴肅的科學精神。科學精神就是指由科學性質所決定並貫穿於科學活動之中的基本的精神狀態和思維方式。科學精神反對盲從和虛無，它一方面嚴格約束著科學家們的行為，以保證科學研究的準確性，另一方面它所具有的理性、求實、實證的精神也逐漸被大眾所接受。

小知識

格奧爾格・齊美爾（西元1858年～西元1918年），德國社會學家、哲學家。他提出衝突的存在和作用，對衝突理論起了很大的促進作用。此外，他的唯名論、形式主義、方法論的個體主義思想和理解社會學思想，對美國社會學也產生很大的影響。著有《歷史哲學問題》、《宗教》等。

浮士德下凡
為了德國古典主義美學

在十九世紀以前，德國的美學已經形成了一套完整而又嚴謹的美學思想體系。從十八世紀末開始到十九世紀初，德國的古典美學在康德與黑格爾的宣導下，形成了一股勢力強勁的唯心主義美學，他們將辯證法和歷史觀引進美學，用來替代抽象的哲學思辨。

浮士德是德國的一個傳說中的人物，有人說他為了實現理想，而差一點將靈魂賣給了魔鬼。

一天，上帝召見魔鬼靡非斯特，向他問起浮士德的近況，靡非斯特說：「浮士德最近不太好，這世上的富貴權勢、美女以及才華，沒有他不想要的，估計到頭來，他會一無所獲，抱憾終身。」

「你說的不完全對，無論浮士德有怎樣的行為，但是他的靈魂還是高尚的，如果有了正確而理性的引導，我相信他最終會走上一條正道。」

靡非斯特並不認可上帝的看法，兩人為此打賭，上帝遂派靡非斯特下到凡界，用俗世的各種誘惑來考驗他。

浮士德獨自在屋子裡，鬱鬱寡歡，周圍擺滿了書籍，他從那些書籍裡獲取了知識與理想。可是現實的種種又讓他苦悶與煩躁，他為自己準備了一杯毒酒，打算了此一生。

酒正欲沾唇，忽聽得教堂那邊一陣鐘聲，鐘聲傳出很遠，使他想起了小時候過復活節的情形。那個時候，人們來到郊外，爭先恐後地向浮士德敬酒，感謝他

曾挽救過自己的生命。其實浮士德又並不像人們所感謝的那樣，他只不過給了他們一些「金丹」，而那些「金丹」都是騙人的。

是該脫離塵世飛向更崇高的境界，還是繼續滯留在塵世，固守自己沉迷的慾望？

靡非斯特看透了浮士德矛盾的內心，他化作一個清秀的知識分子，來到浮士德面前，聽他訴說內心的苦悶，並向他解釋著塵世間善與惡的本質，希望能從靈魂深處解救浮士德。

浮士德是德國傳說中的一位巫師或是星象師，據說他將自己的靈魂賣給魔鬼以換取知識，不過人們最熟知的，卻是歌德整整寫了六十年的歌劇《浮士德》。

靡非斯特與浮士德相約，如果塵世間的慾望不能夠使浮士德滿足，那麼靡非斯特將終生為奴，為浮士德尋找快樂。而如果浮士德一旦滿足於現狀，那麼他的靈魂就會立刻被魔鬼縛去。

靡非斯特為浮士德準備了美酒、女人以及紙醉金迷的生活，這一切使浮士德心情激盪，但終究未能使他感到滿足，因為愛情使他感到迷惘與困惑，增添了他內心的痛苦。

靡非斯特又為浮士德安排了崇高的理想——填海造田和拯救人類。這樣的理

想使浮士德感悟到自己生命的價值所在，當滄海變成桑田，民眾都過著幸福生活的時候，浮士德內心突然升騰一種前所未有的滿足感。

浮士德的滿足引來了魔鬼，它們想篡取浮士德高尚的靈魂，幸好有仙女保佑，最後他的靈魂在仙女的庇護下得以升天。

在十九世紀以前，德國的美學總結了歷史上的美學經驗，在科學形態方面，已經形成了一套完整而又嚴謹的美學思想體系。從十八世紀末開始，到十九世紀初，德國的古典美學在康德與黑格爾的宣導下，形成了一股勢力強勁的唯心主義美學，他們將辯證法和歷史觀引進美學，用來替代抽象的哲學思辨。

當時，德國經濟和政治都處在一個相對落後的階段，逐漸崛起的資產階級與沒落的封建統治者之間的衝撞，是社會最突出的矛盾，所以當時的美學意識形態主要是來自資產階級層面上的，他們的主要理論就是尋求一個感性與理性相結合的自由主義美學觀。

這種自由主義美學觀，實際上就是主觀唯心主義的二元論和不可知論。

所謂二元論，指的是自然界存在精神和物質兩個實體，它與一元論的堅持世界上最初是由物質構成的說法相對立。

從哲學的角度來說，世界是由精神和物質二元組成的，精神在物質之前就已經存在，精神的本質是思想，物質就是構成事物本體的諸要素的統稱。二者誰也不能代替對方，更不能由己派生出對方，所以唯心主義美學堅持精神完全能夠離開物質，而獨立存在的一種理論觀點。

不可知論最早出現在十八世紀的歐洲，那時候自然科學欠發達，人類認識自然、掌握自然的能力十分有限，在很多事物和現象都無法解釋的情況下，進而得

出結論，認為自然界有許多事物是不可認識的。

　　除了感覺得到的或看得見的現象之外，對於世界，人類是無法認識的，也就是說人類不能把握到感覺以外的東西。

約翰·沃爾夫岡·馮·歌德（西元1749年～西元1832年），十八世紀中葉到十九世紀初德國和歐洲最重要的劇作家、詩人、思想家。除了詩歌、戲劇、小說之外，他在文藝理論、哲學、歷史學、造型設計等方面都取得了卓越的成就。主要作品有劇本《鐵手騎士葛茲·馮·貝利欣根》、自傳性作品《詩與真》、長篇小說《親和力》和中篇小說《少年維特的煩惱》等。

歌德讓路
使美學新論複雜多變

對於美的界定，一直以來都是眾說紛紜，美是一個既模糊而又多元化的概念，不同的個體有不同的審判標準，所以從科學上和理論上來界定美學，也是一件非常艱難的事情。

「青年男子哪個不善鍾情？

妙齡女人哪個不善懷春？

這是人性中的至潔至純，

為什麼從此中有慘痛飛迸？」

眾所周知，這首優美的愛情詩歌出自於德國偉大的詩人歌德之手。一七四九年八月二十八日，在風景旖旎的萊茵河畔，在法蘭克福市內一個參議員家裡，誕生了一個男嬰，這就是歌德。

少年時代的歌德是幸福的，他的父親是博士，擁有很多精美而珍貴的藏書，母親是法蘭克福市市長的女兒，優越的家庭條件使歌德從小就接受了完善而又良好的教育。在歌德的文學創作中，父母給了他很大的影響，他們經常帶著歌德到處旅遊，為他講解當地的風土人情。尤其是母親，每逢給他講故事，總是留一點疑問，讓歌德自己思考，以此鍛鍊他的思維能力。

在父母的薰陶下，歌德成長為了十八世紀德國著名的文藝大師。在當時，有一位與歌德文藝思想相左的文藝批評家，生性古怪，態度刁鑽傲慢。一天，在經過一條小巷時，歌德與他不期而遇了。那位批評家一見到歌德，便想出言奚落一

番，他不僅沒有讓路的意思，並且還旁若無人地往前走，嘴裡還說著：「我從來不給傻子讓路。」

歌德聽了這話，他笑容可掬、鎮定自若地閃到一旁，機智地反擊道：「我倒是跟您恰恰相反。」

愛耍小聰明的批評家表情尷尬，討了個沒趣，灰頭土臉地離開了。

歌德有著非常清晰的時間概念，有一次，他發現兒子的日記裡記載了這樣幾句話：人生在這裡有兩分半鐘的時間，一分鐘微笑，一分鐘嘆息，半分鐘愛，因為在愛的這半分鐘時間死去了。對於兒子的這種人生態度，歌德很生氣，便把兒子叫到面前，對他說：「無所作為、玩世不恭的人總會把一生的光陰看得很短，但是那些珍惜生命，惜時如金的人會把時間分得很仔細，用來安排自己的工作和學習。一天有二十四個小時，每個小時有六十分鐘，想想看，這些時間我們可以做多少事情？」

兒子謹記父親的教誨，並把這段話做為座右銘記錄在日記本上，以便時時鞭策自己。

一七五〇年，在鮑姆嘉通研究的人類感性認識的一部著作裡，就用希臘文的「Aesthetic」來代表他所研究的科目，而這個

緹士拜恩的著名油畫《歌德在義大利》，描繪了在羅馬的丘陵地帶旅行的歌德。

「Aesthetic」翻譯成中文，就是「美學」的意思。鮑姆嘉通在他的著作裡客觀而公正地分析了美學的涵義，他認為美就是人們對審美對象之間的完整認識。審美的完整性包羅萬象，世界上很多學者都對美做出了自己的判斷和理解，畢達哥拉斯學派認為，美是和諧，中國的哲學家們則認為美就是真和善，脫離這個層面就脫離了美學的範疇。

對於美的界定，一直以來都眾說紛紜，美是一個既模糊而又多元化的概念，不同的個體有不同的審判標準，所以從科學上和理論上來界定美學，也是一件非常艱難的事情。

美既然是存在的，並且人人都能感受得到，就應該對它有一個合理的界定範圍，如果難以從本質上給它下一個結論的話，就從平常的生活經驗上來確認。從形狀上，生活中給人美的感覺受因素是和諧、對稱、柔美、均勻等；從形式的角度上，美的因素是符合道德的標準，或者說美是為真理而代言；美還可以是意識上的一種共鳴，如音樂、繪畫和舞蹈等。

從最初的類感性學延伸到美學，足以證明美學是由一切感性美來完成的，美是一種由感官產生意識，然後再從經驗延伸到實質，最後上升到理性的一種認識。

小知識

理查德・舒斯特曼（西元1948年～），美國著名美學家、人文學者。他是新實用主義美學的代表人物，其思想具有很大的包容性與靈活性。所著的《生活即審美》，本意就是要復興真正的審美經驗，宣導生活藝術的觀念。

《文心雕龍》
展示了和諧統一的古典美學

十九世紀，對於西方，特別是歐洲國家來說，整個社會正處在風雲變幻的時期，美學的許多觀點也正是在這樣的動盪環境中發生了轉變。這種轉變既深刻又全面，經過了這樣的轉型，其實就是完成了由傳統美學向現代美學的歷史跨越。

劉勰祖籍山東，是中國歷史上最著名的批評家。小時候，劉勰曾讀過很多孔子的書，孔子的生平和思想對他產生了很深的影響，很多次他都在夢見跟隨孔子到四方雲遊。在他眼裡，孔子的儒家思想博大精深，而且是最完美、最向善的，為了能夠接受更多的儒家思想，劉勰來到了當時京城一個著名的寺廟——上定林寺，向那裡的高僧們學習佛經和儒家經典。

在劉勰接收和學習了很多儒家思想的精華之後，便想把它發揚光大，讓全天下的人都知道。於是，他開始寫論文。在當時，論文形式非常流行，劉勰曾看過許多，如曹丕的《典論·論文》、陸機的《文賦》、摯虞的《文章流別論》以及李充的《翰林論》等，但美中不足的是，這些論文寫的都有些廣泛和粗糙，無法給人一種完整的感覺。於是，劉勰決心摒棄這種做法，他要把自己的論文寫得細緻而豐富。

劉勰用去了整整五年的時間，終於完成了一部三萬七千多字的論文巨作——《文心雕龍》，這部書由五十篇短文組成，結構細膩，取材豐富，風格迥異，語言形式採用當時流行的駢文，使人讀起來抑揚頓挫，容易朗朗上口。並且每篇短文都聲情並茂，給人以美的享受。如《物色篇》中寫道：「山沓水匝，樹雜雲

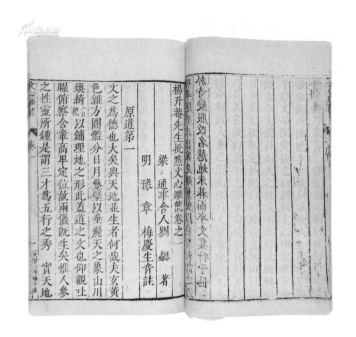

《文心雕龍》。

合。目既往還，心亦吐納。春日遲遲，秋風颯颯；情往似贈，興來如答」。再如《神思篇》中提到文思變化倏忽不定的時候，劉勰寫道：「故寂然凝慮，思接千載；悄焉動容，視通萬里；吟詠之間，吐納珠玉之聲；眉睫之前，卷舒風雲之色；其思理之致乎。」另外還有如《神思》、《風骨》、《情采》等，都給後人留下了很美的印象和感覺。

《文心雕龍》主要以儒家的美學思想為基礎，向世人展現了語言文學的審美本質及其創造、鑑賞的美學規律。因此，在這部書中，劉勰強調美是成雙成對出現的，矛盾的雙方各執一詞，不偏不倚，如在道與文、情與采、真與奇、華與實、情與志、風與骨、隱與秀的論述中，他都提倡把各種因素結合起來，達到一種和諧而統一的古典美學思想，這種美學觀點對後世產生了很深的影響。

十九世紀，對於西方，特別是歐洲國家來說，整個社會正處在風雲變幻的時期，科學技術快速發展，哲學思潮不斷湧現出新的理論觀點，文化藝術更是各種流派相互產生。整個社會一方面在政治經濟上大幅度地前進，而另一方面又擺脫不了內部深層的矛盾撞擊。美學的許多觀點也正是在這樣動盪的環境中發生了轉

變，這種轉變既是深刻的，又是全面的，經過了這樣的轉型，其實就是完成了由傳統美學向現代美學的歷史跨越。

十九世紀的美學隨著社會的動盪，也處在一個極為複雜和動盪的時期，各種流派相應而生。在這之前，德國的古典美學已經佔據了整個西方的主流位置，一直到二十世紀到來的時候，新出現的科學主義和人本主義兩大現代美學主潮也是明顯含有德國古典美學的特徵。當自然科學被引入到哲學和美學的研究方式中的時候，以菲克納、泰納為代表提出的以實證方法研究美學的科學主義思潮便應運而生，與此同時，以叔本華、尼采、狄爾泰為代表的人本主義美學思潮又與科學主義的美學觀點持相反的論調。人本主義理論是文藝復興時期湧現的一個新思潮，它所強調的即是自由意志論，人類自由權利不可侵犯。

在俄國，革命民主主義美學也迅速興起並快速發展。革命民主主義美學很大程度上繼承了德國古典美學的思想觀點，他們把對美學的研究建立在現實生活的基礎上，進而使文學與生活緊密結合。最能夠代表這一時期的美學理論就是馬克思主義美學的形成和無產階級美學的興起，他們具有鮮明的戰鬥力和功利性。

小知識

劉勰（約西元465年～西元520年），字彥和，中國南北朝時期著名的文學理論家。他雖任很多官職，但其名不以官顯，卻以文彰，一部《文心雕龍》奠定了他在中國文學史上和文學批評史上不可或缺的地位。

羅西尼即興演奏
體現了非理性美學的嬗變

非理性指的是一些潛意識和無意識的東西，它與理性是相對立的。首先，歷史上大量的悲劇就證明了人的非理性或者有限理性。其次，隨著社會的發展，人類在自然面前已經處於一種被動的狀態。

熟悉新歌劇的人都知道，羅西尼是義大利新歌劇藝術的奠基人。他為各國反映愛國主義思想歌劇藝術的創作，提供了全新的、寶貴的創作經驗，進而影響了十九世紀整個歐洲歌劇藝術的發展。

羅西尼的代表作是《塞維爾的理髮師》，然而，這部作品的首次演出卻糟糕透頂，沒有收到預期的效果。究其首演失敗的原因，除了作品本身存在的問題，當時社會環境和藝術氛圍是其主要的因素。

有很多人都半開玩笑地說羅西尼是個懶漢，這並不奇怪，他總是在演出的前夜或當天，才即興創作要演奏的歌劇。為此，那些劇院的經理們常常急得直搔頭髮。羅西尼自己也說，在上演他的歌劇時期，所有義大利經理們在三十歲年紀就急禿了頂。他花了僅僅十三天時間就創作了歌劇《塞爾維的理髮師》，不免給人粗製濫造的嫌疑。事實也是如此，劇中有一首曲子描寫阿爾瑪維瓦伯爵向羅西娜求愛，首演非常糟糕，後來只能重新譜寫。

相同的一個腳本，義大利老作曲家、羅西尼的前輩派西埃洛也曾寫了一部歌劇，演出效果不錯，一直享有較高的盛譽。當時，阿金蒂納劇院的經理感覺派西埃洛創作的那一部歌劇有些明顯不足，戲劇性不強，情節也顯得陳舊，於是找到羅西尼，讓他重新創作一遍。派西埃洛是一個妒忌心極強的人，他得知羅西尼重

新創作了《塞爾維的理髮師》的消息後，就在首演之夜請來了一大群吹口哨、打響指、喝倒采的混混，想一舉把羅西尼的新劇扼殺掉。

首演的時候，果然按照派西埃洛的想法在發展，演出現場混亂不堪，錯誤百出。尤其是表演阿爾瑪維瓦伯爵求愛一幕，當演員抱著吉他，姿態優美地站在羅西娜的陽臺下，準備唱一首歌曲，以表達愛意時，演員卻發現吉他未調弦音，他只好停下來調弦。沒想到忙中有錯，他不小心又弄斷了弦，引來觀眾一陣嗤笑。換上新弦，當他開始演唱，觀眾一片喧嘩，混混們趁機喝倒采，整個劇院裡充滿了此起彼伏的噓聲、口哨聲、尖叫聲，演出在亂糟糟的氛圍裡，不得不匆忙結束。

面對如此混亂不堪的局面，羅西尼反而泰然處之，不以為然。

演出結束後，羅西尼就針對演出中出現的問題進行了全面的修改，接下來演出一週後，這部歌劇逐漸得到了人們的認可，在人氣上開始超越派西埃洛的那部作品。經過羅西尼的努力，他反敗為勝，使得首演帶來的尷尬慢慢成為了逸聞趣事。

非理性指的是一些潛意識和無意識的東西，它與理性是相對立的。康德認為，人是一種有限的理性存在者。他的這個觀點是有理論依據的，首先，歷史上大量的悲劇就證明了人的非理性或者有限理性。其次，隨著社會的發展，人類在自然面前已經處於一種被動的狀態。康德的非理性美學是叔本華哲學思想的明顯延續。

康德學說的非理性，主要有三個特點：

1.從倫理的角度上對情感和自由的認識程度，這種程度是有限的，進而為非理性本身尋找到了一個合理的理由。

2.澄清想像力對批判哲學體系的設計師建構功能，在凸顯想像力無意識意味的同時，進而言明體系漏洞是不可避免的。

3.人類的智慧多半來自於痛苦的經歷，而痛苦的根源又恰恰是非理性所造成的。

這三種理論表明，康德已經用理性的思維方式把人類的有限理性淋漓盡致地詮釋出來，並把它推向了哲學的審判臺。

康德把對象分為現象界和本體界兩部分，這兩部分互相交織，對審視美學有著重要的意義。現象界是感性層面上的一種理念，在現象界中，人們利用知識來規範自己的道德行為和審美標準。但是人類常有無法控制理性的時候，這便是本體界的表現。本體界是衝破理性的一種表現，如果人類的理性不能約束非理性的話，人類就無法認知，只能思之而不能知之了。

小知識

古斯塔夫·希歐多爾·菲克納（西元1801年～西元1887年），德國物理學家、哲學家、心理學家、美學家。他對於各種美學問題、原則和方法進行了討論，奠定了實驗心理學美學的基礎，被稱為「近代美學之父」。著有《實驗美學論》、《美學導論》等。

獻出一生的薩維奇
也獻出了二十世紀美學

二十世紀的美學主要包括現代人本主義和科學主義兩大思潮。人本主義
提倡以科學知識為基礎，以人本身為出發點，把人類自身的價值和尊嚴
做為衡量世界萬物善、惡、美、醜的基本尺度。

英國有一位很著名的作家，叫理查·薩維奇，他曾寫過《速食帝國》、《半
夢半醒的人生》以及《薩維奇一家》等很多受人讚賞的作品。他的作品以現實中
的小人物為基礎，向世人展示他們的生活與喜、怒、哀、樂。

雖然是知名的作家，但薩維奇的一生並不富裕，尤其是在倫敦居住的那段時
間，因為貧窮和飢餓，他不幸染上了一種疾病。被病魔折磨的薩維奇痛不欲生，
不僅不能堅持寫作，甚至不能下床，生命受到了嚴重的威脅。

好心的鄰居不忍心看到薩維奇就這樣死去，便給他找來了一個醫生。醫生的
醫術很高明，經過一段時間的治療和調養，薩維奇已經能夠下地走路，氣色紅
潤，並且還能工作。

又過了兩個禮拜，薩維奇已經完全康復了，這時候給他治病的醫生上門來索
取醫藥費。可是薩維奇實在拿不出來這些錢，無奈只得讓醫生再等些日子。一個
月以後，醫生又來了，可是這次依然沒有拿到錢。醫生很生氣，他臨走時說：
「你的命是我救回來的，要知道我對你有再造之恩，可是你現在連這點醫藥費都
不給我。」

薩維奇不是不想給他錢，可是他實在太窮了。他的書寫出來了，又沒能發
表，別說看病，就連吃飯也都是飢一頓飽一頓，還經常跟鄰居借錢。他對醫生

說：「我非常想報答你，我沒有錢，但是我可以把我的一生送給你。」

醫生很詫異，只見薩維奇拿過來兩本書，重重地放在醫生的懷裡，那書名是《理查・薩維奇的一生》。

二十世紀的美學主要包括現代人本主義和科學主義兩大思潮。人本主義提倡以科學知識為基礎，以人本身為出發點，把人類自身的價值和尊嚴做為衡量世界萬物善、惡、美、醜的基本尺度。

從哲學的角度來說，人本主義就是以人性、人的有限性和人的利益為主題的研究方式。這既是文藝復興的前提，也是科學主義誕生的一個基本條件。在十七世紀到十九世紀之間，人本主義通常被看做是主體哲學，但是由於哲學家對個體的理解角度不同，對個人主義的解釋是多樣化的，所以哲學上的個人主義是具有多層含意的。

伊曼努爾・康德。

如果把笛卡兒的「我思」和康德的先驗自我的哲學也都納入人本主義的話，那麼在德國廣為流行的「新康德主義」就是人本主義中最為典型的流派。因為「新康德主義」繼承的是康德科學、自然科學和文化科學，他們所謂的自我，不是平常意義上的，也不是以人格為出發點的經驗中的自我，他們注重自我和科學研究之間的關係，這與某些學派所強調個人價值的個人主義是不可混淆的。

　　實證主義是現代科學主義的基礎，它最早起源於古希臘科學理性精神。實證主義是一種哲學思想，從理論上說，任何拘泥於經驗的哲學體系，以及形而上學的理論都是實證主義所排斥的對象。

　　實證主義又叫做實證論，它的主要目的就是幫助人們建立認識事物的客觀性。在實證家看來，雖然每個人接受的教育和生存的環境是不同的，但是他們用來判斷美、醜的感覺和經驗是大相徑庭的，超越經驗或不是經驗可以觀察到的知識，不是真的知識。

小知識

泰納（西元1828年～西元1893年），法國史學家兼文學評論家，亦是實證主義的傑出代表。著有《拉封丹及其寓言》、《十九世紀法國哲學家研究》、《藝術哲學》等。

做自己
才能看到美學的未來發展

二十世紀七〇至八〇年代，在美學理論上，我國學者提出的一個具有原創意義的新學科，叫做文藝美學。一九七六年，學者王夢鷗《文藝美學》的出版，為這個新開創的學科提供了名稱。之後在一九八〇年，由大陸學者胡經之正式提出建立文藝美學學科。

我在很小的時候就讀過《聖經》，在書中認識了摩西。為了逃避拉美西斯的統治，他帶領希伯來人過紅海、出埃及。在五個世紀中，摩西做為一個真正的先知受到整個伊斯蘭世界的尊敬，進而也贏得所有希伯來人的尊敬。所以，摩西就被做為偶像和英雄而駐紮在我們心裡。而當我們生活或者是行走在這個世界上的時候，就經常被拿來跟摩西做比對。

我的名字叫艾倫，我經常想，為什麼他們會把摩西拿來做比對，而不是艾倫，因為摩西很偉大，大家都知道，而艾倫是誰，沒有人知道。

從那時起，我就不再願意做我自己，不再願意做艾倫，而是想做另外一個人。比如我想做比爾·威鐸登，因為他很有學問，個頭也高，說話也很有頭腦。在我心裡，比爾·威鐸登已經很完美了。

可是漸漸地我發現，比爾·威鐸登好像也不太喜歡自己，因為他平時喜歡跟湯姆在一起，並且很注意湯姆的言行和走路的姿勢，他又好像很喜歡模仿湯姆。但湯姆卻並不喜歡跟比爾·威鐸登在一起，他經常打電話給喬治，約他一起看電影喝咖啡。可是喬治又總推托說自己太忙，以各種藉口拒絕湯姆的邀請。

我經常發現湯姆在晚飯後去找傑克，他喜歡跟傑克穿一樣的衣服，連看問

題的觀點都一致，而傑克最佩服的人是杜佩‧威靈頓，看看吧！他連髮型都是模仿杜佩‧威靈頓。而杜佩‧威靈頓，所有人都知道，他是我的鄰居，每天纏著我問東問西，我幹什麼他就幹什麼，我喜歡什麼，他就喜歡什麼。

現在好了，我根本不需要崇拜別人，也不需要模仿別人，我只按照自己的行為和思維習慣做我自己就好了。

摩西從磐石中取水。

二十世紀七〇至八〇年代，在美學理論上，我國學者提出的一個具有原創意義的新學科，叫做文藝美學。一九七六年，學者王夢鷗《文藝美學》的出版，為這個新開創的學科提供了名稱。之後在一九八〇年，由大陸學者胡經之正式提出建立文藝美學學科，並開始在自己的著作中著重探究和論述美學的對象、性質、方法等問題。在二十年間，胡經之發表了《文藝美學》、《文藝美學論》、《文藝美學方法論》等著作，並且還發表了近百篇論文，為文藝美學奠定了理論基礎和研究方向。雖然文藝美學在各方面還不成熟，但它在整個美學界也逐漸有了自己的地位，其被認可主要在於以下幾個方面：

1.科學性質。科學家認為，所謂的文藝美學是介於文藝和美學之間的一門學

科，它既屬於邊緣學科，又是二者相結合、相互交叉的產物。這樣的前提使它既含有美學的人文學科特徵，也從總體上概括了文藝與美學的雙面特性，所以把它稱作文藝美學是名符其實的。

2.學科位置的測定。學科位置的測定是確認其學科性質的基礎，因為它具有美學和藝術的雙重性，所以可以從美學和藝術兩個方面來測定它的位置。從大的美學系統來看，文藝美學的位置處在一般美學和主體美學的中間地帶。相對於普通美學而言，文藝美學是一種很特殊的美學，而相對於主體美學來說，文藝美學則屬於一般美學。

小知識

王國維（西元1877年～西元1927年），近現代在文學、美學、史學、哲學、古文字、考古學等各方面成就卓著的學術鉅子、國學大師。近代中國最早運用西方哲學、美學、文學觀點和方法剖析評論中國古典文學的開風氣者，生平著述六十二種，代表作為《人間詞話》。

第三篇

借你一雙尋找美的眼睛

——美學方法

莫札特用鼻子
找到了琴鍵上的黃金比例

0.618，著名的黃金分割是最具有美學意義的數字分割規律。藝術家們很早就開始按照黃金分割的比例來刻畫和塑造自己的作品了，如達文西的《維納斯》、米開朗基羅的《大衛》等。這些藝術作品的精確結構，無不依賴於黃金分割的奇妙特性。

海頓比莫札特大二十四歲，他們既是師生，又是一對忘年交。海頓非常喜歡莫札特，經常對他的音樂才華讚不絕口，而莫札特也常常慶幸自己能夠有海頓這樣一位老師。他既是一個談得來的知己，又能以長輩的身分為自己指點迷津，在音樂事業上，海頓給他了很大的幫助。

由於年齡的懸殊，在海頓面前，莫札特有時候會表現得像個孩子。有一次兩人在聊天，海頓對自己的這個學生非常自豪，而莫札特也知道自己有著這方面的天賦，他對老師說：「我做的曲子不是誰都能彈得了的。」

「那可不一定，你做的曲子，我就彈得了。」

「那來試試吧！」說著，莫札特找來紙張，開始作曲。

幾分鐘以後，曲子出來了，海頓拿著樂譜，坐在鋼琴前開始演奏。彈著彈著，他發現了問題，便驚奇地說道：「這是什麼樂譜呀？我的兩隻手在鋼琴的兩端，怎麼會有一個音符突然出現在琴鍵的中間？我又沒有第三隻手，這樣的曲子根本誰也彈不了。」

「讓我來試試。」

　　莫札特微笑著坐在鋼琴前，他的手一碰著鋼琴，便演奏出來一串串美妙的音樂。而彈到海頓剛才說的那個音符時，他彎下身子，用鼻尖用力點了一下鋼琴中間的琴鍵，美妙的音樂又開始繼續。

　　莫札特的這個小動作讓海頓大為驚奇，他不得不伸出大拇指說道：「你真是太棒了，這種做法我怎麼就沒想到呢？」

　　0.618，著名的黃金分割是古希臘在「萬物皆數」這個自然哲學命題上提出的，最具有美學意義的數字分割規律。黃金分割所體現的是人們在最原始的生存環境下，對美的嚮往和剖析。

　　可是，人們為什麼會把黃金分割的規律定在0.618這個數字上呢？這應該追溯到人類的起源與進化。在從猿到人的進化中，雖然四肢和顱骨發生了很大的變化，從比例上看，已經趨向於1：0.618的黃金比例，但是這樣的形體還不足以體現美感。義大利著名的畫家在觀察芭蕾舞演員跳舞的時候，發現演員的腳尖總是習慣地向上踮起，適當地增長加了下半身的長度，這樣的基準形體與選手旋轉的舞姿相結合，帶給人們無限美妙的視覺衝擊，這也就是奇妙的黃金分割效

羅丹的雕塑作品——《青銅時代》。

果。

人類最早研究的黃金分割的對象就是人體。科學的測量顯示，人體內部的結構至少有十四個黃金分割點，所以說，人體本身就是黃金分割的最有力的證據。人類之所以會對黃金分割產生美感，是因為在看到一件物品的時候，會即時在大腦內部產生 α、β、γ、ε 和 τ 等五種腦電波。在五種腦電波中，凡是被歸結為美的東西，透過視覺所產生的腦電波均為 β，β 的頻率值最接近0.618。

藝術家們很早就開始按照黃金分割的比例來刻畫和塑造自己的作品了。如達文西的《維納斯》、米開朗基羅的《大衛》、羅丹的《青銅時代》等，這些藝術作品的精確結構無不依賴於黃金分割的奇妙特性。

小知識

歐多克索斯（西元前400年～西元前347年），古希臘時代成就卓著的數學家和天文學家。他有系統地研究了黃金比例，並為此建立了整套的理論。他認為所謂黃金分割，指的是把長為L的線段分為兩部分，使其中一部分對於全部之比，等於另一部分對於該部分之比。

科爾的律師夢
表達的是移情美學

審美過程中，把情感移植到某種對象身上的現象叫移情現象，它要求被
移植的對象與人本身的思想是一致的，審美情趣是和諧統一的。它把被
移植對象擬人化，使其有了主題想要表達的情感，以便更好地發揮和渲
染主體情感。

在美國，有一名律師名字叫做科爾。科爾雖然是一位女人，可是卻頂著一頭
灰白的頭髮，右邊的眼角向下傾斜，嘴角向上翻起……科爾之所以會有這樣的容
貌，源於小時候的一場大火，本來俊秀的臉被燒的面目全非。更不幸的是，事後
醫生又告訴她一個可怕的消息，她被確診患上了世界罕見的進行性面部偏側萎縮
症，目前這樣的病症還沒有有效的治療方法。

由於相貌變得醜陋，科爾在學校被視為異類，經常有人欺侮她，他們在路上
攔截她，口裡大喊著「怪物、怪物」，還有人給她取了外號叫「歪鼻子」、「白
頭翁」等，甚至一些人還惡搞地把她的照片貼到了網路上。一些網友同情她，而
另一些則是辱罵、責怪她不該把照片貼上來，為此雙方還進行了唇槍舌劍的辯
論。他們誰也沒有顧及到科爾的痛苦，更沒有人來安慰和陪伴她，所有的壓力都
是她獨自承受。

後來，科爾以優異的成績考上了大學。在一次社會心理學課上，老師問：
「大家都來說說你們的理想吧！」

同學們的理想五花八門，只有科爾一言不發，老師問：「科爾，妳將來想做
什麼？」

「她的理想是整容。」一個同學搶先回答，然後教室裡哄堂大笑。

「不，你說錯了，我的理想是當一名律師。」

科爾的話又引來一陣笑聲，他們嘰嘰喳喳說：「誰敢用妳這樣的律師？嚇都嚇死了。」

但是老師沒笑，他接著問道：「為什麼？」

「因為我看到有很多像我一樣身患殘疾的不幸者，他們飽受世間的侮辱和歧視，我的理想就是當律師，要去幫助他們獲得正常的權利。」科爾的理想出乎同學們的意料，教室裡立刻安靜下來，他們第一次用肅然起敬的目光注視著這個相貌醜陋的女同學。

後來，經過不懈的努力，科爾終於如願以償地當上了律師。這時候她的面部萎縮得更厲害了，可是她說：「這沒什麼可怕的，容貌並不重要，生命中最重要的是自信和堅強。」

審美過程中，把情感移植到某種對象身上的現象叫移情作用，被移植的對象與人本身的思想是一致的，審美情趣是和諧統一的。它把被移植對象擬人化，使其有了主題想要表達的情感，以便更好地發揮和渲染主體情感。

移情現象在生活中隨處可見，引發這種現象的因素主要有這幾種：

1.由豐富的聯想引發的移情。在創作的過程中，往往那些生動富於跳躍性的思維，比那些簡單的、理性的、拘泥於現實的思維更具有感染力。特別是在詩歌創作過程中，詩人的思維往往會從時間、空間以及其他相似的事物中，產生豐富的聯想，進而引發移情現象。比如「秋陰不散霜飛晚，留得枯荷聽雨聲」。從唯物主義的角度來說，詩歌中的移情現象是相對於事物引發的一種具有能動力和創

造性的結果。

2.由心境產生的移情。所謂的心境，就是指人的情緒由於某些因素的影響，而被染上一些特殊的色彩。心境可以是愉快的，也可以是悲傷的，當你在愉快的時候，所看到的一切都是樂觀的、積極的，比如「停車坐愛楓林晚，霜葉紅於二月花」，詩中所表達的就是詩人的愉悅，而「烽火連三月，家書抵萬金」所表達的則是詩人對時局的惶恐和感傷。

3.由聯想和心境共同產生的移情。大多數情況下，聯想和心境是整體的概念，由心境引發聯想，由聯想鋪染心境。比如「春蠶到死絲方盡，蠟炬成灰淚始乾」一句中，詩人的移情既有聯想思維，同時又有心境的成分。

小知識

貝奈戴托・克羅齊（西元1866年～西元1952年），義大利著名文藝批評家、歷史學家、哲學家，在歷史學、歷史學方法論、哲學、美學領域頗有建樹。著有《美學原理》、《邏輯學》、《歷史學的理論與實踐》以及《實踐活動的哲學》等。

李煜的《虞美人》
講述了悲情思想觀

在接觸或是認識一件事物之前，鑑於自身的審美情趣和處世經驗，往往會勾勒出對方的大致形象，這種虛擬對方形象的現象叫期待視野。德國美學家耀斯曾大致地把期待視野規劃為三個層次，即文體期待、意象期待、意蘊期待。

中國歷史上曾出過一個才華橫溢，但卻又非常憂鬱的帝王，他的名字叫李煜。

與歷史上其他的皇帝不同，李煜雖然出生在帝王之家，但是他在後宮長大，整天與婦人相伴，所以他骨子裡並不是一個喜歡征戰的人。相反地，他喜歡安逸、清靜、雅致的生活。李煜和父親李璟一樣，是文學造詣極高的詞人，誰知竟陽陰錯差地登上了皇位，並因此造就了自己一生的悲劇命運。

李煜當上皇帝以後，娶妻周娥皇。周娥皇詩詞俱佳，與李煜是夫唱婦隨，相得益彰，尤其是由兩人共同譜曲填詞的《霓裳羽衣曲》，在當時更被廣為流傳。

由於李煜不擅於治理國事，該殺的人不殺，不該殺的人卻殺了，以致於整個國家在他的治理下日漸敗落。不久，他的愛妻周娥皇不幸病逝，這給了他致命的打擊。而此時北宋不斷的侵襲更讓他苦不堪言，他不斷向北宋進貢，在委屈求全中苟且偷安了十幾年。但最終南唐還是被北宋滅掉了，李煜因此成了階下囚。

李煜被帶至開封，囚在東京城西皇家園林金明池北部一所冷清的院落裡。這種亡國奴的生活使李煜喪盡了尊嚴，也受盡了屈辱。太平興國三年（西元九七八年）的七夕，恰好是他四十二歲的生日。看著滿院的菊花隨著寒風淒清開

144

中國五代十國時期南唐畫家周文矩所畫的《重屏會棋圖》卷，描繪了南唐中主李璟與兄弟們在屏風前對弈的場面。

放，伴隨了冷淡的花香，身在異國他鄉的李煜心中充滿了哀愁和傷感。於是，他提筆寫道：「春花秋月何時了，往事知多少，小樓昨夜又東風，故國不堪回首月明中……問君能有幾多愁，恰似一江春水向東流。」

這首《虞美人》表達了李煜對祖國的思念和對現實的無奈，可是現實是殘酷的，不久，他寫的這首詞便引起了宋太宗趙光義的猜忌。他認為李煜妄圖復辟，便在一次宴會上，命人在李煜的酒中下了劇毒「牽機藥」，將其毒死。一代精通詩詞書畫的君王就這樣在憤恨中離開了人世。

人在接觸或認識一件事物之前，鑑於自身的審美情趣和處世經驗，往往會勾勒出對方的大致形象，這種虛擬對方形象的現象叫期待視野。

德國美學家漢斯·羅伯特·耀斯曾把期待視野劃分為三個層次，即文體期待、意象期待、意蘊期待，這與一件藝術作品從構思到完成大體所需的層次是相

對應的。一件作品在問世以後，從觀眾那裡回饋的意見，無論是欣賞、讚許，還是鄙夷、反駁，對作者來說，都可以成為衡量作品價值的尺度。這種尺度就是期待視野與成功作品之間的距離，而熟悉這種創作規律的人，會在這種尺度之間尋找能夠讓社會接受的契合點，進而創作出更完美的作品。

從接受者的角度來說，他所產生的期待視野並非是一成不變的，因為在接受新藝術的過程中，他的思維既受原來視野的約束，又努力檢修和拓展期待視野的內容。藝術家們反覆在原來作品上推敲和創新，其實也是期待視野被不斷更新的結果。

漢斯‧羅伯特‧耀斯生活在文化範式轉換的歷史時期，同時他又受來自於俄國陌生文學以及其他文學轉變的影響，所以在評價作品時，他一直把是否有創新的內容看做是首要條件。

一件作品的期待視野被觀眾接受以後，他們自然會在後來的作品中希望看到新穎的東西，這種要求如果一直被滿足，就會激勵出許多新的作品。反之，如果被漠視，就會使作品的水準每況愈下。

小知識

喬治‧盧卡奇（西元1885年～西元1971年），匈牙利美學家、文藝批評家、哲學家。他堅持用馬克思主義的社會歷史觀點進行美學研究，並第一個證明馬克思主義美學體系的獨立性。著有《美學》、《審美特性》、《美學史論文集》、《美學補遺》、《藝術與客觀真理》等。

蔡邕製琴
體現了心靈是審美因素

心靈具有對事物獨特的鑑賞能力，這種鑑賞能力既有先天賦予的審美因素，也有後天閱讀而來的經驗。從這個意義上來說，心靈其實就是一個自由意志。

蔡邕是漢末著名的琴家，他通曉音律，也對琴很有研究，關於琴的選材、製作、調音，都有一套精闢獨到的見解。別人撫琴彈奏時的一點小小差錯，也逃不過他的耳朵。

蔡邕的音樂感受力極強，能從樂曲中輕易感受到作品要表達的深意，以及旋律中透出的情緒。

一日，鄰居請蔡邕喝酒，他才剛到主人家門口，就聽見屏風後面有人在彈琴。蔡邕很有興趣，便倚在門邊偷聽，聽著聽著，只覺得這曲子裡有濃濃的殺氣。心想：「不對呀，說是請我來喝酒，怎麼殺氣重重？」想到這裡，還是逃命要緊，蔡邕轉身就走。

門人告訴主人：「蔡大人剛才來過了，可是到門邊又走了。」蔡邕向來受人尊重，主人一聽，急忙追去，把他邀回家中，再三追問其故。蔡邕便把剛才的感受一一相告。主人家的人都覺得奇怪，結果還是彈琴的人道出了原委：「我剛才彈著琴時，看見一隻螳螂正向一隻鳴蟬進攻。當時蟬作勢欲飛，我心裡很緊張，唯恐螳螂捕不住牠的獵物，於是就把殺機表現到樂曲中去了。」

蔡邕為人正直，性格耿直誠實，眼裡容不下沙子，對於一些不公平的現象，總是勇於對皇帝直言相諫。後來受奸人陷害，他便辭官隱居了起來。

147

《斫琴圖》局部。

在隱居吳地的那些日子裡，蔡邕常常撫琴，藉著琴聲來抒發自己壯志難酬反遭迫害的悲憤之情。

蔡邕不但善於演奏古琴，還很會製琴。

有一天，他坐在房裡撫琴，女房東在隔壁的灶間燒火做飯。她將木柴塞進灶膛裡，火星亂蹦，木柴被燒得「劈里啪啦」地響。

木柴清脆的爆裂聲，被隔壁蔡邕聽到，他不由得心中一驚，抬頭豎起耳朵細細聽了片刻便大叫一聲：「不好！」跳起來就往灶間跑。來到灶臺前，伸手就將那塊剛塞進灶膛當柴燒的桐木扯了出來，大聲喊道：「別燒了，別燒了！這可是一塊做琴的好材料啊！」蔡邕的手被燒傷了，他也不覺得疼，驚喜地在桐木上又吹又摸。好在搶救及時，桐木還很完整，蔡邕就將它買了下來。接著，他精雕細刻，費盡心思地將這塊桐木做成了一張琴。

這把琴流傳下來，成了世間罕有的珍寶，因為它的琴尾被燒焦了，人們就叫它「焦尾琴」。

　　從生物學的理論上把動物與植物區分開來的標準，就是心靈。除了生理功能以外，心靈還具有對事物獨特的鑑賞能力。這種鑑賞能力既有先天賦予的審美因素，也有後天閱讀而來的經驗。人們在判別或選擇一種事物的時候，往往最先得出結論的就是心靈，而後選擇受了經驗和社會的約束。從這個意義上來說，心靈其實就是一個自由意志。

　　心靈是一個可以調配感情取向的感受器，日常生活中的喜、怒、哀、樂，都是由心靈來傳達的。心靈的感受有它的隱匿性，比如當我們在感受痛苦的時候，表面上可以裝作滿不在乎。對生活以及社會的感受，無論愛恨、憂愁，心靈都有它自己的選擇。

　　精神分裂和愛是心靈的兩種存在狀態。精神分裂是因為人類在遇到一件殘酷的事情時，極度失望和悲傷所產生的，產生這樣狀態的人被稱作精神分裂者。精神分裂會影響分裂者本身對事物的認識、判斷、情緒以及自身行為等。而愛則相反，它是人類在遇到某些不可接受的事實的時候，所表現出來的一種平靜坦然的狀態。愛是心靈的一種狀態，如果心靈沒有愛，那麼人是無法體會或者感受到愛的。

小知識

詹巴蒂斯塔·維柯（西元1668年～西元1744年），義大利哲學家、美學家和法學家。他在世界近代思想文化史上影響巨大，其著名代表作有《新科學》、《普遍法》及《論義大利最古老的智慧》等。

李清照的詩詞
表現了美學的虛實意境

從功能上來講，「意境」屬於藝術辯證法之列。意境是意與境相結合的產物，意為主觀意識，境為客觀境界，並且意是溶於情理，境是形神相交，它們相互契合，相互制約，進而給作品帶來一種獨特的美感。

宋神宗元豐七年，李清照出生在一個官宦人家。由於李清照的父母都精通古代詩文，所以她自幼就學習古典詩詞，接受中國傳統文化的審美薰陶。當時的女孩主要任務就是學習傳統的女紅，可是李清照卻對此不予理睬，她不僅閱讀了父親留在家裡的很多藏書，而且在填詞作詩方面也是卓有成就。

李清照的填詞大氣如虹，常常令男人自嘆不如。十八歲那年，她嫁給了當朝丞相的兒子趙明誠，趙明誠也擅長詩詞，兩人常在一起切磋技藝。李清照的一首《如夢令》：「昨夜雨疏風驟，濃睡不消殘酒。試問捲簾人，卻道海棠依舊，知否？知否？應是綠肥紅瘦。」便是表達了對丈夫的深情。後來趙明誠被派到青州做官，即使是中秋佳節，夫妻也只能對月相望，李清照便以寫詩詞來表達對丈夫的思念。她寫的「佳節又重陽，玉枕紗廚，半夜涼初透。莫道不消魂，簾捲西風，人比黃花瘦。」便淋漓盡致地向遠方的親人傾訴了心中的無限思念。

西元一一二六年，北方的金王朝舉兵南侵，攻克了青州。李清照便帶著收藏的文物，與丈夫一起逃到了南京，後又來到池陽。沒過多久，宋高宗便把趙明誠調到湖州任職，並要求趙明誠在上任之前到南京去一趟，趙明誠奉命去南京，李清照只好在家裡等待。

本以為不用多久，丈夫就會回來，可是左等右等，依然是杳無音信。李清照

正心急如焚之際，收到了南京的來信，原來趙明誠在南京生了大病，生命垂危。李清照不顧一切連夜乘船趕到了南京，而此時的趙明誠已是骨瘦如柴、奄奄一息了。

沒過幾天，趙明誠便離開了人世。

丈夫的離去，給了李清照致命的打擊。後來，她寫下了《聲聲慢》：「尋尋覓覓，冷冷清清，淒悽慘慘戚戚。乍暖還寒時候，最難將息。三杯兩盞淡酒，怎敵他晚來風急！雁過也，正傷心，卻是舊時相識。……」

這首小詞，道出了李清照無雙的才氣和晚景的孤獨淒苦。

在許多抒情作品中，藝術家往往給觀眾呈現出一種虛實相生，跳躍著生命韻律和詩情畫意的空間，這種空間就是意境。意境是由多種豐富的形態構成的體系，它常常做為最高級的整體形態出現在文學作品中。

從功能上來講，「意境」屬於藝術辯證法之列。意境是意與境相結合的產物，意為主觀意識，境為客觀境界，並且意是溶於情理，境是形神相交，它們相互契合、相互制約，進而給作品帶來一種獨特的美感。

《李清照小像》。

意境的結構是虛實相生，實是實景實境，是作品的內在因素，而虛則是指構思幻想，是游離於現實之外的情景。先實後虛，虛境是實境的昇華，實境是虛境的載體，二者相融，使作品達到一種立於實境基礎之上的具有創造性的價值。

意境理論的前身是「意象」說和「境界」說。在這兩種理論的前提下，唐代詩人王昌齡和詩僧皎然提出「取境」、「緣境」的說法，之後劉禹錫和司空圖又進一步提出了「象外之象」、「景外之景」的創作見解。

到了清明時期，文學界對「意」與「境」的解釋又有了新觀點，葉燮認為意境沒有先後之分，他主張一幅作品中，「意」與「境」應該適切地結合起來，情景交融的境界才是最完美的。

意境的重要意義是改變了藝術家尤其是畫家固有的繪畫技巧，他們逐漸放棄了呆板的繪畫作風，從「實對」、「寫生」的繪畫道路開始，在繪畫作品中融入了「澄懷味象」、「得意忘象」等因素，進而使繪畫作品邁上了一個新的高度。

小知識

朱光潛（西元1897年～西元1986年），著名美學家、文藝理論家、翻譯家，中國現代美學的開拓者和奠基者之一。他所著的《西方美學史》是中國學者撰寫的第一部美學史著作，具有開創性的學術價值。此外，還著有《文藝心理學》、《悲劇心理學》、《談美》、《詩論》等。

莊子和惠子論爭
是審美差異性的表現

美本身是形象具體的。人們經常把自身的態度、感受、思想意識以形象
思維方式融入到事物的形象裡面，進而衍生出美的具體內容。所以說，
美感是形象思維社會因素的結合體。

莊子與惠子是一對無話不談的朋友，他們年齡相仿，比鄰而居，經常在一起
聊天喝酒，爭鬥辯論。莊子心境豁達，追求自然的生活情調，對財富和權勢不屑
一顧，而惠子則與之相反，他一生追求功名利祿，並且心眼狹窄，生性多疑，為
此，莊子常常奚落他。

惠子在梁國做國相的時候，有一次，莊子準備前去看望。這時候，惠子身邊
的人就告訴他說：「你要小心，莊子表面上是來看望你，其實是心懷叵測。他此
次來是探聽虛實，藉以取代你的位置。」

惠子信以為真，為抓住莊子，他命人在梁國佈下天羅地網，搜查了三天三
夜，最後在一家客棧抓到了莊子。當莊子與之見面的時候，他跟惠子說：「在南
方，有一種很奇特的鳥，說牠奇特，是因為牠棲息的時候只選擇梧桐樹，喝水只
喝甜美的山泉，即便是從南海飛到北海，在這樣遙遠的路途上，牠也不會改變自
己的習慣和本性。有一次，牠在路上遇見了一隻貓頭鷹，那貓頭鷹看見牠就發出
恐嚇的聲音，原來貓頭鷹爪子上按著一隻死老鼠，害怕鳥兒來搶奪牠的食物。」

惠子明白莊子這段話的含意，便有些自慚形穢。他邀莊子到附近的濠水遊
玩，到了橋上，莊子說：「看著橋下的魚，多麼自由和快活呀！」

惠子問道：「你不是魚，怎麼知道魚快樂與否呢？」

「你又不是我，所以感受不到我所說的魚兒的快樂。」

「我不是你，你也不是魚。」

「可是你剛才問我怎麼知道魚的快樂，說明你感覺到我對魚的感受了。」

……

兩人這樣唇槍舌劍，卻又其樂無窮。

後來，惠子因病去世，莊子十分悲痛。他從惠子的墓地回來，告訴身邊的人說：「從前有兩個賣藝的人，其中一人往自己的鼻子尖上抹一點白粉，只有豆粒大小，而另一個人就能準確無誤地用鞭子將其抽掉，對方的鼻子毫無損傷，且氣定神閒。後來，另有人找到了這個抽鞭子的人，希望跟他配合，可是他說『我只有跟我的對手在一起才會有這樣的表演，現在他已經離開人世，我的手藝也早就沒了』。」

接著，莊子深嘆一口氣說道：「惠子就是能與我匹敵的對手，沒有他，我便再無可以辯論之人。」

莊周夢蝶。

從形象上來說，美具有直線性和可感性，但是通常在審美的過程中，人們對美的感受、欣賞和評價又有各自的區別。這種審美感覺上的差異性，既取決於時代、階級、地域和民族的不同，還取決

於人與人之間道德修養和文化層次的不同。美本身是形象具體的。人們經常把自身的態度、感受、思想意識以形象思維方式融入到事物的形象裡面，進而衍生出美的具體內容。所以說，美感是形象思維社會因素的結合體。

人的美感不是與生俱來的，它是自然天賦和後天社會實踐的統一。

人類的美感是來自於動物本能而又超越於動物之上的，美的起源與發展永遠也離不開社會實踐這個大前提。首先，美感應該遵循社會實踐的原則。其次，它做為一種能夠滿足精神需求的藝術又遠遠立於社會實踐之上。隨著美感事物的增多、活動範圍的擴大，美感又被賦予了新的意義和內容，從這一點上說，美有起點，但永無終點。

夏夫茲伯里曾經說過，人類除了視、聽、味、嗅、觸五種感覺器官之外，還有隸屬於心靈和理性的感官，比如內在的眼睛、內在的節奏感等，這就是第六感觀。

第六感觀是與理性相結合的，同時又有著深厚的文化積澱做後盾，所以它不是一般意義上的感覺器官。比如第六感觀有時可以從聲音上辨別事物的善、惡，有時以目測可以判斷出對方陰謀邪惡。

小知識

夏夫茲伯里（西元1671年～西元1713年），英國倫理學家、美學家，新柏拉圖派代表人物。他的全部學說都在於證明道德感和美感是共通的、先驗存在的，這種先天的能力即「內在的感官」，屬於人的理性部分，但仍是一種不假思索的感官能力。著有《論特徵》等。

尤利西斯拒絕誘惑
論證了審美無利害

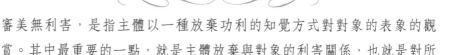

審美無利害，是指主體以一種放棄功利的知覺方式對對象的表象的觀賞。其中最重要的一點，就是主體放棄與對象的利害關係，也就是對所觀照對象的質料方面失去興趣，而更為關注審美對象的純形式方面。

女妖塞壬三姐妹是河神阿克洛奧斯的女兒，因為與繆斯比賽音樂落敗而被拔去了雙翅，只好在海岸線附近遊弋。她們有時會變幻為美人魚，用婉轉的歌聲來引誘過往的水手，聽到歌聲的人往往會失魂落魄，最終落得個船毀人亡。

一次，英雄尤利西斯和他的水手夥伴們漂流到了這片屬於塞壬的海域。當尤利西斯還在艾尤島的時候，女巫喀爾刻就警告他說：「尤利西斯，當你經過塞壬居住的海島時，一定要告訴你的夥伴，用蠟團將耳朵塞起來，千萬不能聽到她們的歌聲。如果你想聽一聽塞壬的歌聲，就讓你的夥伴們先把你的手腳捆住，綁在桅杆上。你越是請求他們將你放下，他們就得把你捆得越緊。」

大船已經在海面上航行兩天兩夜。在第三天黃昏的時候，深藍的海面上突然泛起了綠色的泡沫，片刻之間，海水變得陰森碧綠。水手們都被這種恐怖的氣氛壓抑得全身戰慄，紛紛向尤利西斯求助說：「偉大的尤利西斯啊！請用你神一般智慧和無所不能的勇氣帶領我們離開這片陰森恐怖的不歸之海吧！」

尤利西斯抬手眺望了一下遠處隱約可見的塞壬島，並用力握了一下拳頭，試圖驅除心頭那一閃而過的悸動。

「無論如何也要闖過這個可怕的魔鬼之島！」想到此，他立刻命令舵手將船停住，並按照喀耳刻的囑咐，親手割下一塊蜜蠟，將它塞住了所有夥伴的耳朵。

尤利西斯聆聽魔歌。

　　輪到他自己的時候，他卻在心中不停地自問：「是塞住耳朵，避免誘惑，還是綁住自己，聆聽魔歌呢？」這個像神一樣偉大的人略微遲疑了一下，最終還是決定聽一聽塞壬女妖的歌聲。

　　於是，他打了個手勢，讓手下的人用鐵索將自己綁在了航船中間的桅杆上。

　　航船繼續前行，在到達塞壬島的時候，海面上突然飄來了悠揚的旋律。那歌聲穿透尤利西斯耳鼓，直抵他的心靈，令他異常地陶醉和神往。

　　聽著聽著，尤利西斯感覺自己此刻如置身於雲朵之上，並且看到了自己的故國家鄉。他美麗的妻子正在寢宮中撫摸著自己戰袍上的圖案，眼裡滿是思念的淚水。愛子站在身邊，大聲地喊著爸爸。他正想上前擁抱自己的妻兒，卻發現自己竟被繩子綁住了。尤利西斯向手下大聲叫喊，命令他們給自己鬆綁，可是這些人像聾子一樣，只顧著拼命地搖櫓。這時，他看見自己的妻子遭到了強盜的凌辱，兒子也被趕出了宮殿，流落街頭。見此情形，尤利西斯眼睛都紅了，真想抽出寶劍，將那些作惡的人剁成肉泥。可是，他的身上綁著拇指粗的繩子，根本無法動

彈。他拼命地掙扎，並不停地做手勢，請求將自己放下桅杆。沒想到，他的夥伴們不但不給他鬆綁，反而越捆越緊，並且還加了一道繩子。尤利西斯越發憤怒，他大罵手下的人忘恩負義，罵著罵著便昏了過去。過了許久，他迷迷糊糊醒來，突然產生了一股抑制不住的慾望，想奔到島上與美麗的塞壬在一起。可是，無論他如何請求、咒罵、做手勢、掙扎，他的夥伴們都無動於衷，仍然不顧一切奮力地搖槳前行。

終於，塞壬的歌聲越來越遠，直到湮滅在廣闊的天際。這時，夥伴們才給尤利西斯鬆綁，並取出耳朵中的蜜蠟團。

「審美無利害」中的「利害」原本是一個倫理學概念，後被借用到美學之中，同時其含意也發生了變化。在夏夫茲伯里看來，「利害」一詞包含兩層意義：一是價值層的，二是慾望層的。對於美學而言，主要是第二層在起作用。那種排除了慾望的活動，就可以被稱為「無利害」的。即當一個人不為任何一種預期後果進行思索之時，那麼他就是無利害的。故事中的尤利西斯不為「船毀人亡」這一預期後果而進行思索，所以他能脫離生與死之間的利害關係。

對於審美活動本身，無利害性是它的一個顯著的特點，但是審美活動帶給人們的間接影響卻是不能忽視的，比如說審美可以帶給人精神上的享受，或者說帶人進入一種更深層的境界，提高和改變價值觀，這也都是一種利害。所以說，無利害關係的審美帶給人的影響卻是有利害關係的。但是這種利害也不是通常意義上的利害，它是相對於美學理論範疇內的一種說法，也可以說它是超越實際利害關係的超功利性。

美是一種觀念，它是由感覺器官帶來的一種印象，與心靈上的感受是一致的。所以，在十八世紀，英國美學家們得出一個結論：審美活動本身是不存在利害性的。

　　與真、善不同，美不會給人帶來實際的利益，雖然說美同樣能夠給人帶來愉悅，但是這種愉悅是自由的、自然的，它不受功利的左右。如果盲目地以功利性來追求美感的話，很容易出現問題。例如在繪製一位古代帝王的時候，藝術家們往往會加上自己的想像，使帝王的形象更完美，看起來更英武，但是卻沒能反映出他的真實面目，這種弊端是顯而易見的。

　　康德也曾經分析過為什麼審美沒有利害關係這一說法。他認為，審美活動只是對事物表象所表達的一種態度，這種態度是客觀的、公正的，與事物的真實存在是沒有關聯的，它不受事實的影響，進而也就保證了它的無利害性。

小知識

唐君毅（西元1909年1月17日～西元1978年2月2日），四川宜賓人。現代思想家、哲學家、教育家。師從熊十力、方東美、梁漱溟等，是新儒家學派代表人物。

禪宗機鋒
揭示了語言中的符號美學

廣義上的符號學是研究符號傳意的人文科學，當中涵蓋所有涉文字元、訊號符、密碼、古文明記號、手語的科學。

司馬頭陀是百丈禪師的座下弟子，這人很有學問，上知天文，下知地理。

有一天，司馬頭陀雲遊歸來，向百丈禪師建議説，溈山是一個不錯的地方，如果在那裡建立佛家叢林，來收徒修行、普渡眾生的話，能夠建立一個可以容納五千五百名以上弟子修行的大道場。

百丈禪師聽後非常高興，就想打趣一下這個弟子，看看他的靈性和感悟能力。於是笑著説，「既然有這麼好的一個地方，像我這樣的得道高僧，去溈山建立道場可以嗎？」

司馬頭陀未加思索就脱口而出：「溈山是座肉山，大師您是一個骨人，假如您要去做住持的話，那就是骨人和肉山相結合，將來最多能收納一千人的門徒，不會再超過這個數目了。」

百丈禪師看了一下眾弟子，指著首座華林，向他問道：「華林首座可以嗎？」

司馬頭陀搖著頭否認：「華林首座也不能勝任。」

百丈禪師接著指向寺裡煮飯的僧人靈佑，笑著問司馬頭陀：「那麼靈佑可以嗎？」

這次司馬頭陀堅定地點點頭說：「他完全可以。」

華林首座很不服氣，他不以為然地對百丈禪師和眾僧說：「師父的弟子裡，我位列第一，如果我都達不到要求，不能去當住持，誰還能去？靈佑位列倒數，只是一個燒飯的廚子，他有什麼本事能去呢？」

百丈禪師看到華林不服氣，便有心檢驗一下弟子們的修行，於是想了個主意。他說：「我看這樣吧！我出個題，你們兩個不妨比試一下，誰勝出，誰就去。題目就是我在眾僧面前下一轉語，誰能出奇制勝，誰就贏了。」

說罷，百丈禪師看了眾僧一眼，指著座位前的一個淨瓶說道：「不得把它叫淨瓶，你們叫它什麼？」

華林答道：「不能夠叫門閂。」

百丈禪師轉頭去問靈佑，只見靈佑一言不發，走上前去，一腳就把淨瓶踢倒在地。

百丈禪師哈哈大笑，做出了最後的評判：「華林首座你輸了，煮飯的靈佑勝出。」

於是百丈禪師就派靈佑去溈山開闢道場，並做了住持。靈佑果然不負眾望，到溈山後，大闡一代宗風，開創了禪宗五家七宗之一的溈仰宗。

在人類文明的進化過程中，歐洲最早提出引用符號來為文化和生活做輔助服務的，是瑞士語言學家的創始人索緒爾。

索緒爾從理論上把這門學科分為「能指」和「所指」兩部分。能指是指由聲音和形象兩部分組合而成的符號的物質形象，而所指指的是符號所具有的含意。這樣的符號在特定的社會環境中，被指定與某種事物產生關聯，進而使使用者能

夠輕鬆地聯想到這種事物。「能指」和「所指」之間可以隨意搭配，但是做為語言學，它又有嚴肅的實用意義。

符號是一種語言結構，把這種語言結構分成兩個部分，目的在於告訴人們，「能指」和「所指」是截然不同的兩個階段。做為一個整體中的兩個階段，它們之間的關係又分為以下幾個層次：

1.直接意指。這樣的符號在形式上是空洞的，但是在意義上又是充實的。這種情況的先決條件是「能指」和「所指」之間的關係存在某些約定俗成的特性，比如一張照片，拍攝者直接把形象印在相紙上，照片所提供的是一個真實的理念。

2.含蓄意指。是指某些形式上的意義在第一層次上建立以後，在第二層次上被淡化，但是又保留部分有價值的元素，以待被新的意義啟動。

符號的真實含義就是存在於「能指」和「所指」之間的不斷更替，而產生的新意義，從理論上講，這種更替幾乎是無限制的。

小知識

弗迪南‧德‧索緒爾（西元1857年～西元1913年），瑞士語言學家、現代語言學的重要奠基者，也是結構主義的開創者之一，他被後人稱為「現代語言學之父」、「結構主義的鼻祖」。其代表性著作《普通語言學教程》，集中體現了他的基本語言學思想，對二十世紀的現代語言學研究產生了深遠的影響。

畢達哥拉斯用數學原理
證明了美的結構

結構指的是資料元素之間的整合關係，按照這種關係，結構分為四大類，即集合結構、線性結構、樹形結構、圖狀結構。而解構的特徵就在於它善於打破形而上學的思想傳統，簡言之，就是主張打破人類固有的創作習慣、接受習慣、思維習慣等。

畢達哥拉斯是古希臘著名的數學家，曾對黃金分割的規律提出過獨到的見解。

一次，畢達哥拉斯應邀到朋友家做客。這位習慣觀察思考的人，竟然對主人家地面上一塊塊漂亮的正方形大理石方磚產生了濃厚的興趣。他不僅僅是欣賞方磚圖案的美麗，而是沉思於方磚和「數」之間的關係。他越想越興奮，最後索性蹲到地上，拿出筆和尺進行計算。在四塊方磚拼成的大正方上，均以每塊方磚的對角線為邊，畫出一個新的正方形，他發現這個正方形的面積正好等於二塊方磚的面積；他又以二塊方磚組成的矩形對角線為邊，畫成一個更大的正方形，而這個正方形正好等於五塊大理石的面積。於是，畢達哥拉斯根據自己的推算得出結果：直角三角形斜邊的平方等於兩條直角邊的平方和。就這樣，著名的「畢達哥拉斯定律」就這樣產生了。

故事讀到這裡，如果你以為畢達哥拉斯只是一名出色的數學家的話，那麼你顯然小看了他。這位兩千多年前的大人物同時還是一名偉大的哲學家，而「哲學」這個詞也正是畢達哥拉斯首先使用的。

有一次，畢達哥拉斯與勒翁一同到競技場裡觀看比賽，看到競技場裡各種身

畢達哥拉斯。

分的人，勒翁忽然想到一個問題，便問畢達哥拉斯：「你是什麼樣的人呢？」

畢達哥拉斯回答說：「我是哲學家。」

在希臘語中，哲學的意思就是愛智慧，而哲學家就是愛智慧的人。

勒翁又問道：「為什麼是愛智慧，而不是智慧呢？」

畢達哥拉斯回答他說：「只有神才是智慧的，人最多只是愛智慧罷了。就像今天來到競技場的這些人，有些是來做買賣賺錢的，有些是無所事事來閒逛的，而最好的是沉思的觀眾。這就如同生活中不少人為了卑微的慾望追求名利，而只有哲學家尋求真理一樣。」從此之後，追求真理的人便有了一個名字——哲學家。

在語言學裡，語言結構就是指把各種語言成分按照所要表達的意義而劃分的一種模式，比如一個句子，可以按照句法、詞形、語音、辭彙等結構來分析它的層次。

結構具有整體性、轉換性、自調性的特徵，在一個由多種性質一致的元素構成的整體中，元素之間存在著不可分割的依賴性，這就是結構的整體性。轉換性是指亞結構在不改變生成規則的前提下，有序地換成另外一種結構的現象。自調性指的是各種元素在其活動範圍內任意組合的現象。

　　而解構的特徵就在於它善於打破形而上學的思想傳統，簡言之，就是主張打破人類固有的創作習慣、接受習慣、思維習慣以及無意識的民族性格等。它在理論上就是打破原有的秩序，而後整理一個更為合理的秩序。

　　但是西方多數的學派並不支援解構學，他們認為這是無德，是叛逆，它破壞和攻擊了形而上學的機制，從理論上來說，它就是一個被解剖以後無法復原的孩子。

　　解構學一直在學術界存在很大的爭議和分歧，但是迄今為止，依然是當代哲學與文學批評理論裡的一股主要力量。

小知識

李澤厚（西元1930年～），中國著名哲學家。他以「重實踐、尚人化」的「客觀性與社會性相統一」的美學觀卓然成家，所寫的《論語今讀》、《世紀新夢》、《美學三書》等著作，對中國未來的社會建構給予沉甸甸的人文關懷。

雨果用浪漫的故事
演繹悲劇的力量

以主人公與現實和社會之間不可調和的矛盾為線索，以悲慘的結局收場
的戲劇作品叫悲劇。悲劇是戲劇的主要題材之一，它的意義在於正視現
實，抨擊現實。悲劇中的主角多是正義的、公正的，他們是人們心目中
美的化身和理想的化身。

一八〇一年，一位叫彼埃爾‧莫的窮苦農民穿著一件破破爛爛的單衣蜷縮在
牆角。商店裡的食物五花八門，飢餓的他卻連買一個饅頭的錢都沒有。在人來人
往的大街上，沒有一個人將目光投注到這個可憐的人身上。

走投無路的彼埃爾‧莫站了起來，無助地在大街上徘徊，他彷彿看到死神正
一步一步地向自己靠近。正在這時，前方的一家店鋪裡一籠熱氣騰騰的麵包出籠
了。黃澄澄的麵包散發的誘人香味，一個勁地往飢寒交迫的彼埃爾‧莫的鼻孔裡
鑽。他再也忍不住了，按捺著撲通撲通跳的心，使出渾身力氣，衝上前抓了一塊
麵包就跑。

整個世界都安靜下來，彼埃爾‧莫再也聽不見什麼了，他慌亂地只知道往前
跑。忽然，他被什麼東西給絆倒了。趴在地上的彼埃爾‧莫顧不得爬起來，連忙
把手裡的麵包拼命往嘴裡塞。正在這時，追著他一路跑的巡警出現了。他們不顧
彼埃爾‧莫的苦苦哀求，就把他扭送到了法官面前。彼埃爾‧莫為自己辯護著，
可是誰又會聽呢？就這樣，因為偷了一塊麵包，彼埃爾‧莫被飽食終日的法官判
了五年苦役。

刑滿釋放後，彼埃爾‧莫持黃色身分證（意指帶有前科、案底的假釋證明）

四處討生活。本以為可以憑藉自己踏踏實實的態度謀得一份工作養活自己，沒想到他卻處處碰壁，遭人鄙視與嫌棄，以致於最後窮困潦倒，死在街頭。

這件事引起了大作家雨果的關注，使他產生了同情憐憫之心，並萌生為此創作一部小說的想法。從一八二八年起，他就醞釀著寫一個刑滿出獄的苦役犯受聖徒式的主教感化而棄惡從善的故事。他把這個事件做為小說主角尚萬強的角色設定藍本，賦予尚萬強終生遭到法律迫害的悲慘命運，並以此做為主要線索與內容，又以傅安婷、珂賽特、

法國偉大的浪漫主義作家維克多‧雨果。

泰納第夫婦等其他社會下層人物的苦難做為補充，使人物形象、故事情節變得豐盈完整。正是雨果對這部作品傾注了真誠的人道主義同情，以及執著地追尋與體驗，才誕生了這部偉大的巨著──《悲慘世界》。

故事中所體現的貧窮、飢餓和黑暗，就是當時社會的真實寫照，而主人公尚萬強的命運無疑是千萬個受苦人當中的一個。

以主角與現實社會之間不可調和的矛盾為線索，以悲慘的結局收場的戲劇作品叫悲劇。悲劇是戲劇的主要題材之一。

美學家和戲劇理論家都曾多方地來尋找和確立悲劇的本質，悲劇中的人物所

具有的慾望、情感、意志、能力都應來自於人類的本質。但是這種本質卻在遭受著無盡的摧殘和折磨，人類的理想和願望在現實中無法生存和體現，使悲劇從結構上體現出歷史必然的規律與現實之間不可逾越的屏障的效果。

悲劇的意義在於正視現實，抨擊現實，悲劇中的主角多是正義的、公正的，他們是人們心目中美的化身、理想的化身。但是社會是不公正，甚至是慘絕人寰的，為了造成令人潸然的效果，主人公一方面要承受黑暗統治者的魔爪，另一方面還要承受來自自身的健康以及情感方面的壓力。當這兩種壓力同時作用在主人公身上時，他的理想逐漸被摧殘、被消耗，最後含恨而終。作者用劇中人悲慘的命運來揭示社會的陰暗，進而激起觀眾內心的憤怒，使之達到去偽存真的目的和效果。

按照亞里斯多德的定義，悲劇是透過對一個真實歷史背景的、嚴肅的、具有一個悲劇效果的情景的展示和演練，來引起憐憫與同情，進而使心靈得到一個淨化和宣洩的過程。

悲劇的力量正在於透過主人公有限的生命來體現的人類精神的永恆價值。

小知識

布拉德雷（西元1846年～西元1924年），英國哲學家、邏輯學家、新黑格爾主義的代表。他把英國的經驗論傳統與黑格爾的客觀唯心主義結合起來，建立了一個龐大的唯心主義哲學體系。代表作是《現象與實在》。

何滿子用傳說
傳遞喜劇的效果

以誇張的手法、詼諧的臺詞、滑稽搞笑的結構來達到令人捧腹效果的戲劇叫喜劇。它的整個過程充滿了幽默和諷刺，它的結局通常是圓滿的。分為諷刺喜劇、幽默喜劇、歡樂喜劇、正喜劇、荒誕喜劇與鬧劇等。

在中國古典詩詞中，產生了許多動人心弦、流傳千載的名篇佳句，其中常用來形容感情極為悲痛和悽楚的詩句，莫過於「一聲何滿子，望君淚雙流」這兩句了。何滿子既是人名，又是一個詞牌名，關於這個詞牌名，還有一個淒美的音樂故事。

故事發生在盛唐時期開元年間，有一個滄州籍歌女叫何滿子，色藝俱佳，名滿京城，不知何故觸犯了刑律，被官府抓去，並判處了死刑。死刑在京城長安西的刑場上執行。

臨刑前，監斬的官員問何滿子最後還有沒有什麼要求。何滿子說，她別無所求，只求監斬官大人允許她在告別人間之前，能夠唱一首歌。

何滿子不過是一個弱不禁風的歌女，大限已到，唱首歌，應造成不了什麼嚴重後果，監斬官這樣一想，就答應了她的請求。

面對死神即將來臨的何滿子，此時沒有了對死亡的恐懼，而是沉浸在極度的悲憤之中。她將滿腔悲憤化作了幽怨的歌聲，像泉水一樣，從堅硬的岩石縫隙裡噴湧而出，強烈地控訴著人間的罪惡、世道的不平，傾訴著自己所蒙受的不白之冤。歌聲催人淚下，令人肝腸寸斷，天地為之動容，日月為之黯然。

169

一曲歌罷，正當劊子手舉起了明晃晃的屠刀，頃刻間就即將身首異處的關鍵時刻，突然一聲大呼：「聖旨到，刀下留人！」何滿子就這樣因為一首歌，挽救了自己的性命。

原來，當何滿子臨刑而歌的時候，恰巧被路過的一個宮人聽到，他被那淒婉的歌聲深深打動，認為這樣色藝超群的人才，被殺了太可惜，便快馬疾馳入宮，奏告唐明皇李隆基，懇求皇上格外開恩，赦免何滿子。

唐明皇李隆基是一個酷愛歌舞戲曲的皇帝，很有音樂天賦，自己譜曲、編舞，親自演奏，是一個全才的藝術家。當時規模龐大的宮廷樂舞機構「梨園」，就是他一手創建的。這樣的藝術家，聽說有何滿子如此藝術奇才，當然不捨得殺掉，於是，何滿子就被赦免，並得到了重用。

事後不久，就有藝術家把何滿子在刑場上唱的那首歌加以整理，以何滿子的名字為其命名，這就是《何滿子》的來歷。此後，這首歌便成了悲歌的代名詞。唐代大詩人白居易為此在詩中寫道：「世傳滿子是人名，臨就刑時曲始成。一曲四詞歌八疊，從頭便是斷腸聲。」

以何滿子的故事為題材的詩作還有很多，唐代另一個詩人張祜，也寫一首詩《何滿子》：「故國三千里，深宮二十年，一聲何滿子，望君淚雙流。」傳說眾多青樓妓院的歌女們，讀到這首詩後，紛紛悲嘆自己與何滿子同是天涯淪落人，為此潸然淚下，並到處傳唱，使這首曲子成為流行天下的名曲。

以誇張的手法、詼諧的臺詞、滑稽搞笑的結構，來達到令人捧腹的效果的戲劇叫喜劇。它的整個過程充滿了幽默和諷刺，它的結局通常是圓滿的。

喜劇的表達方式最早出現在古希臘神話，每當收穫的季節，人們通常會載歌載舞、盡情狂歡，喜劇便由此產生。藝術家們往往會透過細緻的觀察，以獨特的

統治天下的奧林匹斯山諸神在夏日的午後聚到了一起。這是一個收穫之後的慵懶的聚會，雖然沐浴著金光，但神祇們卻神性盡收：光明或陰暗的性格以及相互關係的曖昧都暴露無疑。

視角讓這些事物在自己的作品中重現，為了更加突出喜劇所要表達的效果，劇中人往往扮相乖張，表情豐富，配合一些無關利害的醜陋的行為和動作，來表達生活中的善、惡。

生活中的善、惡、美、醜的元素是多樣化的，根據藝術家們觀察的角度的不同，其表現形式也是不同的，因此也就有了諷刺喜劇、幽默喜劇、歡樂喜劇、正喜劇、荒誕喜劇與鬧劇等。

日常生活中，通常會有一些被社會環境和人為觀念所制約的事物，諷刺喜劇常以這樣的事物為對象，透過劇中人物令人忍俊不禁的滑稽表演來揭露事物的本質。比如英國著名的喜劇大師卓別林所塑造的那些人物形象，所表達的就是對下層勞動者的深切同情，對現實社會的種種弊端進行辛辣的諷刺。

　　與諷刺喜劇相反，歡樂戲劇則是強調人的價值，盡可能用誇張的手法張揚人物個性，使其性格特徵更為突出的一個形式。透過喜劇所表現的個性解放、思想解放在歐洲文藝復興時期逐漸形成一個強大的主旋律。歡樂喜劇從正面肯定人的價值，笑容的背後都是對美德、才智、信心的讚美和歌頌。

　　相對於諷刺喜劇和歡樂喜劇來說，鬧劇只是利用一些粗俗和笨拙的動作，來達到引人發笑的效果。它沒有切實的所指，看過之後既不會引起人們的反思，也不會對人的思想意識產生任何積極的作用。

小知識

格奧爾基·瓦連京諾維奇·普列漢諾夫（西元1856年～西元1918年），俄國和國際工人運動著名活動家、俄國傑出的馬克思主義理論家。他的《論一元論歷史觀的發展》，探討了近代哲學和社會思想的整個發展，並特別強調黑格爾和費爾巴哈對馬克思成熟思想的貢獻。普列漢諾夫是把馬克思成熟思想表述為辯證唯物主義的第一個人。

缺口的餐具
表現了分延與美的關係

「分延」是德里達的「消解哲學」中的一個詞語，它是用來解釋結構主義與後結構主義文化分野的一個概念，分延包含著區分和延擱兩種意思。結構主義與後結構主義之間的蛻變所反映的恰恰是人類渴望接觸禁錮，從思維到思想上進行一次徹底創新的願望。

吃飯的時候，媽媽總是叫安娜來幫忙擺餐具，家裡有一套很精緻的餐具，媽媽也從不吝惜，所以那套餐具因為經常使用已經有了小小的缺口。

一次，安娜又在收拾餐具，準備吃飯。這時鄰居阿姨推門進來了，她看到安娜正在擺放餐具，隨口說：「妳家今天有客人來嗎？」

「沒有啊。」聽見鄰居阿姨說話，媽媽出來回答。

「在我家，這樣的餐具只在過節或者是有貴客來的時候才用的，如果平時常用的話，那些好餐具早就被碰的到處是缺口了。」

「做好了菜，放在好看的餐具裡，吃飯也有胃口不是嗎？我家的餐具也有缺口，可是每個缺口都有一個故事，有時候看著它們，就會想起那些故事。」媽媽說著就笑了。

接著媽媽拿起一個有缺口的盤子說：「妳看這盤子上的缺口，還是我沒結婚那年碰的。那年的秋天，家裡找人幫忙收稻穀，爸爸找來了一個高個子青年，他很帥，工作起來連汗也顧不得擦。在挑起乾草，往草堆上擲的時候，毫不費力，我遞給他毛巾擦汗，他還有點不好意思。」

「做完工作，按照事先說好的，他來家裡吃飯。大家都入座了，碰巧我坐他旁邊，可想而知，整頓飯我都沒心思吃，總覺得他在看我，我也不敢抬頭。吃過飯，我收拾餐具的時候，妳們猜發生了什麼？我因為太慌張，在疊餐具的時候，竟把餐具碰了一個缺口，大家都看我，我更窘迫了。」

媽媽說話間露出滿臉的溫柔，「現在妳們知道了吧！那個高個子年輕人就是妳們的爸爸。」

「還有這個盤子，在它的裂痕上面還用膠水黏過，這是我小兒子的傑作。那時候他很小，非要幫我做家務，可是地板太滑，他穿著我的大拖鞋，不小心摔倒了，兒子沒哭，不過盤子卻摔出了一個裂痕。我用膠水黏上了，可是妳看，膠水黏得不結實，後來又想了一些別的辦法，但是依然不管用。所以這個盤子就一直放在這裡，沒有再用過。」

說起餐具，每個都有一段故事，聽媽媽講那些故事，就好像在回憶一個個生動有趣的電影。後來安娜長大了，媽媽問她要不要一條翡翠項鍊時，安娜說：「把那些都給妹妹吧！我要從一個平凡的女子做起，用年輕的生命來串連我每一個值得紀念的瞬間，而那才是彌足珍貴的。」

「分延」是德里達的「消解哲學」中的一個詞語，它是用來解釋結構主義與後結構主義文化分野的一個概念，分延包含著區分和延擱兩種意思。

從理論上講，結構主義與後結構主義同屬於人們對現實世界的認識，只不過這兩種認識是有區別的。認識這兩種結構之間的差異是非常重要的，但是要想區分，卻並不是那麼簡單，因為這二者之間的界限並不清晰分明。在日常生活中，因為封閉的結構思維而產生行為思想封閉的事情也是常有的，所以要想超越封閉的結構，就需要不斷學習、不斷認識和解構那些早就習慣了的行為和思維模式，

提高自己的價值觀和世界觀。簡而言之，也就是提倡人們以多元化的角度來認知世界，承認事物之間的層次和差異，並且以正常的心態接受它，尊重和包容異己。

消解的過程是使那些習以為常，並且很有規律性的結構變得面目全非，就像把一個完整的人消解得支離破碎，這彷彿是不能容忍的。而結構主義與後結構主義之間的蛻變，所反映的恰恰是人類渴望接觸禁錮，從思維到思想上進行一次徹底創新的願望。

在當代，湧現出了諸如上帝之死、作者之死、人之死亡的說法，不再沿襲舊的思維規律。人們將要透過消解和解構的方式，嬗變成為一個新人，一個真正的人，這也便是當今人類內心世界最強烈的呼聲和願望。

小知識

雅克・德里達（西元1930年～西元2004年），法國哲學家、符號學家、文藝理論家和美學家，解構主義思潮創始人。一九六七年，他連續發表了《書寫與差異》、《論文字學》、《聲音與現象》，進而奠定了他解構主義思想的基礎。此外，還著有《人文科學話語中的結構、符號和遊戲》、《署名活動的語境》等。

音樂的魔力與
完美自我的關係

我，含有多種心理層次，包含自我、本我和超我。這三個層次是以獸性、人性、神性三個精神道德層次來劃分的。

在治療精神疾患時，針對某些精神疾病患者，常常採取一些輔助性的音樂治療。對病下「樂」是音樂專科醫生必須掌握的本領，其原理就是根據病人的實際情況，選擇適合的音樂作品，播放給患者欣賞，達到輔助治療的效果。

音樂治病的事例並不鮮見，眾所周知的大哲學家尼采，有一次患上了一種莫名其妙的疾病。偶然中他欣賞了比才著名的歌劇《卡門》，結果竟然病意全消。這令尼采高興萬分，他在給友人的信中忍不住表達自己對這部歌劇的讚譽之情：「近來身體不適，直到聽了幾遍比才的《卡門》，竟不治而癒，我非常感謝這奇妙的音樂。」

至於音樂殺人的故事，也並非沒有，著名的案例就是「國際音樂奇案」。因為聽了一首曲子而自殺的事件，雖然讓人覺得不可思議，但卻是真真切切發生了。

某天夜裡，在比利時一個酒吧，人們一邊飲著美酒，一邊欣賞著美妙的樂曲。當樂隊演奏完一首管弦樂曲《黑色的星期天》時，人們突然聽到一聲撕心裂肺的大叫：「我再也受不了啦！」這叫聲來自一名匈牙利青年，只見他猛喝下杯中酒，迅速掏出手槍，沒等眾人反應過來，就朝自己的太陽穴開了一槍。隨著「砰」地一聲槍響，這名青年應聲倒在了地上。

一位女警官接手了這個案子，她經過多方調查，費盡了周折，也沒有查出頭

緒。後來，在她還原當時的場景時，開始播放當時樂隊演奏的樂曲，當她聽完
《黑色的星期天》，心裡突然有一種不祥的預感，於是她又反覆地聽了兩遍。後
來，人們在她的辦公室發現了她的屍體，她也自殺身亡。在她的辦公桌上，赫然
放著她留給局長的遺言：「局長先生，我受理的這個案件不用再偵查了，凶手就
是《黑色的星期天》這首曲子。每個人聽到這首曲子，都會無法忍受它那悲傷的
旋律，我也不例外，只好告別人世來拒絕那無盡的悲傷。」

　　這首《黑色的星期天》是法國作曲家查理斯創作的，很多人因為聽了這首曲
子而自殺，一時間被人們稱為「魔鬼的邀請書」，也因此被政府禁止演出長達
十三年之久。至於作曲家為什麼會創作這首曲子、創作的動機是什麼，眾多的精
神分析學家和心理學家經過長時間研究，仍然莫衷一是，無法給出圓滿的答案。

　　後來，經過多方努力，這首殺人的樂曲被徹底銷毀。作曲家查理斯為此感到
非常內疚，他在臨終前，寫下這樣懺悔的遺言：「無法想像，這首樂曲能給人
們帶來了這麼多的痛苦和災難，讓上帝在另一個世界，懲罰我如此罪惡的靈魂
吧！」

　　我，含有多種心理層次，按照佛洛伊德的論述，包含自我、本我和超我。這
三個層次是以獸性、人性、神性三個精神道德層次來劃分的，就像一個人生下
來，本質上帶有野蠻的一面，但野蠻的本性也不是絕對的，是可以感化和轉變
的。所以，經過後天的文化修養和道德約束，就使人又擁有了自我和超我的一
面。

　　本我代表著本能的意識，代表著所有的驅動能量，本我在發揮作用時，所呈
現出來的是一種渴望釋放和尋求發洩的狀態。就像一個孩子，想得到的東西，會
表現出不顧一切歇斯底里的樣子，沒有理性、沒有思考，甚至沒有任何的邏輯性
可言，是一種直觀行為的表現。

　　與本我相對立的是超我，超我具有理性的特徵，是本我在道德水準上的進化。當遇到違反道德理念的事情時，會表現出反感、厭惡和自責，這是一種人格上追求完美的表現。

　　本我所追求的是一種忘記道德規範的愉悅，超我所追求的是一種以道德規範為基礎，又高高躍居至上的完美，這兩種狀態或多或少都有些偏離現實的思維範疇。而自我所追求的正是居於二者之間的現實形態，自我在追求和渴望滿足的時候，會依照現實做依據。從理論上來說，本我實現目的的做法有些荒誕，自我實現目的的做法依靠的則是理性的思維。

　　自我是理性的，是有思維邏輯的，它能夠分清什麼是幻想，什麼是理想，如果選定了方向，就會很周到地考慮困難和阻力，而不是靠僥倖來過關。

小知識

　　宗白華（西元1897年～西元1986年），中國哲學家、美學家、詩人，被譽為「融貫中西藝術理論的一代美學大師」。他把中國體驗美學推向了極致，後人很難再出其右，著有《美學散步》、《藝境》等。

山塔納的成功
展示了美育的力量

審美教育，從理論上說，就是制訂一個含有道德情操標準的形象，經由運用藝術手段，使人們提高氣質修養和道德理念的一種教育行為。所謂的藝術手段，是指從大自然、社會，以及神話故事中提取的那些極富美學價值的東西。

出生於墨西哥的山塔納，七歲的時候便隨父母移居到了美國。由於墨西哥人以說西班牙語為主，導致山塔納的英語水準太差，在美國以英語為主的學校裡，學習起來很吃力，功課一團糟。

小山塔納糟糕的學習成績，自然會引起老師們的注意。

有一天，他的美術老師克努森趁下課的時候，把他叫到辦公室，對他說：「山塔納，我仔細察看了一下你來美國以後各科的成績，除了少數『及格』，大多都是『不及格』，這成績簡直糟糕透了。我是你的美術老師，唯獨你的美術成績有很多『優』，看得出來，你有藝術的天分，不僅繪畫不錯，而且還應該是個音樂天才。」

克努森老師頓了頓，看了一眼山塔納，接著意味深長地說：「如果你立志想成為一名藝術家，那麼我可以幫助你，帶你到三藩市美術學院去參觀參觀，看一看那裡的藝術家們是怎樣作畫的。透過對他們的觀察，你就能知道你所面臨的是什麼樣的挑戰了。」

沒過幾天，克努森老師果真把全班同學召集起來，把他們帶到三藩市美術學院進行參觀學習。山塔納這才深切地感受到自己與真正的藝術家之間巨大的差

太陽神阿波羅和繆斯女神。

距。

　　參觀過程中，克努森老師語重心長地對他說：「不能專心致志、沒有進取心、不求上進的人，根本進不了這神聖的藝術殿堂。你必須拿出超乎常人的努力，才能取得最後的成功。不管你做什麼事情，或者你想做什麼事情，都要這樣，這是不二的選擇。」

　　克努森老師的這一席話，對山塔納產生了非常深刻的影響。山塔納把老師的這段話做為自己的座右銘，至今銘記在心。

　　進入新世紀的二〇〇〇年，山塔納憑藉自己的專輯《超自然》，一舉贏得了八項葛萊美音樂大獎。

　　審美教育，從理論上說，就是制訂一個含有道德情操標準的形象，經由運用藝術手段，使人們提高氣質修養和道德理念的一種教育行為。所謂的藝術手段，是指從大自然、社會以及神話故事中提取的那些極富美學價值的東西。

　　西方的教育方式有繆斯教育和體育教育兩種：繆斯是神話故事中的文化女神，所代表的是整體的文化藝術修養，而體育教育注重的則是身體內在的健康

和外在的優美。除了這兩種美學教育以外，還有就是雄辯術，雄辯術鍛鍊的是人們的語言表達能力，也稱為語言藝術，由此看出，西方的美學教育是追求全方位的。

中世紀的歐洲所選用的教育素材是教堂建築、教堂音樂、聖像畫、宗教雕塑等。文藝復興以後，隨著審美角度的改變，培育完美人才成為美學教育的新課題，進而也就有了智育、美育、德育、體育方面的教育。

美學教育過程中，音樂和繪畫對於兒童美育的啟發和誘導是最明顯的，這是一種透過快樂的遊戲來達到教育目的的一個方式。十八世紀初，盧梭還提出了自然教育的新觀點。自然教育主張利用觸覺，感受和感悟美的存在，極力反對墨守成規的理性教育方式。十八世紀末，在德國掀起的反對封建束縛，主張個性解放的狂飆文化運動中，歌德和席勒也都反對美學教育的枯燥理性化，而大力推崇美學教育的感性化。

美學教育的最終目的，是淨化心靈，而心靈美的高境界，就是理性和感性兩種審美觀的完美結合。

小知識

列夫·尼古拉耶維奇·托爾斯泰（西元1828年～西元1910年），俄國作家、思想家，被稱頌為具有「最清醒的現實主義」的「天才藝術家」。從一八六三年起，他先後創作了長篇小説《戰爭與和平》、《安娜·卡列尼娜》和《復活》等作品。在美學上，他認為凡是使人感到愜意而不引起慾望的就是「美」，主要美學著作有《藝術論》等。

孟子晉見魏惠王
表現了審美中的完美人格

完美人格是須經過審美教育來實現的，在審美教育過程中，最重要的建造一個完美的心理結構，這就是審美心理。審美心理指的是人在認知審美對象的時候，所產生的由感知到體驗的過程中，體會到的一種愉快和興奮的感覺。

孟子是戰國時期魯國人，歷史上著名的思想家、教育家，以及儒家思想的代表人物。

有一次，他去見魏惠王，到了那裡，魏惠王張口即問：「先生，千里迢迢來到此地，肯定要給我的國家帶來什麼有利的好事。」

孟子故居。

「您為什麼一開口就只關心功利呢？難道你不覺得仁義比功利更重要嗎？」孟子質問道。

「可是我在這個位置上，就不能不關心國家社稷。」

「那就更應該懂得仁義道德，想想看，如果一個國家的君王抱著功利的思想，那麼上行下效，他的大臣們就會只關心自己的官位或者是錢財，連百姓也都會只關心自己的私利，於是千方

百計從別人那裡謀取錢財，滿足自己的私慾，而整個社會就充滿了搶奪殺戮。這樣，國家遲早會走向滅亡。」

魏惠王不太理解孟子的話，便帶孟子來到後園，在一個池塘前，他跟孟子說：「你看這魚池多麼漂亮，一個只知道仁義的人，能夠享受到這樣的快樂嗎？」

孟子說：「你錯了，其實只有賢德仁義的人才會享受到這樣的快樂，而一個只重功利的人，即便是有這樣的景色，也感受不到其中的快樂。」

「這是為什麼呢？」魏惠王不解地問道。

「原因很簡單，《詩經》裡曾經說，一個君主要建一座露臺，於是百姓忙著測量、建造、想盡快完工。可是君主說『不要著急』，他的話不僅沒有讓百姓放慢速度，反而更加賣力了，並且工地上充滿了歡聲笑語。後來，露臺建成了，每當君王來到此地，便能看到魚兒在水裡歡游，看到麋鹿在悠閒的吃草，百姓們都歡樂無比，這是多麼快樂的事情。」

孟子的話讓魏惠王頻頻點頭，他接著說：「商湯時期，百姓怨聲載道，他們寧願與夏桀一起滅亡，可見他們的怨恨到了什麼程度，而夏桀即便是擁有高臺美榭、飛禽走獸，又有什麼快樂可言呢？」

在長期的歷史發展過程中，人類既創造了大量的物質文明，同時也建構了自身的心理文明。心理文明就是心理結構，它是塑造完美人格的首要條件。

完美人格是透過審美教育來實現的，在審美教育過程中，最重要的是建造一個完美的心理結構，這就是審美心理。審美心理指的是人在認知審美對象的時候，所產生由感知到體驗的過程中，體會到的一種愉快和興奮的感覺。

審美心理活動能夠反映人類在審美活動中，一系列的感知、感情存在於心理內部的構造形式。它最初是從對象的形象上開始的，首先由感官確定事物的本質，然後上升到感情的範圍。任何審美活動都離不開感知這個層面，而審美感知又帶有濃重的感情色彩，這種感情色彩是審美心理的昇華，是審美心理構造的先驅。

所有美的感知都來自於情感，情感是審美的準則和動力，它與理性完美地揉合在一起，達到動力與主導相結合。理性能夠正確的引導情感，情感能夠使審美活動深刻化。

在審美活動中，情感做為審美環節的樞紐，能夠最大化感知事物所反映的本質。它自身所存在著較大的能動性、自由性、創造性，給了審美活動最大的空間和充分的自由。從情感的基礎上去理解和觀察事物的本質，能夠以主、客觀交流的方式，來達到愉快的審美體驗的過程。

小知識

維薩里昂・格里戈里耶維奇・別林斯基（西元1811年～西元1848年），俄國革命民主主義者、哲學家、文學評論家。他首次系統地總結了俄國文學發展的歷史，科學地闡述了藝術創作的規律，提出了一系列重要的文學和美學見解，成為俄國文學批評與文學理論的奠基人。他的文學評論與美學思想在俄國文學史上起過巨大的作用，它推動了俄國現實主義文學的進一步發展，對車爾尼雪夫斯基、杜勃羅留波夫美學觀念的形成有直接的影響，代表作品是《亞歷山大・普希金作品集》。

彈奏一弦嵇琴
激發出人們審美欣賞的雅興

審美過程就是一個感受、體驗、評判和再創造的心理體驗過程。審美的過程從客體的外觀形象開始的，外在形象引發直覺，依直覺開始進入分析、判斷、體驗、聯想、想像等階段，最後達到主、客體感情上的融合和統一。

沈括在《夢溪筆談》中，記載了一個有趣的故事：

宋代熙寧年間，有一次，宋神宗舉行了一次宮廷宴會。為了給宴會助興，他命令宮廷樂工徐衍為大家演奏嵇琴。

嵇琴，就是二胡的前身，原理是用竹片夾在兩條弦之間，由琴手進行彈琴演奏。宴會進行到高潮，樂工徐衍把一張嵇琴彈得出神入化，旋律優美，婉轉動聽，賓客們在美妙的琴聲中如醉如癡。

正在這美妙時刻，突然「砰」的一聲，徐衍手裡的嵇琴竟然斷了一根弦。這可嚇壞了在他身旁的其他樂工們，演奏時嵇琴斷弦本來就是非常掃興的事，何況在這麼重大的場合裡，足以構成了殺頭的罪。

怎麼辦呢？樂工們急如熱鍋上的螞蟻，瞪大兩眼紛紛盯著徐衍。再看徐衍，他好像早已胸有成竹，似乎故意讓琴弦斷了一樣，神色自如，儀態瀟灑地繼續彈奏著，根本聽不出任何一點瑕疵和變化。樂工們仔細一看才發現，徐衍僅用一根弦在熟練地演奏著。而宋神宗和大臣們根本沒有弄清砰的一聲是什麼聲音，更不知道徐衍在彈的是一根弦。

每一個熟悉嵇琴的樂工們心裡都非常清楚，要把嵇琴上兩根弦的音調全部轉換集中到一根弦上進行彈奏，除了需要琴手臨時應急處理的較高修養，而且還必須具有高超的演奏技巧，其難度可想而知。

直到全曲終了，徐衍彈奏完畢起立致謝時，宋神宗和群臣們才發現，原來徐衍演奏的是一根弦的嵇琴。他們壓根就不知道還有斷弦這碼子事，倒是感覺徐衍這次演奏，音色統一和諧，音調婉轉悠揚，別具一格，動人心弦。宋神宗和群臣露出了滿意的微笑，並對徐衍進行了獎賞。而那些瞭解真相的樂工們，更是對徐衍鎮定自若、急中生智的大家風範，稱讚不已。

從此，人們開始盛傳徐衍精彩絕倫的一弦奏曲傳說，並且給獨弦演奏嵇琴的方式，取了個特定的稱謂，「一弦嵇琴格」。

嵇琴。

審美過程就是一個感受、體驗、評判和再創造的心理體驗過程。審美的過程從客體的外觀形象開始的，外在形象引發直覺，依直覺開始進入分析、判斷、體驗、聯想、想像等階段，最後達到主、客體感情上的融合和統一。與普通的認識不同的是，審美過程的主導思想和主要依賴的是形象思維。

審美過程應當有著豐富精神內涵，要達到這個效果，應當具備以下幾點：

1.應根據此次活動的特點，確定審美過程中的注意事項。首先要端正審美態度，要具備一定的心理素質和美學修養。然

後在審美活動中，要積極發揮形象思維，展開生動豐富的想像。一件成功的藝術作品，本身就是藝術家聯想和創造的產物，所以欣賞者也應該從自身的角度，用心用靈魂去揣摩和領悟藝術家所要表達的藝術內涵。

2.在審美過程中，要善於運用欣賞者自身的真情實感。藝術作品本身是一件富含感情的東西，藝術家透過作品表達的通常都是一段至深的情感，欣賞者只有把自己的情感也發動起來，使其融入到作品中去，才能夠形成一種內外共鳴，而達到審美的效果。

3.用客觀的思維來看待作品，用正確的理論來解讀作品。一件藝術作品給人的，不單單是視覺上的享受，它還附有更深的思想價值。

4.要對作品進行反覆的回味與咀嚼，從實際上完成感受、體驗、評判和再創造的完善的審美過程。

小知識

赫拉克利特（約西元前530年～前470年），著有《論自然》一書，內容有「論萬物」、「論政治」和「論神靈」三部分，但很多已經散失。其理論以畢達哥拉斯派為基礎，他借用畢達哥拉斯「和諧」的概念，認為在對立與衝突的背後有某種程度的和諧，而協調本身並不是引人注目的。

觀畫醫病
體現了審美愉悅

審美愉悅有兩個環境層次和三個感官層次，環境層次指的是意象與意境，感官層次指的是感覺、知覺、精神。藝術作品中所體現的聲情並茂、情景交融的場景叫做意象，意象是一種表象，能夠直觀的引發人們對作品的審美感覺。

「兩情若是長久時，又豈在朝朝暮暮！」能夠寫出這樣淒婉綿邈的文人，我們不難想像是何等的風流倜儻，他就是北宋詩詞婉約派的代表人物秦觀。秦觀生性豪爽、灑脫不拘，年少時就在文壇上嶄露頭角，長大後更是博得蘇軾賞識，但由於和當權者意見不和，一生屢遭貶謫。有一年，秦觀又被貶至河南汝陽縣，由於水土不服再加上心情鬱悶，患上了腸胃病而且久治不癒。一天，有

唐代王維的《輞川圖》，現收藏於日本的聖福寺。

個高姓好友拿了一幅王維的山水畫《輞川圖》給他看，並說：「看了這幅畫，你的病就會好，我曾用它治好過幾個病人！」秦觀很奇怪，畫怎能治病呢？然而，朋友一番好意，他也不好拒絕，心想不妨試一試。

　　提起王維，稍有點歷史知識的人都知道，此人能詩善畫，是唐代大詩人、大畫家，也是中國文藝史上最早以「詩中有畫，畫中有詩」著稱於世的。據史料記載，這幅赫赫有名的山水畫《輞川圖》就是王維晚年退隱西安藍田輞川時，在清源寺裡完成的。圖繪群山環抱中的別墅，由牆廊圍繞，形似車輞。其中樹木掩映，亭臺樓榭，層疊端莊。構圖上採用中國畫傳統的散點透視法，略向下俯視，使層層深入的屋舍完全地呈現在觀者眼前。墅外河流蜿蜒流淌，有小舟載客而至，意境淡泊，悠然超塵。勾線勁爽堅挺，一絲不苟，隨類敷彩，濃烈鮮明。畫中的山石以線勾廓，染赭色後在石面受光處罩以石青、石綠，凝重豔麗。樓閣則刻畫精細。畫面洋溢著盛唐繪畫獨具的端莊華麗，使唐人意念中的世外桃源躍然紙上，體現了並非茅屋寒舍，躬耕自給，而有略帶奢華的景象。

　　秦觀這樣的書畫大家自然對這幅作品讚賞有加，於是乾脆病臥在床，什麼也不做，只是每天細細觀畫。時間一久，每當他看到這幅山明水秀的圖畫時，就好像自己已經離開了病床，一步步走進了那迷人優雅的畫中境界，呼吸著山谷中自然清新的空氣，聆聽著森林深處傳來的陣陣蟲鳴鳥語，真是好不愜意。經過一段時間「畫中遊覽」後，奇蹟發生了，秦觀久治不癒的腸胃病竟然痊癒了！

　　秦觀異常高興，邀請來朋友詢問箇中原因，朋友說：「你患病久了，心情自然不快，哪有精力對抗疾病？我給你這幅畫，就是讓你忘卻病痛，振奮心情，這樣一來，身體當然恢復得快了。」

　　一件富含美學價值的作品，會給人們內心世界帶來一種愉快的感受，這種感覺就是審美愉悅。

　　審美愉悅有兩個環境層次和三個感官層次，環境層次指的是意象與意境，感官層次指的是感覺、知覺、精神。

藝術作品中所體現的聲情並茂、情景交融的場景叫做意象，意象是一種表象，能夠直觀地引發人們對作品的審美感覺。

意境指的是作品的內裡內涵，如生活感悟、生命感悟以及藝術家對歷史和社會的感悟等。它蘊藏於作品之中，需要人們用豐富的知識和獨到的視角去觀察領悟。意境是一件作品的真正價值所在，這種價值能夠帶來精神上昇華和心靈上的洗滌，這種歡愉帶有一種思想上的凱旋和解脫的審美本質。

感覺層次中，最底層的是生理上的滿足狀態和社會大眾性的愉悅狀態，這種狀態帶有極大的感性成分。中間層次指的是主觀上能夠欣賞藝術作品的同時，還能夠滲透它所表達出來的觀念和價值。最高層次的審美，指的是主、客體能夠情景交融，在作品和自己之間找到一個共容點，做到精神上的內、外合一，道德上的崇高和超脫。

意境的美所包含的往往是來自歷史、人生以及社會等諸多方面的喜、怒、哀、樂，作品本身的悲愁是無法抵擋的，它同樣會給主體的精神境界帶來些許的惆悵和壓抑。

小知識

恩斯特・凱西爾（西元1874年～西元1945年），德國哲學家、美學家。在美學上，他的符號論思想為符號論美學奠定了基礎。其理論後來被美國哲學家、美學家蘇珊・朗格所發揮，進而形成了二十世紀較有影響的一個美學流派──象徵符號美學。主要著作有《自由與形式》、《康德的生平與學說》、《符號形式哲學》等。

買跛腳小狗
是審美超越的表現

審美超越真正所體現的是打破制約性的思維，而將靈魂置於一個無拘無礙、自足而自然的狀態。

因為一次車禍，使傑米成為一個跛足的孩子。動過手術的他再也不能像其他小朋友一樣，滿大街跑著玩耍了，只能待在家裡餵餵小雞，然後呆呆地看著欲落的夕陽發呆。

為了讓他開心，媽媽決定帶他到寵物市場轉轉，那裡有很多種小動物，或許能讓他忘記自己的跛足。

有幾隻小狗被放在一個大籠子裡待售，狗脖子上都掛著一個小牌子，上面標有價格，五十到八十美元不等。

傑米看著那些可愛的小狗，眼睛裡露出一絲渴望，媽媽知道他是很喜歡小狗的。過了一會兒，老闆也看出來了，就問他：「你想要哪隻小狗呀？」

傑米很怯弱地跟老闆說：「我這裡只有十美元。」

「這樣吧！我這裡有一隻腳有點毛病的小狗，不好賣，就送給你吧！」說著，他打了一個響指，那邊一瘸一拐地跑出來一隻灰色的小狗。小狗看見主人，就親切地上前摩擦親吻。

傑米一眼就看上了這隻小狗，他說：「我不要你白送，這隻狗跟其他狗一樣，是有價值的，我現在湊不夠買狗的錢，不過我湊夠了一定會還給你的。」

老闆納悶了：「你本來就沒錢，可是為什麼又要花與好狗一樣的錢買一隻殘疾狗呢？」

「因為我的腳也是有殘疾，我跑不快，牠也跑不快，牠正好跟我做伴。」

孩子的心地總是最純潔的，在他們眼裡，只要擁有一顆健康的心，那麼就沒有什麼是殘疾的了。

審美超越使人們認識到人與世界之間的主、客對立關係，把世界上存在的物體看做是對象，簡稱對象物。

對象物與人之間的關係有兩種，一種是做為主體的人類消磨、壓制、瓦解客體對象物。這就如同生命的活動，一直以消耗世界現存的物質為主要形式存在的。世界上存在的客體物質被主體所分解、改變、吞噬，或者讓客體能夠遵從自己的意願，以另外一種形態展現出來。主體能夠在這樣的活動中完全展示和實施自己的力量，主體相對於客體來說，是自由的、是主動的，客體則是不自由的、被動的，主體的自由就是建立在限制客體自由的前提上的，這種關係是以客體拒絕主體的狀態存在的。

另一種存在形式是來自於自由本身對主體所表現出的束縛性，這裡的自由指的是主、客體之間的相互依存性。當客體受到主體的壓制時，客體因為壓制的原因，不能解脫，但是主體同樣不能解脫或者是釋放，儘管主體並沒有受到客體的任何牽制。這就如同人和音樂，你可以任意改變它，但是又會受制於它，客體被主體約束的同時，主體也被客體霸佔，這就是征服者的自由，這種自由同時也是一種束縛。

審美活動可以超越時間的限制，無論生活在哪個時代的人，他說的道德修養和藝術情操都會帶有明顯的時代痕跡。但是在審美實踐中，時間不再是單調的，

而是橫向縱向隨意變換的,可以從古至今聚攏,也可以從今往古追溯。

　　審美超越真正所體現的是打破制約性的思維,而將靈魂置之於一個無拘無礙,自足而自然的狀態。

弗里德里希‧威廉‧尼采(西元1844年～西元1900年),德國著名哲學家、西方現代哲學的開創者,同時也是卓越的詩人和散文家。著有《悲劇的誕生》、《不合時宜的思考》、《查拉圖斯特拉如是說》、《尼采反駁瓦格納》等。

巴爾札克惜時如命
是審美趣味所致

審美結構有三個組成部分，審美態度、審美趣味、審美感興。審美感興是整個審美過程的總稱，它所包含的既有心理的審美過程，又有情感上的審美過程，是審美認知和審美情感的綜合體現。

巴爾扎克是法國偉大的作家，他把自己的生命都奉獻給了寫作事業，他一生幾乎都是伏在案桌前度過的。在他眼裡，沒有比寫作更重要的事情了，為了寫作，他可以不吃飯不睡覺，可以放棄一切應酬。

有一次，一個朋友來找他，當時他正在創作一部小說。那些故事情節都已經非常成熟，昏暗的燈光擋不住嘩嘩流淌的思維，他越寫越上癮，不覺之間一夜已經過去。破曉時分，當陽光灑進他的書房的時候，他才發現已經是第二天早上了。

寫了一夜小說的巴爾扎克感覺非常疲倦，他站起身正想休息一會兒，這時朋友推門而入。他跟朋友交代了一下說：「我很累，想睡一會兒，一小時以後你記得叫醒我，記住，就一小時。」

朋友點點頭，巴爾扎克就去睡覺了。

爬上床的巴爾扎克幾乎不到一分鐘就鼾聲大作，在一旁等候的朋友心想，這個巴爾扎克，為了寫作簡直連命都不要了，要是再不好好休息，恐怕得累死在寫字檯上。

朋友這樣想著，就更不忍心打擾他那難得的睡眠了。

鐘擺滴答，一個小時過去了，兩個小時過去了……巴爾扎克終於從睡夢中醒來。他揉了揉雙眼，一看錶，發現自己竟然睡了兩個多小時，立刻下床，一邊大步走向桌案，一邊氣憤地朝朋友嚷道：「你怎麼不叫我呢？好好的時間全都耽誤了。」

朋友面露愧色，想要解釋，可是巴爾扎克根本無暇聽朋友的解釋，他趴到桌子上又開始了寫作。

被數落了一頓的朋友，看到巴爾扎克的表現簡直有些哭笑不得，他看著巴爾扎克奮筆疾書的背影，不由得搖搖頭說：「真是個勤奮的人，把時間看得比命都珍貴。」

巴爾扎克像。

審美結構有三個組成部分：審美態度、審美趣味、審美感興。審美態度指的是針對審美形態的一個態度，一個人所能夠接受的審美形態越多，他的審美廣度就越大。審美趣味是審美者本身的理想、愛好、標準的整體心理素質，這個心理素質決定著藝術品價值的取向。審美感興是整個審美過程的總稱，它所包含的既有心理的審美過程，又有情感上的審美過程，是審美認知和審美情感的綜合體現。

有一項針對青少年審美認知的研究表明，它的發展有三個傾向性：從具體到抽象，從題材到形式，從形式刺激到形式表現。

195

這裡所說的具體到抽象，指的是人們在初認識一件事物的時候，對它的印象是真實具體的，然後再根據自己的喜好進行修剪和增補，讓它達到自己內心所想像的形象，進而創造出真實而又超然於真實的不朽之作。

從題材到形式，指的是青少年在欣賞一件作品的時候，首先關注的是它的題材，沒有題材便沒有方向，也就無法理解作品的含意。

從形式刺激到形式表現，指的是他們在觀察一件作品時，最先感覺到的是作品本身給他帶來的一種感受，當欣賞者本人能夠接受並認可作品以後，再以這樣的形式進行的藝術創作。

小知識

克萊夫‧貝爾（西元1881年～西元1964年），英國形式主義美學家，當代西方形式主義藝術的理論代言人。他最著名的美學命題是認為美是一種「有意味的形式」。主要著作有《藝術》、《自塞尚以來的繪畫》、《法國繪畫簡介》、《十九世紀繪畫的里程碑》、《欣賞繪畫》等，其中《藝術》一書集中體現了他的形式主義理論。

杜十娘怒沉百寶箱 表達了反思判斷力的作用

在某一個特定的環境下，為一件特定的事情去尋找它的發生原理和分析可能性的思考過程，叫做反思判斷力。反思判斷不是由普通的概念去解釋一些特殊的事情，而是由一些特殊的理念來看待普通的事情，它的思維方式就是從抽象中尋找規律。

明朝萬曆年間，發生了一件離奇的事情：一個年輕漂亮的女子，在揚子江上把裝有大量黃金珠寶的百寶箱投進了江裡，緊接著自己也投江自盡。

這就是歷史上有名的故事——杜十娘怒沉百寶箱。

事情的過程是這樣的：南京布政使有個兒子，名叫李甲，是個風流公子，在北京趕考期間，到妓院嫖妓，認識了漂亮多情的藝妓杜十娘。兩人一見鍾情，情投意合，為此杜十娘花費了多年賣身積蓄的錢財，自贖自身，欲與李甲結為連理。

李甲瞞著父親和家人，在京城和杜十娘廝混。他當然不敢把要迎娶杜十娘的事情告訴遠在南京的父母，於是只好找到同窗好友國子監太學生柳遇春，借他的寓所，與杜十娘舉行結婚典禮。

結婚這一天，柳遇春的寓所張燈結綵，喜燭高照，就要與李甲結為百年之好的杜十娘，坐在洞房的婚床上，百感交集，激動萬分，沉浸在無比幸福和感慨之中，回想起自己悲慘的人生經歷，不禁唏噓不已。京城迎春院中的賣笑生涯，充滿了辛酸和屈辱，老鴇認錢不認人，無比刻毒，把她杜十娘當成了搖錢樹。那些公子王孫、紈袴子弟們，輕薄浪蕩，無情無義，揮霍無度，縱然傾盡萬貫家財，

也無法贏得杜十娘半點芳心。直到遇到了李甲，杜十娘才認為遇到了一個有情有義的青年才俊。她早已厭倦了賣笑生涯，有意將自己的後半生託付給李甲。兩人交往一年後，李甲花光了家裡給的銀兩，眼看著就要被老鴇趕出妓院，杜十娘才自贖自身，帶著自己的梳妝檯，離開了多年屈辱生活的妓院，跟隨李甲從良完婚。

洞房花燭之後，李甲帶著杜十娘離開京城，坐船南下，要回李甲在南京的家裡。當大船行駛到揚州的瓜洲渡時，杜十娘心情舒暢，高興地站在船頭唱起了《小桃紅》，恰巧被鄰船的鹽商孫富看見了。孫富一眼就看上了杜十娘，他是個非常富有的奸商，滿肚子花花腸子，他找到了李甲，說願意出高價買下杜十娘。開始李甲還有點猶豫，孫富就說，你父親怎麼說也是地方的高官，怎麼會允許你娶個賣笑的妓女為妻呢？他老人家丟不起這個人，你不如把她賣給我，一舉兩得。我這是替你著想，為你分擔憂愁。

孫富的話，正好說到了李甲的心裡，兩個人非常投契，李甲答應了孫富。

杜十娘怒沉百寶箱。

當天夜裡，李甲裝出一副內疚和無奈的樣子，低垂著頭，把他和孫富達成的卑鄙骯髒的買賣，一五一十告訴了杜十娘。杜十娘聽後震驚不已，她沒想到李甲會是這樣一個薄情寡義的人，完全辜負了她的一片癡情。但她畢竟是個經過大風大

浪的人，並沒有為此發怒，冷靜下來之後，她只説了句：「你得到了千金財富，可以向父母有個交代了，我跟了別人，也不會再拖累你了。你想得面面俱到，一舉兩得，確實是一個好主意。」

兩個人一夜沒再説話。第二天早上，杜十娘穿上了最昂貴華麗的衣服，把自己打扮得漂漂亮亮，站在船頭上，將裝滿金銀珠寶的百寶箱投進了滾滾的揚子江裡，接著自己也飛身一躍，跳進了一望無際的江水，投江自盡了。

在某一個特定的環境下，為一件特定的事情去尋找它的發生原理和分析可能性的思考過程，叫做反思判斷力。反思判斷不是由普通的概念去解釋一些特殊的事情，而是由一些特殊的理念來看待普通的事情，它的思維方式就是從抽象中尋找規律。

根據康德的分析，反思判斷力所遵循的是自然的、形式的、合目的性原則。這個原則所表現的就是人從自然界的發現，反過來又思考和檢驗自己的一種現象，這種現象的根源是出於人們喜悅或悲傷的情感。

康德把反思判斷力與審美判斷力的表象結合起來研究，審美判斷力的表象也就是感性表象。在研究中，康德這樣解釋説：在對對象的感官認識中，最初所認識到是對象的感性表象，這個時候的感性表象是主觀的，是建立在基礎知識之上的，但是如果對對象的認識存在合目的性的話，那就是一種由表象到情感的順利融合，進而形成一種美學上的合目的性的美學表象。

這樣的表象只限於主體，與客體之間沒有關係，並且它是不拘泥於任何約定的格式，並且，它具有反思性。

在判斷和鑑賞中，有兩個不同的概念，一種是美的判斷，它的核心思想是自然，另一種是崇高的判斷，它的核心思想是自由，當主、客體之間反思判斷是建

立在自然的基礎上反映出合目的性的時候，就是對「美」的判斷，而當主體無視於客體形象的存在，而根據一個自由的概念，來體現與客體之間的合目的性時，叫做對「崇高」的判斷。

美的判斷和崇高的判斷是康德《判斷力批判》中最為關鍵的理論構成，在整個先驗哲學體系中起著十分關鍵的作用。

小知識

卡爾・古斯塔夫・榮格（西元1875年～西元1961年），瑞士心理學家和精神分析醫師，分析心理學的創立者。「集體無意識」是其美學研究的邏輯起點，並把西方美學史上的「抽象」與「移情」看做是無意識支配下的兩種審美態度，進行了全面研究。

第四篇

美的，更美些

——美學分類

馬克・吐溫做廣告
傳達了非理性美學原理

藝術的對立性，指的是藝術本身只在具有抵抗社會力量時才有生存空間，否則它即便是存在著，也不過是用來獲取利益的一種商品。藝術真正所呈現給社會的是一種間接的抵抗或抵制，用它的對立性來導致社會的發展，掌握社會前進的風向標。

馬克・吐溫是美國著名的幽默諷刺家，是批判現實文學的奠基人，成名以後的他曾經主辦過一家報紙。

一次，一個生產食品的大亨來找他說：「馬克・吐溫先生，我們想在您的報紙上發一個廣告。」

馬克・吐溫知道對方不過是想藉助自己的名氣，來為他的產品揚名，雖然他的食品品質的確很差，但是馬克還是毫不猶豫地答應了。

幾天以後，廣告被刊登出來，內容是這樣的：一隻母蒼蠅帶著牠的兩個小寶貝飛到超市，在XX食品前，牠們收住了翅膀。這款食品看起來包裝精美，引人垂涎，兩隻小蒼蠅急不可待地爬上去大吃起來，可是僅幾秒鐘的工夫，兩隻小蒼蠅便雙雙從食品上滾落下來，掉在地上死了。母蒼蠅傷心欲絕，牠飛到一張捕蠅紙上，準備了斷生命。可是捕蠅紙上的「有毒」食物都快被牠吃完了，母蒼蠅卻越來越有精神，毫無將死的意思。

看到這則廣告的大亨，本來興沖沖的臉，一下子變得死氣沉沉。

馬克・吐溫的批判思想得罪了很多人，那些人就想暗地裡找機會報復一下。

在一個愚人節的清晨，人們在紐約的一家報紙上看到了馬克‧吐溫去世的消息，很多人都信以為真。他們懷著悲痛的心情急匆匆趕來弔唁，可是一進門，卻看到馬克‧吐溫正在桌案前工作，便很詫異地說：「報紙上說您去世了，這該死的報紙，太可惡了。」

馬克‧吐溫抬起頭，看了看報紙說：「這些傢伙說的也沒錯，只不過把日期提前了。」

馬克‧吐溫除了有一手非凡的文筆之外，他的口才也十分犀利，很多人都想藉機奚落他，反而被他譏諷一番。

年輕時的馬克‧吐溫經濟狀況不太好，正巧朋友為他介紹了一份工作，讓他在一家報社做校稿。可是只做了半年，他就被主編解聘了，理由一大堆，例如嫌他懶、嫌他沒用等。

對於主編這樣的歧視，馬克‧吐溫反擊道：「主編先生，你反應太慢了，我都來半年了，你才知道我懶。可是我從第一天見到你，就知道你是一個蠢材了。」

由於工作的關係，馬克‧吐溫需要經常出差，在旅館填登記表的時候，很多富人的登記表都是這樣寫的：某某公爵和他的僕人入住，某某大亨和他的僕人入住等。可是馬克‧吐溫既不是公爵大亨，身邊也沒有什麼僕人，不過他很聰明，他把登記薄拿過來，在上面寫道：馬克‧吐溫先生和他的箱子入住。

藝術的特性很大程度上是社會的、遵循現實的規律，所以很多情況下，藝術反被金錢和資本利用，成為它們融入社會、控制社會的工具。其實藝術的社會性並不因為它取材於社會，也不因為它本身所體現的就是日常生活中各個生存狀態之間的相互依存和相互制約的現象，而是因為它的角度是站在社會的對立面上。

當然，前提是它必須具備自律性，而後才有條件顯示它的對立藝術。這種藝術形式不遵守已有的社會規範，也不為社會服務，它自身的存在就是一種諷刺和批評。

藝術的對立性，指的是藝術本身只有在具有抵抗社會力量時，才有生存空間，否則，它即便是存在著，也不過是用來獲取利益的一種商品。藝術真正所呈現給社會的，是一種間接的抵抗或抵制，對立性藝術並不模仿現實社會，而是用它的對立性來導致社會的發展，掌握社會前進的風向標。

非理性主義認為美學與科學是沒有聯繫的，這是一種極端錯誤的認識，藝術既不是對科學的補充，也不是對科學的矯正，它與科學之間存在著批判性的聯繫。

當代的文化科學領域嚴重缺乏精神，這是由於審美感性的缺乏造成的，人們在辨別和研究一種事物的時候，往往會表現出一種粗枝大葉、心高氣傲的狀態，這恰恰是辨別能力差強人意的表現。辨別能力即屬於美學範疇，也屬於科學範疇，如果對藝術和科學能夠做出準確的判斷，那麼就會相信，在這兩個領域，都有相同的力量在發揮作用。

小知識

亨利·柏格森（西元1859年～西元1941年），法國哲學家。他的美學思想比較分散，不如哲學與倫理學思想那樣，主要集中於《創造進化論》和《道德與宗教的兩個來源》兩本書中。只有《笑與滑稽》這本書算是比較正宗的美學著作，但是這本論笑的著作更著重於具體研究而不是對基本的美學問題進行思考。

旋風和細雨
揭示了悲劇之後的寧靜

悲劇的美學意義在於它既複雜而又富有研究價值。黑格爾的悲劇理論，可以理解為是一種由倫理實體的分裂開始，到和解的動態過程。為了實現這一目的，實體本身是不和諧的，然後逐漸發展成為裂變性的。

十八世紀後期，英國曾經出現過一位全才作家，名字叫賈斯特頓。他擁有小說家、評論家、新聞記者、劇作家和傳記作家等多項頭銜，這些頭銜足以向世人證明，他有著非凡的文學造詣和傑出的藝術天才。再加上他身材高大、相貌堂堂，穿上一身合適的紳士服，所到之處無不增光添彩、惹人嫉妒。可是天才也有苦惱，賈斯特頓最不滿意的就是自己的嗓子，一個大男人卻生就一副軟綿綿的假嗓子，這讓他在那些公眾場合說起話來，總有點不舒服。

有一次，他被美國一所學校邀請去演講，演講之前先由主持人報幕，主持人嗓音洪亮，喋喋不休而又高調地向觀眾介紹賈斯特頓。

等介紹完畢以後，該賈斯特頓登場了，要怎麼才能使人愉快地接受自己那充滿柔性的假嗓子呢？他朝觀眾深鞠一躬說道：「剛才主持人的介紹隆重熱烈，看起來就像是刮過的一陣旋風，接下來，該由我為大家帶來一場柔和的細雨了。」

在美國，他白天演講，晚上就到大街上欣賞異國風情。紐約的夜色非常漂亮，尤其在百老匯附近，那些大樓上色彩斑斕的霓虹燈，夾雜著廣告詞在不停地閃爍，如此精心創意的廣告，使人看起來非常興奮。不過賈斯特頓倒沒有那種興奮，他看著那些廣告詞，感嘆道：「那些不識字的人真好，在他們眼裡，這樣的看板簡直太完美了。」

205

什麼是悲劇？在亞里斯多德的《詩學》裡，他說，悲劇就是對一件事物嚴肅而又完整的模仿過程，這個過程具有一定的長度，因為它需要表現許多故事情節，這是悲劇的靈魂所在。

悲劇同屬於美學範疇，悲劇的美學意義在於它既複雜而又富有研究價值。黑格爾的悲劇理論，可以理解為是一種由倫理實體的分裂開始，到和解的動態過程。為了實現這一目的，實體本身是不和諧的，然後逐漸發展成為裂變性的。這種裂變是思想上的、情感上的，甚至是生命上的，由裂變引發衝突，致使矛盾激化，而後又經過一系列的反思和求同存異的調和，最終實現更高境界的和諧。

尼采在他的悲劇理論中，把悲劇看做是自身本質與目的之間的衝動性行為，如酒神精神與日神精神之間所發生的衝突與交合。尼采的這個理論與黑格爾的裂變論有相似之處，但是他們的理論同時也存在著很大的分歧，黑格爾贊成兩元論，並且主張自由的主體性與古典藝術形式應該是統一的。

尼采無視藝術的和諧發展規律，他分析希臘人之所以會有這樣的二元衝突媾和現象，是因為希臘人內心失去了原有的平衡所致，他們要透過藝術來起到一種掩蓋和緩衝的作用，以便使生活和生命能夠繼續。

從整個思維軌跡來說，尼采的酒、日神二元衝撞論似乎更有說服力，二者既相互依存，又不斷地發生爭鬥，從這樣的活動中又不斷產生新的能源和力量。這是一種由靜態和諧轉化為動態衝擊，然後再周而復始的循環，以達到高層次的和諧的邏輯觀點。

小知識

愛德華・布洛（西元1880年～西元1934年），瑞士心理學家、語言學家。在美學方面，他在批判傳統美學拘泥於美的客觀性的基礎上，專注於由對藝術品的觀賞而生的心理效應──審美意識或態度，提出了「心理距離說」。

站著安葬的遺囑
揭示了美就是生活

在傳統觀念中，「審美非功利」論和「藝術自律」論已經根深蒂固地成為古典美學觀念與藝術理念的實質特徵，而新興的生活美學就是要對這兩個特徵進行解構。

羅伯特‧白朗寧是英國著名的劇作家、詩人，他一生酷愛寫作，常常寫起來就不記得吃飯睡覺，時間再長也不覺得疲倦。不過白朗寧最討厭在他寫作的時候有人來打擾，也很少跟別人談論一些無關痛癢的話題，他覺得那簡直是在浪費生命。

有一次，白朗寧應邀去參加一個新劇發布會，會場裡賓客雲集，那些紳士和闊佬都端著酒杯，裝模作樣地穿梭於會場中間。

一個先生看到了白朗寧，便向他走來，因為白朗寧當時名氣已經很大，這位先生便就白朗寧的詩歌和劇作向他提了幾個問題。

「尊敬的白朗寧先生您好，請問您至今一共發表了幾部作品了？」

「不記得了。」白朗寧非常不情願地回答這個人無聊的提問。

接下來他又問道：「先生，您的家人對您寫作怎麼看？」

白朗寧實在不知道該怎麼回答這個人的問題，他覺得眼前這個人不僅不懂文學，甚至還有些不識趣，於是說道：「先生，不好意思，我耽誤了你很多時間，現在我要告辭。」

西敏寺是歐洲最美麗的教堂之一。

說完，白朗寧揚長而去。

英國還有一位多才的作家，名字叫做塞謬爾‧詹森，他的語言風格以幽默諷刺著稱。有一次，詹森編著的《英語語言辭典》出版了，在新聞發布會上，有兩位女士對詹森的工作能力和才華大加讚賞，並且說：「詹森先生，你所做的這部語言辭典，比以前的好多了，那些不乾淨的、猥褻的辭彙都沒有了。」

「是嗎？看來你們已經在辭典裡找過這些辭彙了？」詹森的話讓全場發出一陣笑聲，兩位女士面露尷尬，隨即紅著臉向別處走去。

西敏寺是英國倫敦的國家級教堂，有人建議詹森在西敏寺附近為自己選擇一塊墓地，以便死後安葬。

很快墓地就選好了，可是到了詹森臨終的時候，家人卻告訴他說：「你事先選好的墓地，現在已經被人佔了。」

「那怎麼辦呢？要不我就站在他旁邊吧！」

詹森死後，遵照他的意願，家人就把他站著安葬了。

在傳統觀念中，「審美非功利」論和「藝術自律」論已經根深蒂固地成為古典美學觀念與藝術理念的實質特徵，而新興的生活美學就是要對這兩個特徵進行解構。

古典時代，大自然的環境也都是神創造賦予的，同時人們把文化看做是神聖

的，這樣的前提下，所建立起來的是不被功利所左右的審美觀。這樣的審美觀自有它的合理性，也有它的弊端。古代的社會是等級觀念分明的社會，藝術這種高級的文化修養，只掌握在少數人手裡，它們與日常的生活沒有連結，也不出現在一般人的視線內，這就直接導致了一種藝術壟斷。

在新興的美學理念中，歷史條件被改變，歷史的美學觀點也被刷新，在新、舊觀念交替的時候，出現了三種觀念交鋒的狀態：

1.由「日常生活審美」所帶來的「生活實用性審美觀」，它所對應的是「審美非功利性」。

2.由「文化藝術產業化」所帶來的「有目的的無目的性」，它所對應的是「審美的合目的性」。

3.第三種是由日常生活所帶來的「日常生活經驗」的連續體，它所對應的是「審美經驗的孤立主義」。

在現存的三種衝擊波中，後者均以壓倒性的優勢領先前者。現代審美反對原始審美，在後康德時代，原始的審美藝術和審美理論被重新整理和審視。

小知識

喬萬尼‧薄伽丘（西元1313年～西元1375年），義大利文藝復興運動的傑出代表，人文主義者。代表作《十日談》批判宗教守舊思想，主張「幸福在人間」，被視為文藝復興的宣言。其與但丁、佩脫拉克合稱「文學三傑」。

自信的女孩
推開了實驗美學的門扉

在審美過程中，藝術作品會給人帶來一種感官上的刺激。美學研究就是把感官上的刺激用物理測量的方式計算出來，再利用心理學加以分析，這種以實驗的方式來研究探索美學的方式叫實驗美學。

殘酷的命運總是光顧那些無辜而善良的人，妮姬是一個美麗的七歲小女孩，被醫院診斷出患有白血病。

接下來，有關白血病的種種病症便在妮姬身上顯現出來。因為化療，她的頭髮掉光了，她不得不戴上使人看起來非常難受的假髮。戴著假髮上學的妮姬，在同學面前失去了往日的光彩，以前，大家只要一下課，便都圍著妮姬嘰嘰喳喳，吃飯也都喜歡黏著她，那時候妮姬是一個漂亮的小公主，是同學們眼裡的偶像。

可是現在呢？妮姬的生活安靜了許多，那些朋友都不知道何時已悄悄地離她而去，下課和吃飯的時候再也沒有人圍著她，就連她主動走過去，同學們也都很快散開，剩下吃一半的披薩也不要了，那披薩從前大家都搶著吃。而更令人傷心的是，有些壞傢伙還在妮姬的背後扯她的假髮，然後一哄而散。每逢遇到這樣的情況，妮姬只有悄悄蹲下來，強忍害怕和困窘，顫抖著拾起被弄髒的假髮，拍拍灰塵，然後重新戴上，眼裡噙著淚水去上課。

父親非常心疼女兒的處境，為了鼓勵女兒，他給妮姬講了自己小時候的故事。父親說自己一直在讀新約《聖經》，可是到了學校以後，因為當地人不接受新約《聖經》，所以他的行為就遭到了同學們的恥笑，並且還譏諷他說：「你這蠢傢伙，你以為祈求和禱告就可以得到幸福的生活和美好的前程嗎？見鬼去

吧！」

可是父親並沒有被嚇倒，他勇敢自信地拿著《聖經》說：「我現在就拿著這本書，繞操場走一圈，誰敢搶我的書？」

「你真的繞操場走了嗎？」天真的小妮姬看著父親的眼睛問道。

「是的，我走了，可是沒有一個人敢阻攔我。」

父親的親身經歷給了妮姬很大的觸動，她覺得自己也應該像父親一樣堅強起來，而不是做個膽小鬼。

第二天上學，妮姬就摘掉了假髮，像從前一樣坦然地坐在教室裡，吃飯和上課她都不再躲著別人，回答問題的時候，聲音響亮，充滿了自信。很多人都驚訝於她的變化，從那時起，就再也沒有人敢欺侮她了。

現在，妮姬已經是兩個孩子的母親，她像許多的女性一樣，每天忙碌著，但她又跟其他女性不一樣，原因就是她那令人折服的勇敢和自信。

在審美過程中，藝術作品會給人帶來一種感官上的刺激。美學研究就是把感官上的刺激用物理測量的方式計算出來，再利用心理學加以分析，這種以實驗的方式來研究探索美學的方式，叫實驗美學。在美學的實驗研究中，首先要把藝術作品所帶來的一系列的心理反應和社會反應加以簡化，要求論述簡明扼要，定義明確清晰，進而使美學研究有可操控和可掌握性，以完成精確的測量和統計。

實驗美學的創建者是德國心理學家菲克納，菲克納所開創的這門學科與以往傳統方式上的美學研究是背道而馳的。傳統方式上的美學研究是自上而下，從一般到特殊，而菲克納的美學研究遵循的是從特殊到一般、自下而上的方式，這裡所說的自下而上指的是用實驗的方式來研究美學，然後再與以往的美學經驗做比

對。

最早的美學實驗針對的只是那些令人愉悅的美學，希望能夠從中找出存在的形式，為此，他們做了一個很簡單的實驗，讓一些參與者從大堆的圖形中，找出自己喜歡的圖形。令人驚異的是，幾乎所有人都喜歡矩形，而這類矩形的長、寬比例又十分接近黃金分割的比例。

隨著對美學實驗探索的深入，測量美感的方式和美感刺激物也都有了極大的變化，從這些試驗中，菲克納總結出十三條心理美學規律，這些規律包括審美聯想、審美對抗以及審美比對等。

二十世紀初，在美國人伯克霍夫發表的《審美測量》一書中，用一個公式給出了審美測量的等式：$M=O/C$，M代表美感程度，C代表審美對象的複雜性，O代表審美對象的級別。由此看出，美感與對象的等級成正比，與對象的複雜性成反比。

小知識

但丁·阿利吉耶里（西元1265年～西元1321年），義大利詩人，現代義大利語的奠基者，歐洲文藝復興時代的開拓人物之一，以長詩《神曲》留名後世。恩格斯評價他是中世紀的最後一位詩人，同時又是新時代的最初一位詩人。

莫札特告別美女
追尋著移情美學

赫爾德認為，無論哪種形式的美，都是藝術本身或者是人類本身內心美的一種反映。在欣賞或審美的過程中，欣賞者會不自覺地進入一種迷失自我的狀態，而與此同時，被欣賞的對象又會被擬人化、象徵化、精神化，這就是移情表現。

年輕的莫札特風流倜儻，很多秀麗、漂亮的女子都曾經是他傾慕愛戀的對象，可惜好景都不太長，他見一個愛一個，愛一個忘一個。

二十一歲的時候，莫札特跟隨母親一起外出，開始了第二次旅行演出。在去巴黎途經曼汗城時，莫札特無意間遇到了一個叫阿蕾霞的德國美少女。她俊俏的外貌、美麗的歌喉，一下就征服了莫札特。他為之神魂顛倒，竟鬼使神差找了個藉口，說是要教美少女聲樂，並說服母親讓他滯留在了曼汗城，藉機和阿蕾霞接觸。

阿蕾霞被莫札特的才華所打動，為了報答他，少女暗許芳心，這讓莫札特激動萬分，決定娶她為妻，並願意竭盡全力，幫助她成為歌劇界的新秀。莫札特把這個想法，寫信告訴了留在家裡的父親。

母親看在眼裡，急在心上。母親清楚地意識到，這樣下去，巴黎的演奏旅行不會有什麼好的結果。於是，這位母親想了個對策，在莫札特給父親的信後，偷偷附了一句含意深刻的話，「那是位好姑娘，歌唱得也不錯，不過我們不能忘記自己的目的。」

莫札特很快接到了父親的回信，父親在信中婉轉地對他提出了警告，「你是

213

想成為一個平凡的音樂家，將來被世人淡忘，還是想成為一位第一流音樂家，受到眾人祝福，名垂青史？如果你想被美貌所迷很快死於溫柔鄉裡，令老婆孩子流離失所，那你就繼續留在那裡。如果想成為一名虔誠的基督徒，過著美滿幸福的日子，贏得人們美好的讚譽，給家庭帶來安寧和榮譽，你就應該選擇離開。」

最後，父親斬釘截鐵地命令道：「必須立即起程趕往巴黎，加入那些偉大人物的行列裡，不得推遲延誤，要是不能像凱撒那樣成功，還有什麼面目做人？」

有了父親嚴厲的警告，莫札特只能強忍痛苦割斷這段美好的感情糾葛，向阿蕾霞姑娘辭別，跟隨母親踏上了前往巴黎的行程。

最早有系統地把移情思想做為一種美學理論來研究的人，是德國的哲學家赫爾德。其實早在赫爾德之前，移情一說就露出端倪，如亞里斯多德的「隱喻說」、哈奇生的「聯想說」、休謨和博克的「同情說」等，這些理論中都含有移情思想的影子。

赫爾德是德國狂飆運動的代表人物，他是在與康德的形式主義的對抗中，提出「審美移情說」。赫爾德認為，無論哪種形式的美，都是藝術本身或者是人類本身內心美的一種反映。在欣賞或審美的過程中，欣賞者會不自覺地進入一種迷失自我的狀態，而與此同時，被欣賞的對象又會被擬人化、象徵化、精神化，這就是移情表現。

赫爾德所理解的移情心理過程是靜態的，是自然欣賞過程中的一種忘我狀態。移情現象既有人的情感移植於物，也有將物擬人化，移植於人。

德國美學家費舍爾晚年在其所著的《批評論叢》中，曾對美學理論做了修補和論證，他認為美學理論應能體現審美的象徵作用，事物本身的感性形象和含意之間應該存在一種象徵關係，這種象徵關係有三類：

1.神話和宗教的象徵意義，這類的象徵主義的心理特點是無意識和不自覺的。

2.寓言和日常生活之間的象徵意義，這類的心理特點能夠清晰、準確地認識到形象與含意之間的關聯。

3.美學本身的象徵意義，它的心理特點是介於上述兩者之間的，這種心理既有無意識、不自覺的一面，又有有意識自覺的一面，它能夠讓自然萬物都富有生氣，給它們灌輸思想和靈感，讓它們有崇高的靈魂，這種心理現象就是移情。

小知識

赫爾德（西元1744年～西元1803年），德國哲學家、文學評論家、歷史學家。他認為人的本質目的是人道，歷史進化的目的是人道的實現，也就是理性和正義的實現，而人道的完成正是歷史發展的終極結果。著有《當代德國文學之片稿》、《評論文集》、《關於人類教育的另一種歷史哲學》等。

芭蕾舞演員貪吃冰淇淋
證實了美學的特徵說

自然界每種事物都有它的特性，人們從相似的事物中尋找出來共性，這些共性所帶來的心理上的反應，就叫做這個概念的特徵。概念的特徵根據其特性側重面的不同，分為本質特徵和區別特徵兩類。

俄羅斯芭蕾舞演員阿納斯塔西婭・沃洛奇科娃，因其出色的芭蕾舞表演才華，曾獲得第二屆國際芭蕾舞大賽金獎。二〇〇二年，為了表彰她在芭蕾舞臺上塑造了那麼多優美的藝術形象，人們又評選她為俄羅斯榮譽藝術家。但是她在二十七歲那年，卻出人意料地與自己所在劇團鬧起了糾紛。

沃洛奇科娃所在的莫斯科寶爾賽芭蕾舞劇團是俄羅斯最著名芭蕾舞劇團之一，演出品質非常高，對演員的要求也非常高。令人想不到的是，糾紛的原因竟然是與沃洛奇科娃過度愛吃冰淇淋有關。

劇團在一次演出中，本來是要沃洛奇科娃演出主要角色的，但在臨近演出前一天，劇團負責人突然告訴她，劇組撤銷了她的角色了。沃洛奇科娃不明就裡，於是向莫斯科當地媒體披露，她可能被劇團辭退了。

於是記者採訪了劇團負責人，得到的答案出乎所有人意料。負責人說，劇團並沒有辭退她，而是正在準備和她簽署一份新的工作合約，沒能讓她演出的關鍵原因是，劇團裡沒有一位男演員願意與她搭檔演出。

原來，芭蕾舞演出中，經常有一些特殊的動作，需要將女演員整個人舉起來，為此，女演員的身材必須輕盈飄逸，體重不能過重，不然會影響演出效果。本來沃洛奇科娃的個子就比一般女演員高，幸好她比較瘦，還感覺不到什麼，如

今隨著年齡增長，加之她不注意體型訓練，明顯發胖，導致劇團裡的男演員們不願意與她搭檔。

記者詢問沃洛奇科娃發胖的原因，她說自己實在太喜歡吃冰淇淋了，假如沒有冰淇淋，她簡直無法想像生活會是什麼樣。對冰淇淋不加節制的後果，使沃洛奇科娃的體重日漸加重。如果她還想繼續做一個優秀的芭蕾舞演員，就必須放棄冰淇淋，否則她只好放棄藝術了。

自然界每種事物都有它的特性，人們從相似的事物中尋找出共通性，這些共通性所帶來的心理上的反應，就叫做這個概念的特徵。概念的特徵根據其特性側重面的不同，分為本質特徵和區別特徵兩類。

以審美經驗為出發點，研究美和藝術的學科叫特徵美學。特徵美學涉及面很廣，它分為基礎美學、實用美學和歷史美學。其中基礎美學有包含哲學美學、心理學美學和社會學美學等，實用美學包括裝飾美學、技術美學和社會美學。

竇加《舞蹈課》。

　　心理學所研究的是心理狀態的產生和發展軌跡，在這個過程中，知覺和思維之間的分界是清晰的，這是兩種不同的研究課題，所以心理學要從「知覺心理學」和「思維心理學」兩個方向探索和研究。

　　西方的一些美學先哲，從各種角度肯定了感性與理性之間所具有的滲透性的聯繫，這也就是承認了知覺與思維之間的聯繫。他們把知覺劃分到經驗和感性的認知範圍，而把思維劃分到理性認知範圍。前者是在於客體對象交流的直接印象，如電影藝術，當某個事物的許多點以線的移動形式先後在視覺中出現時，觀眾看到的是一個連續的動作。而後者則是在前者的基礎上，利用大腦展開的思維分析的過程，這個過程不直接發生在客體事物本身，故而它有間接性、概括性和抽象性等特徵。

小知識

尼古拉‧布瓦洛（西元1636年～西元1711年），法國著名詩人、美學家、文藝批評家，被稱為古典主義的立法者和發言人。最重要的文藝理論專著是一六四七年的《詩藝》，這部作品集中表現了他的哲學及美學思想，被譽為古典主義的法典。

王國維之死
是中西美學融合史上的遺憾

王國維的美學觀點立於西方文化交匯的基礎之上，他主張的獨立論，其中一個重要論據就是以叔本華「人與動物都有形而上學的需求」的觀點為出發點。

一九二七年春末夏初的一個上午，偌大的頤和園內悄無一人，當時兵荒馬亂、國將不國，人民都處在水深火熱之中，更無人有興致遊覽頤和園。可是就在這荒涼的頤和園裡，卻走進來一位身著中式長袍的老者，老者腳步遲緩，低頭沉思，鼻梁上一副眼鏡，使人感到了一種與眾不同的認真與執著。

老者走到昆明湖附近，站在一棵剛抽芽的樹下，神態自若地拿出一支菸，半晌，抽完菸的老者縱身一躍，跳進了冰冷的昆明湖。只看見湖面上泛起了一陣水花，隨即歸於沉寂。

聽到有人跳水，管理員趕緊喊人打撈，但為時已晚，他們在死者的口袋裡發現了一張字條，上面寫著：五十之年，只欠一死，經此世變，義無再辱。

經過查證，這位跳水自盡的老者，就是王國維。王國維家道貧寒，為求取功名，自幼苦讀詩書，雖屢試不中，但是他卻給後人留下了不可估量的國學遺產。只是他的思想難以承受世事的變革，於一九二七年，國民革命軍逼近北京時，投湖自盡。

王國維的美學觀點立於西方文化交匯的基礎之上，他主張的獨立論，其中一個重要論據就是以叔本華「人與動物都有形而上學的需求」的觀點為出發點。既

然自然界的生物都有這樣的特點，那麼探討關於人類生存法則的問題就是世界性的，學術上的解釋沒有國家和民族之分。

王國維說，學術的研究之所以能夠取得成績，是因為只以學術本身為目的，學術是獨立的，它一方面要破除國家、種族的界限，另一方面又不能被利用到政治事件當中。如果能夠遵循這兩點，那麼學術要想取得成績，便指日可待。

王國維的這一理論觀點就是學術獨立論，它是溝通中西方思想文化的先決條件。

中西方學術溝通方面一個令王國維困惑的問題，就是本土問題。這種困境其一是人生的苦悶，用叔本華的哲學觀來解釋，人生的苦悶指的是人因為追求功利，而被其纏心不得清淨，要想脫離這種困擾，就要推崇以純粹的沒有功利的美學審美觀，這樣符合美學的獨立性。其二，在國人的啟蒙教育問題上，王國維一方面借用西方美學的感性來提高國人的興趣，另一方面他又在這基礎上深入了本國的儒家和道家理論。他從國外引進了很多哲學家、美學家的理論和思想，目的不僅是為了擴大知識層面，更重要的是給當前知識分子所面臨的困境尋找一種適合的解決方案，同時也是為文化發展指引一條道路。為此，他曾在《論教育之宗旨》裡，把孔子、曾子以及國外學者的觀點融合在一起，做了細緻的闡述和分析。

小知識

利昂納‧巴蒂斯塔‧阿伯提（西元1404年～西元1472年），義大利建築師、建築理論家。他一生致力於理論研究，並首次提出空間表現應基於透視幾何原理，強調實物觀摩、寫真傳神、面向自然及集聚素材創造理想典型等問題，奠定了文藝復興美術現實主義和科學技法的理論基礎。著有《論繪畫》、《論建築》、《論雕塑》等。

巴爾札克寫作
揭示了表現主義美學精神

表現主義的觀點主張藝術是精神，是表現而非再現，它反對以呆滯的印象主義來表現世界觀，拒絕表現那些虛假的偽裝。主張突破事物表面的物質形象，而去表現內裡的精神本質；主張拋棄客觀層面上的臨摹，而努力去表現主觀的情感世界。

巴爾扎克雖然是法國著名的大文豪，可是他的一生卻窮困潦倒。為了改變困境，他曾試著做生意，可是初次經商便慘遭失敗，不僅沒有賺到錢，還欠了很大一筆債。

反正過慣了沒錢的日子，巴爾扎克倒也並不覺得太難受，因為他的興趣在寫作上，他每天至少工作十二個小時，不累到極點絕不離開桌案。

一天晚上，他寫累了，便躺在床上休息。這時一陣悉悉索索的聲音傳來，他睜眼一看，發現是一個鬼鬼祟祟的小偷正在翻他的箱子。看到小偷緊張的樣子，巴爾扎克竟然哈哈大笑起來，然後說道：「你就別翻了，這箱子我早就翻了好幾遍了。」

「你比我還窮。」小偷轉身欲離去，巴爾扎克又說：「順便把門給關上。」

「又沒錢，關不關門有什麼用？」

「我那門是用來擋風的。」

越窮就越想發財，巴爾扎克時常幻想著自己變成了一個大富翁。有一次，他夢見自己的小說又出版了，這時一個有錢人來找他說：「我要買你的小說，我這

抽屜裡全是錢，你要多少都行。」

巴爾扎克興奮地從他那簡陋的床上躍起，卻跌倒地上，摔得很疼。

無論是現實的殘酷，還是夢中虛擬的富有，都沒改變巴爾扎克那樂天派的性格，以及他酷愛寫作的本質。有一次，幾個朋友來到家裡，朋友們聚在一起談天說地非常熱鬧，而巴爾扎克也沉浸在其中，興奮不已。可是他的話剛說了一半，卻突然停止了，然後拍著自己的腦袋罵道：「你這個該死的傢伙，就知道在這裡胡扯。」

眾人不知所云，都疑惑地看著巴爾扎克，這時又看見巴爾扎克滿臉堆笑地說：「對不起，我要去寫我的小說了，你們繼續聊吧！繼續聊。」

癡迷於寫作的巴爾扎克經常沉浸在自己的小說裡，甚至把現實與小說混為一談。他曾在一部作品裡提到過一匹白色的駿馬，後來這匹馬被他送給朋友了，幾個月以後，那位朋友來訪，巴爾扎克開口就問道：「我送你的那匹馬怎麼樣了？」

朋友茫然，而此時的巴爾扎克卻恍然大悟，繼而哈哈大笑。

表現主義的觀點主張藝術是精神，是表現而非再現，它反對以呆滯的印象主義來表現世界觀，拒絕表現那些虛假的偽裝。主張突破事物表面的物質形象，而去表現內裡的精神本質；主張拋棄客觀層面上的臨摹，而努力去表現主觀的情感世界。

表現主義者弗里德里希說，目光在一瞬間所看到的，是事物真實的一面，但是這樣的真實只是最初的感官印象，只存在於表面。要想反映出更深一層的真實，則需要表現靈魂深處的一些感受，它包括一些獨到的感悟和強烈的撞擊，這

是內心世界的思想，它不在事物表面，需要閉上雙眼，打開心靈去傾聽。

　　一九〇六年，藝術家們在慕尼黑的新美術家協會的宣言中，闡述了這樣的觀點：藝術家要在外觀印象的基礎上，不斷地追求和發現內在的本質，以尋求表現更深一層的內涵。法國藝術理論家康定斯基在他出版的《論藝術的精神》中說道，畫家是一個創造者，他的責任不能只停留在模仿的基礎上，而要把表現事物的本質當做藝術的目的。

　　表現主義大量使用主觀幻覺、夢境和錯覺，以及扭曲變形等手法來表現生活。在語言風格上，表現主義是一種冷漠旁觀的態度，用簡明扼要的文字來敘述，而不是描寫和議論。此外，為了能夠有效地表達出人物內心世界的激烈，還會常常引用一些超乎常理的行為和情緒，這同樣是表現主義特有的風格。

小知識

李奧納多‧達文西（西元1452年～西元1519年），義大利文藝復興時期最負盛名的美術家、雕塑家、建築家、工程師、科學家、科學巨匠、文藝理論家、哲學家、詩人、音樂家和發明家。主要畫作有《岩間聖母》、《最後的晚餐》、《聖母子與聖安娜》和《蒙娜麗莎》等。

芝諾的悖論和圓圈論
體現了美學中有知與無知

對於審美對象來說，美是它的尺度，而美的尺度是美感。從整個世界審美的範圍標準來看，如果審美對象不能夠轉化成美感的話，就無法確定它是否能夠以美學的理論來定位。而美感若沒有審美尺度來衡量它，也就只能靠上帝或者神父來下結論了。

芝諾是古希臘偉大的數學家和哲學家。

一天，他的一個朋友來找他，請他來解釋一個問題。朋友說：「我跑步的速度應該是很快的了，可是有一次，我遇見一隻烏龜，牠竟然不服氣，並且傲慢地跟我說：『你以為自己跑得很快嗎？可是你連我都追不上。』於是，我就跟烏龜賽跑。為了禮讓烏龜，我讓牠先跑一百公尺，然後我再開始跑。可是就像烏龜說的那樣，當我跑到一百公尺處時，牠已經往前爬行了十幾公尺，看起來我與牠的距離越來越近。可是等我跑到牠的位置的時候，牠又往前爬行了一段距離，這就是烏龜所說的，我追不上牠的道理。可是這到底該怎麼解釋呢？」

芝諾說：「假設你跑完一百公尺用十秒鐘，那麼此時烏龜已經又爬了十公尺。如果嚴格按照時鐘來計算的話，你要趕上烏龜，只需再跑一秒鐘就可以了。從實際上講，你是能追得上烏龜的。但假設時空是無限可分的，你與烏龜的運動也是永遠不止的話，你們之間的距離雖然在一點一點地縮小，但是卻永遠存在。這就是說，你永遠也趕不上牠。」芝諾用他自己的悖論解釋了這個現象，但現實中時空並不是無限可分的，運動也不是連續的，所以他是以一種假想的方式來解釋這個現象的。

有一次，他給學生們上課，有同學問道：「老師，你的知識比我們的多得

多，你回答和解釋問題總是那麼準確，可是你為什麼還經常對自己的解釋有些懷疑呢？」

為了具體地回答學生的問題，芝諾在黑板上畫了一大一小圓圈，告訴同學們說：「大圓圈代表我所知道的知識，小的則代表你們所學的知識，而圓圈外面的部分是我們都不瞭解的。看看，大圈的周長比小圈長，這就是說，我所接觸到的無知比你們也多得多。」

對於審美對象來說，美是它的尺度，而美的尺度是美感。從整個世界審美的範圍標準來看，如果審美對象不能夠轉化成美感的話，就無法確定它是否能夠以美學的理論來定位。而美感若沒有審美尺度來衡量它，也就只能靠上帝或者神父來下結論了。

眼睛和耳朵，一個能聽到音樂，一個能看到事物的形象，進而享受到美的感覺。而這些感覺，就是能夠證明自身本質力量的感覺。眼睛和耳朵是從原始社會發育起來的，從實質上說，它並不比嬰兒的能力大多少。普列漢諾夫曾經這樣論述審美：動物跟人一樣，能夠感覺到審美當中的快感，相同的道理，人類跟動物的趣味是一樣的。但是這樣的結論是從達爾文的生物學中得來的，它不該被沒有原則地運用到以社會學的角度研究審美。

審美的狀態一旦與人性相聯繫，就轉變成人的審美感覺了。

小知識

芝諾（西元前490年～前425年），希臘著名的數學家、哲學家。他常常用「歸謬法」從反面去證明：「如果事物是多數的，將要比是『一』的假設得出更可笑的結果。」他用同樣的方法，巧妙地構想出一些關於運動的論點，他的這些議論，就是所謂「芝諾悖論」。芝諾有著作《論自然》。

單相思的蕭邦
注重形式主義美學

形式主義美學所注重的關鍵是線條、形體、顏色、聲音以及文字等，這些要素組成的關係之間含有一種獨特的韻味，只有這樣的韻味才能激發起人們的審美感覺。它與美學所注重的完全模仿和真實再現物體形態的縱然主義是相對立的。

蕭邦八歲生日後的第三天，也就是一八一八年二月二十四日，華沙協會的名流們籌劃了一場慈善音樂會。在這個音樂會上，年僅八歲的蕭邦舉行了生平第一次的公開演奏，演奏非常成功，在座的貴族都為這個孩童叫好喝采，蕭邦一夕成名。

經過這次演奏後，蕭邦被世人譽為「莫札特再世」，名聲迅速傳遍了華沙。當時，蕭邦在酒鬼老師懷契夫・琪凡尼門下學習音樂，深得老師的喜歡。

一八二一年的某一天是他的老師懷契夫・琪凡尼的命名日，為了對老師表示慶賀，年僅十一歲的小蕭邦欣然寫了一首波蘭舞曲，獻給了老師。這令老師非常開心，作品也得到了老師的肯定。第二年，他告別自己的老師，來到華沙音樂學院，拜院長約瑟夫・艾爾斯納為師，正式學習作曲。

蕭邦從小就嚮往音樂聖地維也納，一八二八年七月，蕭邦與三個朋友相約來到維也納。維也納是海頓、莫札特心中的聖地，一年前，舒伯特和貝多芬也在這裡。大師彙聚之地自然令年輕的蕭邦靈魂抖顫不已，為自己能把足跡印在這樣的地方，感到無比的驕傲和自豪。他在維也納舉辦了兩次專場演奏會，憑藉優美的演奏風格、突出的即興演奏才華，博得了觀眾陣陣的掌聲和無數的喝采。維也納

的音樂評論界也對蕭邦的藝術才華頻頻稱讚，對他的演奏給予很高的評價。

秋天來臨的時候，蕭邦離開維也納回到了華沙。這時他才發現，有一位美麗的女子悄悄闖入了自己的心扉。這位美麗的女子剛從華沙音樂學院畢業，她的名字叫康絲坦翠，不僅歌聲美妙，而且容貌美麗，氣質高雅，是一位才華出眾的美女。

年輕的蕭邦雖然對康絲坦翠產生了無盡的愛慕之情，但他性格內向羞澀，心生畏怯，不敢對她大膽表白，只能把美好的感情埋在心裡，默默地單相思。他唯一剩下可以抒發情感、表達心曲的方式，就是用鋼琴和五線譜上那美妙的樂曲了。為此，蕭邦被炙熱的情感激發出巨大的創作靈感，當他創作的《F小協調奏曲》的第二樂章慢板完成時，他終於徹底表達了自己內心深處那如火山般洶湧的愛。

今天，當全世界所有的樂迷們，以一種陶醉的心境來撫琴彈奏或者側耳聆聽《F小協調奏曲》時，有誰會想到，這就是未滿二十歲的蕭邦在無從表白卻有激情似火的情感驅使下，所創作的優美華章呢？

形式主義美學所注重的關鍵是線條、形體、顏色、聲音以及文字等，以這些要素組成的關係之間含有一種獨特的韻味，只有這樣的韻味才能激發起人們的審美感覺。它與美學所注重的完全模仿和真實再現物體形態的縱然主義是相對立的。

在西方國家，形式主義一直被看做是美學史上的主流思想，甚至一些現代文學的結構主義、格式塔美學、符號主義和現象學，以及文學理論中的新批評運動，都含有一定的形式主義。在文學領域的形式主義，指的是語言的聲音模式以及暗喻的一種意象，最早由古希臘的詭辯派提出的。他們把形式主義引入詩歌

中，認為在詩歌中，用聲音、節奏和豐富的辭彙所表達出來的情感，比豐厚的內容更有感染力，前者是用一種形式來表達，而後者是累積性描述事物的原型，二者有本質的區別。所以判斷一首詩是否成功，最有說服力的就是看它是否存在令人感官愉悅的聲音。

十八世紀英國的美學理論家就曾經提出，美的產生其決定因素是事物本身形式的變化，以及數量多少之間的相互制約。德國藝術家溫克爾曼也曾經說過，無論從哪種藝術角度來說，真正的美都是有幾何形體的。而康德則說，藝術的美，它的本質無疑是形式的。

這樣的觀點，使美學家們認識到，藝術上的美是一種創造性的再現。如果一味遵循模仿的手段，就只是把事物停留在再現的基礎上，而使作品少了藝術性，沒有藝術性的作品就沒有任何的藝術價值可言的。

小知識

伊比鳩魯（西元前341～前270年），古希臘哲學家、無神論者、伊比鳩魯學派的創始人。他認為快樂是生活的目的，是天生的最高的善。人是以個人快樂為準則的生物，生活的目的就在於解除對神靈和死亡的恐懼，節制慾望、遠離政事，審慎地計量和取捨快樂與痛苦的事物，達到身體健康和心靈的平靜。

自殺的海明威
為精神分析美學出了一個難題

本我、自我和超我是精神世界的三大狀態，它們之間一直相互滲透、相互制約、相互轉換著。在這個轉換的過程中，無意識的主流意識最強大，而意識的作用是微弱的，後者在很多情況下，非但起不到制約的作用，反而會被前者的本我意識所支配。

十九歲的瓦萊麗被新聞社安排採訪海明威，當時海明威來西班牙是為了觀看鬥牛比賽，在他下榻的飯店裡，瓦萊麗見到了這個大名鼎鼎的作家。

由於報社方面為瓦萊麗提供的海明威資料並不周全，致使採訪一度陷入尷尬的困境，當瓦萊麗問：「我知道二十年前您曾經來過這裡，那麼是什麼原因使您又重返這裡呢？」

海明威並沒有回答重返的原因，而是更正說：「我離開這裡沒有二十年，五年前我就回來過。」

計畫好的採訪行程被打亂，下面瓦萊麗不知該如何繼續，這時候海明威打破了尷尬的局面，向瓦萊麗盤問起她的工作生活以及愛好。

話題沒有約束，想到哪裡就說到哪裡，當前鬥牛比賽正是最熱鬧的時候，他們的話題自然也就說到了鬥牛。海明威喜歡看鬥牛，採訪結束的時候，他要求瓦萊麗留下聯絡方式，希望以後有機會能夠邀請她一同觀看鬥牛。

留下了聯絡方式，海明威便不斷邀請瓦萊麗看比賽、旅遊、參加宴會等。而對於作家的這種態度，瓦萊麗心裡既有些激動又有些不安，畢竟海明威是著名的

海明威在撰寫作品。

作家，而自己只是一個報社的員工。後來海明威要求瓦萊麗為自己的文章做打字工作，瓦萊麗這才算名正言順地留在海明威的身邊。

在西班牙觀看鬥牛的那段時間，海明威過得非常愉快。一段時間以後，比賽結束了，接下來他們揮淚送別，相擁而泣。幾個月之後，兩人都收到了對方的來信，除了互訴思念以外，彼此都感到了離開對方，自己的生活是那樣的傷感和空虛，並且都明白自己已經深深愛上了對方。

愛情的力量使瓦萊麗不顧一切隻身前往古巴，開始陪伴在海明威身邊。在此後的兩年時間裡，瓦萊麗做為他的私人祕書，記錄了海明威曾說下的每一句話。海明威喜歡游泳、喜歡釣魚，還經常在自己的住所接見了很多當時的名人以及政界要員，《危險夏日》便是在這樣的狀態下完成的。

隨著古巴與美國之間局勢日益惡化，海明威也變得心事重重，隨之而來的就是眼科醫生為他開出的診斷報告，告訴他眼部的疾病還在繼續發展惡化，這些壞消息讓海明威的情緒更加抑鬱和低落。

一九六〇年十月，兩人雙雙返回西班牙，而這一次旅行結束，海明威返回古巴，瓦萊麗則留了下來。或許兩人感覺到永別的日子已經不遠，所以分手的時候，他們都做了充分的心理準備，因為他們都清楚此刻對方心裡在想什麼。

九個月後，海明威的死訊傳來。

一個人的精神活動由有意識和無意識兩部分組成，這其中，有無意識只佔很

小的部分，而真正的決定因素是無意識部分。它就像隱藏在大洋底下的暗流，無時無刻不在激烈地湧動。為了能夠更加清晰地表述二者之間的作用，佛洛伊德曾經系統地做過一個分析，第一是本我，本我處在意識的最底層，屬於無意識，它來自於性以及性衝動。但是性是原始的本能，不受任何邏輯、思想、道德習慣的制約，它真實表現本質的慾望，並在意識深處總是以追求平衡的狀態出現，而本我意識的是否平衡，就能夠決定人的情緒是否愉快。

自我所代表的是意識層，是有意識的思想，它總以清醒的狀態面對現實，對本我的衝動加以約束和控制，以便能夠更好地把握與自然和環境鬥爭的能量。

除了本我和自我以外，還有第三種狀態，就是超我。超我指的是在原始的本我狀態下，產生性衝動以後，由自我對其進行反省，然後向道德、宗教和審美等理想形態的昇華，這是一種代表著道德意識和思想規範的一種意識。

佛洛伊德認為，本我、自我和超我是精神世界的三大狀態，它們之間一直相互滲透、相互制約、相互轉換著。在這個轉換的過程中，無意識的主流意識最強大，而意識的作用是微弱的，後者在很多情況下，非但起不到制約的作用，反而會被前者的本我意識所支配。

小知識

路德維希‧維根斯坦（西元1889年～西元1951年），英國哲學家、數理邏輯學家、語言哲學的奠基人。他主張哲學的本質就是語言，語言是人類思想的表達，是整個文明的基礎，哲學的本質只能在語言中尋找。他消解了傳統形而上學的唯一本質，為哲學找到了新的發展方向。

珠光禪師論茶道
表現了分析美學的語言風格

從分析哲學裡分流出來的「邏輯分析哲學」與「語言分析哲學」兩大體系中，分析美學主要偏向於後者，因為它是從語言的角度來分析美學問題的。

在日本，有一個很出色的禪師，叫珠光。珠光悟性很高，尤其是在一休門下修行的時候，進步很快，可是他有一個毛病，就是愛打瞌睡。特別是在坐禪的時候，大家都在聚精會神地誦經，可是他卻不知不覺睡著了。這樣的事情發生了很多次，他覺得很難為情，於是就到處求醫，希望能治癒這個毛病。

有個大夫告訴他：「茶可提神，不如你早、晚各喝一碗茶，或許能對症。」

珠光聽從了大夫的建議，於是開始飲茶，這個辦法果然奏效，從那以後，珠光打瞌睡的情況就很少發生了。不僅如此，他在喝茶的過程中，還逐漸摸索出一些規律，比如有的茶苦，有的澀，有的適宜細酌慢飲，喝下去回味悠長，而有的則解渴清肺。

茶道。

珠光在茶中慢慢地尋找規律，並制訂出好幾套茶規茶道。

一天，一休來找他，向他問道：「你認為喝茶最好是什麼心情？」

「我們喝茶的時候，應當抱著一種平心靜氣的心態，這樣最宜。」

這時候，侍者遞給一休一碗茶，可是一休剛接過來，就將茶碗狠狠地摔在地上，茶碗碎裂，茶水灑地，侍者大惑不解，而珠光卻見狀不語。

一會兒，珠光站起身欲走，這時一休叫住他：「珠光，以你剛才所說，現在你該以哪種心情喝茶？」

「喝的是茶，品的是世間百味。」

珠光的隻言片語，讓一休頓時明白了，眼前這個曾經很愛打瞌睡的珠光此時是真的開悟了。於是，他宣布珠光修行完畢，圓滿出師。

在二十世紀英、美及歐洲各國的美學流派中，分析美學一直佔據主流位置，即便是處於現代美學的當今社會，它的作用也是舉足輕重，不可忽視的。

從傳承的角度來看，分析美學繼承的是盎格魯‧撒克遜的思想理論。它的發展軌跡是這樣的：從定義上來說，分析美學算不上是哲學，只能算是解決和解釋哲學問題時可以套用的一種模式。從分析哲學裡分流出來的「邏輯分析哲學」與「語言分析哲學」兩大體系中，分析美學主要偏向於後者，因為它是從語言的角度來分析美學問題的。語言分析哲學由於分析美學的加入，而使它的內容更加完整和豐富。

分析美學的語言風格並不是統一的，語言哲學只是做為分析哲學領域的一個分支，與具有高度方法論意義的分析哲學有著天壤之別，不過因為分析語言的獨特意義，它與分析哲學的其他學科一樣，被傳承保留下來。這可以表現在如下幾

方面：研究哲學的目的就是分析思想結構；思想的研究與思維的研究是兩個截然不同的概念；對於思想的分析很大程度上就是關注語言的分析。

由此得出，分析美學主要是以分析語言的方式來論證藝術哲學的問題，它的關注領域受到哲學領域的限制，同時也證明了分析美學是分析哲學的一種套用工具的說法。

小知識

斯賓諾莎（西元1632年～西元1677年），荷蘭哲學家、西方近代哲學史重要的歐陸理性主義者。斯賓諾莎認為，一個人只要受制於外在的影響，他就是處於奴役狀態，而只要和上帝達成一致，人們就不再受制於這種影響，而能獲得相對的自由，也因此擺脫恐懼。斯賓諾莎還主張無知是一切罪惡的根源。

割草男孩打電話求證
屬於現象學美學的範疇

現象學美學認為作品是特殊的意向性審美客體。所謂意向性，是指這種客體是為了滿足某種需求或者目的而特意創造出來的，它既不是單純的實物，也不是單純的意識，這種創造和現實有一定的關聯，但又不屬於同一類別。

凱西在大學裡讀的是心理學，因為家庭經濟狀況不是太好，所以他打算在業餘時間靠打工來貼補生活。透過一個家政服務機構的介紹，他接受了一份為人家修理草坪的工作。

這家女主人態度很和藹，但話很少。凱西工作的時候，她只是牽著自己的白色瑪爾濟斯犬在房子周圍散步，偶爾坐下來遠遠地看著。

凱西平生第一次打工，心裡不免有些緊張，怕自己做得不好，會遭到女主人的嫌棄。他經常偷偷觀看女主人的表情，但是她只是看她的愛犬，別的什麼也不說。

這天早上，凱西突然冒出一個想法。他從床上坐起來，撥通了枕邊的電話，「嘟，嘟」幾聲過後，那邊就有人接電話了。

「哈囉。」一聽這聲音，就知道是女主人。

「您好，我想問一下，您那裡需要一位割草工嗎？」

「我已經有割草工了。」

「是這樣的，除了修整草坪以外，我還可以剷除花園那些野生的雜草。」

「這些工作我的割草工也都做了。」

「我還會修剪花朵植物的枝杈，讓它們看起來更協調和優美。」

「這些都不用了，因為我的割草工把這一切都做得很好。」

「那好吧！太太，看來妳有了一個很優秀的割草工。」

「是的，我所能想到的，他全做到了。」

放下電話，凱西如釋重負。這時他的室友問他：「你不就是在她家做割草工嗎？」

「我打電話給女主人，不過是讓她肯定一下我的工作做得有多好。」

說完，凱西把手邊的一本書扔上去又接住，然後滿意地笑了。

現象學美學認為，作品是特殊的意向性審美客體。所謂意向性，是指這種客體是為了滿足某種需求或者目的而特意創造出來的，它既不是單純的實物，也不是單純的意識，這種創造和現實有一定的關聯，但又不屬於同一類別。

現象學美學所重視的是作品的存在方式和結構，波蘭美學家把作品分為聲音、意群、系統方向和意向性四個結構層次，這四個層次首尾相連，既互相照應，又互相制約，構成一個完整的體系。意群指的是作品整個的意義系統，系統方向指的是作品所要表現的層面，意向性指的是作品被圖式化的各個圖像層。

從作品虛擬的結構來說，它包含了很多不確定因素和一些假設性的空白點，這是它與現實世界時的區別。而現象學美學注重作品與讀者的關係，要求讀者在閱讀作品的時候，對這些虛擬的因素加以分析、填補和重建，以使作品所要表達

的意思清晰化、具體化。但是這個填補和重建的過程不是隨意的，它要遵循作品四個層次的限制，不能偏離這個介面。

這種方式給西方的美學研究產生了不可估計的影響，並由此開啟了解釋學美學和接受美學的大門。

現象學美學既不追求用傳統的審美方式來把握作品，也不採用心理美學的方式來歸納作品，而是憑著一種特殊的感覺——直覺來審美。儘管現象學美學表面上與美學關係異常親密，但是由於現象學本身就不是一個統一的哲學流派，所以現象學美學也是多面化的。

小知識

馬丁・路德（西元1483年～西元1546年），十六世紀歐洲宗教改革宣導者，新教路德派創始人。該教主張「唯獨因信稱義」，即認為人是憑信心蒙恩得以稱義，人們可以無懼地站在上帝面前，不必恐懼罪惡、死亡和魔鬼，也不必因相信自己是有功才得救而驕傲。

雨果和歌德用書信
驗證符號論美學

二十世紀五〇至六〇年代，在法國的哲學家凱西爾給符號學制訂的結論中，認為符號是由人類來創建的，人們在日常生活中，透過符號來瞭解環境、反映生活、把握世界。

維克多‧雨果是法國浪漫主義作家，人道主義的代表人物。他幾乎見證了發生在十九世紀法國的所有重大變革，因此他的小說具有鮮明的超現實主義色彩，語言尖銳，充滿諷刺與批判，尤其是《悲慘世界》。這部作品寫的是一個叫尚萬強的窮孩子，為了救活姐姐的孩子而去偷麵包，不幸被當場抓住，因此被送進監獄。又因幾次逃獄不成而被加重刑期，多判了十五年，僅僅一塊麵包獲刑十九年。這個可憐的人出獄以後，生活雖有偶爾的轉折，但是終究改變不了命運，最後一個人孤孤單單走完了一生。

這本書寄出去以後，很久都沒有收到出版商的消息，雨果有些焦急，他用了一個極為含蓄的方式向出版商詢問了一下，信是這樣寫的：「？──雨果。」

維克多‧雨果。

很快，他收到了出版商的回信，也是一個很含蓄的回答：「！──編輯部。」出版社用一個感嘆號告訴雨果，這將會是一部驚世之作，已在出版。

用符號來代替語言並不是雨果的獨創，十八世紀德國著名的劇作家、詩人歌德也曾經用符號與朋友交流。有一次，朋友寄給歌德一封信，打開一看，上面就一行字，寫的是：「我很好，你的N。」除此之外，信封裡還有很多其他的紙張，但都是沒用的廢紙。

看到這樣的信件，歌德欣慰地笑了，幾天以後，他也以這樣的形式給朋友回覆，他把一塊石頭放進信封裡，然後附上一張字條：知道你身體很好，我心裡這塊石頭總算落了地了。

二十世紀五〇至六〇年代，在法國的哲學家凱西爾給符號學制訂的結論中，認為符號是由人類來創建的，人們在日常生活中，透過符號來瞭解環境、反映生活、把握世界。

在蘇珊‧朗格的符號學理論中，同時吸收了凱西爾的情感邏輯，而摒棄了凱西爾理論中形式的一面，同時又博採眾家之長，吸收了表現主義、直覺主義和精神分析學美學等諸家思想，希望能從科學以及藝術的角度中尋找一條途徑，來解釋藝術作品上一系列的難點和問題。

相對來說，凱西爾僅僅是從哲學的角度來解釋藝術結構的本質，而蘇珊‧朗格則著力於研究藝術的創造及形成。

研究作品的創造性，就是對作品本質結構的進一步探索和發現，對它的研究有很重要的意義。首先用符號論來解釋人類情感與生命的統一，一個完整的生命機體，它同時具有同化作用和新陳代謝功能，而一件藝術品要想達到激發人類心靈美感的效果，變成一個與生命本身具有相似特徵的形象，使藝術作品變成一個

投影或者是符號展現在人們面前,以情感的形式把它描繪出來。

　　世界上能夠代替生命進行展現和表達的符號,與被表達對象之間都只是一種相似的關係,人們所注重的只能是這兩者之間。所以說,用來建構表現藝術的形式或者是藝術品本身,與被表現對象之間,也只是一種象徵性的關係。

小知識

魯道夫‧卡爾納普(西元1891年5月18日～西元1970年9月14日),美國哲學家,邏輯實證主義的主要代表。他受羅素和弗雷格的影響,研究邏輯學、數學、語言的概念結構,是經驗主義和邏輯實證主義代表人物。主要著作有《世界的邏輯構造》、《語言的邏輯句法》、《語義學導論》、《邏輯的形式化》等。

小提琴的故事
體現了海德格存在主義美學的觀點

一件成功的藝術作品，本身應該具有被表現的事物的特性和要素，這是最基本的構成部分，除此之外，還有超出或者是高於物性本身的東西，才是藝術的根本。簡而言之，就是要在作品中尋找到這樣的真理。這裡所謂的真理，不是傳統哲學上的真理，而是一種「存在」的顯現，這種顯現不需要作者故意置入，而是要經由自動的存在而主動顯現。

有一天，韋恩·卡林的父親把他叫到起居室，交給他一把嶄新的小提琴，並對他說：「一旦你學會了，它就會陪伴你一輩子。」

後來母親告訴他，這把小提琴是祖父買給父親的，可能是由於農場的工作太忙碌了，他從沒有學過拉琴。父親對此懷有深深的遺憾，所以才對他說了那句話。韋恩·卡林努力想像著父親粗糙、佈滿老繭的大手，放在雅致精美的小提琴上會是什麼樣子。

接著，父親把韋恩·卡林送到了小提琴學校。老師要求他每天練習拉琴半小時，這對他來說，無疑是一種折磨。韋恩·卡林滿腦子想的是如何偷懶，他給自己設計的未來，就是到廣闊的草地上盡情地踢球，而不是憋在狹小的房間裡，學習那些過目就忘的繁瑣曲子。可是他每次從琴房逃走，都被他的父母毫不留情地捉回，然後送到學校練琴。

也許是熟能生巧，過了一段時間，連他自己也很吃驚，他竟然能夠將那些簡單枯燥的音符連在一起，拉出一些簡單的曲子了。為此，在晚飯後，父親經常躺在安樂椅上，要求他拉上一、兩支曲子，既是對他的鼓勵，也是一種無聲的鞭策。他經常拉給父親聽的兩首曲子是《啤酒桶波爾卡》和《西班牙女郎》。

241

一年一度的秋季音樂會很快就要到了，父親要求他要在舞臺上獨奏。為此，他和父親產生了分歧。

韋恩‧卡林說：「我不想一個人獨奏。」

父親卻堅定地說：「你一定要獨自演奏。」

韋恩‧卡林突然提高嗓音說：「為什麼？難道就因為你小時候沒有機會拉過小提琴？而我就得拉這蠢笨的東西，來為你實現夢想嗎？」

父親聽後並沒有生氣，而是意味深長地對韋恩‧卡林說：「你一定要獨奏，因為我相信你能把歡樂帶給人們，你的琴聲能觸及到人們的心靈。這樣的神聖禮物，我怎麼會任由你放棄呢？」

停頓了一下，父親又接著溫和地說：「有一天你就會明白，你將會擁有我從未曾有過的美好機會，因為你將能為你的親人演奏出非常動聽的樂曲，那時你自然就會知道現在所有努力的深意。」

父親的話讓韋恩‧卡林沉默不語，他還是第一次聽到父親這樣動情而深刻地談論這件事情。他體會到了父親的良苦用心，從此加倍練習，再也不需要別人督促了。

音樂會開始前的晚上，母親前所未有地精心化了妝，戴上熠熠發光的耳環和項鍊。父親也早早趕了回來，穿上了平時捨不得穿的西裝，並打上了一條鮮豔的領帶，還用髮油把頭髮梳理得油光滑順。

來到劇院，韋恩‧卡林才強烈意識到他是多麼迫切地渴望父母為他驕傲和自豪。輪到韋恩‧卡林上臺演出時，他拉起《今夜你是否寂寞》的曲子，並且演奏得忘情而投入。演奏完畢，全場立即響起了雷鳴般的掌聲，直到大多數掌聲都已平息，韋恩‧卡林看到父母的雙手還在拍著。

這時他才感受到藝術的強大魅力，此刻他又想起了父親的話：「能夠撫慰你

所愛的親人的心靈，是送給親人最珍貴的禮物。」

　　海德格認為，傳統的哲學，其錯誤在於混淆了存在者和存在是無根的本體論。這種原則的弊端，就是造成了主體與客體之間的對立，以及人與世界的距離。這種把一切事物都當作可以掌握的對象來佔有的原則，最終促成了社會上物慾橫流、人性喪失的發展狀態。海德格的哲學，所反對的就是這種形而上學的傳統觀念，反對用一切手段來統治人類，主張人類彰顯自己、恢復真實的自我本性。

　　在美學方面，他認為一件成功的藝術作品，本身應該具有被表現的事物的特性和要素，這是最基本的構成部分。除此之外，還有超出或者是高於物性本身的東西，才是藝術的根本。簡而言之，就是要在作品中尋找到這樣的真理。這裡所謂的真理，不是傳統哲學上的真理，而是一種「存在」的顯現，這種顯現不需要作者故意置入，而是要透過自動的存在而主動顯現。

　　藝術作品是人類用來表達對世界觀看法的手段之一，它並不拘泥於真實的反映現實生活。真正的藝術創作對於作者本身來說，永遠是一件未完成的作品，它的隱喻是對讀者的一種召喚，召喚讀者把自己感情和靈魂與作品結合在一起，進而使藝術作品有了生命力。

小知識

尚‧保羅‧沙特（西元1905年～西元1980年），法國二十世紀最重要的哲學家之一、作家、存在主義的代表人物。他認為「存在主義是一種人道主義」，其代表著作有《存在與虛無》、《辯證理性批判》等。

托爾斯泰玩單槓
玩出的社會批判美學

「法蘭克福」學派雖然不否定科技在社會發展中所起到的作用，但是並不認可這種作用給社會的發展帶來了什麼實際的意義。他們努力將馬克思與佛洛伊德結合起來，進而形成自己獨立一派的社會批判學理論，並把這種社會批判學理論稱作是社會批判美學。

托爾斯泰經常在家裡會見來訪的朋友。

托爾斯泰。

一次，一個青年來拜訪他，托爾斯泰建議兩人出去走走。在附近公園裡，有一副單槓，青年為了顯示自己敏捷的動作，隨即跑過去雙手握住單槓，一躍而起，上下連續做了幾個動作，然後很優美地從單槓上落下來。

托爾斯泰對青年的俐落動作很讚賞，年輕人說：「伯爵先生，對於你這樣喜歡寫作的人來說，恐怕不練習單槓吧？」

托爾斯泰微笑著走到單槓下面，用雙手抓住單槓，只輕輕一躍，整個身體便架在單槓上面。他在單槓上面很輕巧地做了幾個翻身，然後前迴

轉、後迴轉，都做得很自如，當他從單槓上輕輕落地的時候，竟看不出氣喘，驚得年輕人下巴都掉下來了。

其實年輕人不知道托爾斯泰是一個非常喜愛運動的人，不僅僅是單槓玩得好，他還喜歡騎馬、游泳、打獵、划船等運動。

為了寫作，托爾斯泰有時候會在農民家裡一住就是半年。住在鄉下的托爾斯泰就把自己當成是一個道道地地的農民，跟他們一起蓋房子、割草、挑水、鋸木頭等。

托爾斯泰對年輕人說：「一個人就好比是一個分數，分子是你自己實際的能力，而分母則是添加了幻想的能力。分母越大，分數就會顯得越小。所以說，一個人對自己要量力而行，切不可妄自菲薄，否則的話，分數會變得小之又小，甚至到零。」

現代的科技進步，和隨之而來的統治方式、社會制度的完善化會給社會造成一種沒有對立面的狀態，這樣的狀態就叫做「單向度」。單向度指的就是沒有對立面，或者是沒有否定面的社會。

《單向度的人》一書的作者是德國「法蘭克福」學派的領袖人物之一馬爾庫塞。「法蘭克福」學派雖然不否定科技在社會發展中所起到的作用，但是並不認可這種作用給社會的發展帶來了什麼實際的意義。他們努力將馬克思與佛洛伊德結合起來，進而形成自己獨立一派的社會批判學理論，並把這種社會批判學理論稱作是社會批判美學。

由於馬爾庫塞在自己的作品中，不斷的揭露和批判資本主義的弊端和問題，因而，在六〇年代末期，他與馬克思一起被稱為「學術運動的先知」和「青年造反者的領路人」，《單向度的人》一書就是在這樣的形勢下完成的。

　　《單向度的人》的中心思想就是對整個西方國家的形式主義進行了批判。在書中，馬爾庫塞明確地提出，當代社會在技術力量與政治手段的雙重機械化的管理下，其行為和意識已經趨於模式化，科學、技術、哲學、日常思維、政治體制和工藝等各個方面都成了單向度的。人們勞動時間縮短，變得好逸惡勞、貪圖享樂，喪失了無產階級的革命性，資產階級與工人階級不再對立，反而結為一體。馬爾庫塞強烈譴責和批判現代化的科技把人變成了勞動工具，因此，他建議整個社會有必要進行一場新的革命，來改變這種現狀。

小知識

赫伯特·馬爾庫塞（西元1898年～西元1979年），美國哲學家、美學家、法蘭克福學派左翼主要代表，被西方譽為「新左派哲學家」。著有《歷史唯物論的現象學導引》、《辯證法的課題》、《理性與革命》、《愛慾與文明》、《審美之維》等。

海中救援
暗含著結構主義美學的原理

第二次世界大戰期間，俄國形式主義思潮被雅可布森傳播到東歐，與索緒爾的語言學、胡塞爾的現象學、德國哲學家凱西勒的象徵形式哲學結合起來，形成最早的結構主義美學萌芽。

這是發生在荷蘭一個漁村的故事，這個故事讓我們懂得了什麼是愛、什麼是奉獻。

這是一個非常偏僻的漁村，村裡的人世代靠打漁為生，海上風暴無常，有的家庭為此失去了親人，十六歲的男孩漢斯的父親就是在十年前的一次船難中喪生的。

因為時常有海難發生，所以村裡自主組成了一支緊急救援隊，以保證在危急時刻，能夠盡快搭救遇險的村民。

大海的脾氣是反覆無常的，在這個沒有月色的夜晚，海上又颳起了大風。大風吹得桅杆毫無秩序地搖擺，眼看漁船就要被掀翻，這時船上的船員向村裡發出了求救的信號。

接到信號的救援隊長趕緊組織救援，同時村民們也知道了海上漁船所處的困境，便跑到港口處，焦急地等待著。

一個小時以後，出海救援的隊伍回來了。看到親人安全歸來，村民們都激動地跑上前去迎接，這時筋疲力盡的救援隊長說：「那條船上還有一個人沒回來，若再多載一個人，救援船就會有顛覆的危險，那樣所有的人都活不成。」

誰去搭救這最後的那個人呢？這時十六歲的漢斯挺身而出，可是他的媽媽卻死死地抓住漢斯的手臂說：「孩子，你不能去，你父親早在十年前就去世了，現在你哥哥在船上又生死不明，萬一你也有個閃失，我的日子可怎麼過？」

說著，媽媽哭了起來。全村人都知道漢斯家的處境，也都勸漢斯不要去。但是漢斯主意已定，誰也改變不了，他說：「總要有一個人去，大家都不去的話，那麼這救援還有什麼意義？如果大家都退縮，村民以後出海打漁還有什麼安全保障？」

漢斯架著救援船消失在漆黑的大海中，一個小時過去了，大家看到隱約從海邊駛來一艘船。隊長朝漢斯大聲喊道：「漢斯，你找到剩下的那個人了嗎？」

「找到了，告訴我的媽媽，那個人就是我哥哥保羅。」

勇敢的漢斯救回了自己的哥哥，同時也贏得了全村人的敬重。

第二次世界大戰期間，俄國形式主義思潮被雅可布森傳播到東歐，與索緒爾的語言學、胡塞爾的現象學、德國哲學家凱西勒的象徵形式哲學結合起來，形成最早的結構主義美學萌芽。

結構主義美學屬於形式主義美學的範疇，是利用語言本身的結構和模式，來解釋文學現象的一種美學思想，它並不關注作品中展現的客觀世界，而是針對作品的語言和資訊功能進行研究，進而定義出文字的結構、品質，繼而再定義出作品與社會、作者與讀者的關係。

結構主義美學的代表人物是謝克洛夫斯基、R. 雅可布森、托馬謝夫斯基等，在他們看來，一首好的詩歌就是一篇好的文章，其精彩之處就在於語言結構的處理，它包括語言辭彙的運用和修辭技巧的安排。真正的美學所研究的是怎樣表

現，而不是要表現什麼。結構美學的思維方式就是要打破那些守舊的欣賞習慣，克服那些麻木消極的理念，灌輸新的思維，提高人們的審美情趣，努力發展和調動人們的審美意識。

二十世紀六○年代，在法國人類學家克勞德‧李維‧史陀對原始部落社會中的社會現象與社會意識的研究中，就套用了結構主義的語言學，進而創建了結構主義人類學。

小知識

卡爾‧馬克思（西元1818年～西元1883年），政治家、哲學家、經濟學家、革命理論家，馬克思主義的創始人。他最廣為人知的哲學理論是他對於人類歷史進程中階級鬥爭的分析，並大膽地假設資本主義終將被共產主義取代。主要著作有《資本論》、《共產黨宣言》等。

羅梅爾擁有的不是馬克，是藝術美學

藝術美學也叫藝術哲學，是哲學的分支，它的論點是以客觀的唯心主義為立足點，主張藝術和美都是對事物本身的一種象徵和表現。在滿足哲學藝術所規定的條件裡，所有的作品都呈現出一種絕對的永恆美感，這就是絕對藝術。

二〇〇一年，歐元正式在金融界流通，它將取代歐州貨幣聯盟各成員國的貨幣。與此同時，義大利里拉以及德國馬克等都將退出金融舞臺。

回收回來的馬克將放在哪裡呢？德國央行最初的想法是把這些已成廢紙的馬克用碎紙機粉碎，然後焚燒。

當時在德國有一個喜歡色彩設計的藝術大師，名叫羅梅爾。他對顏色和圖案非常感興趣，有一次，他外出講學的時候，看到當地人用樹葉創作的色彩斑斕的幾何圖形，便給了他很大的啟發。回到家以後，他就想，能否利用廢棄的馬克進行藝術創作呢？因為馬克本身就有獨特的色彩，如果加上精心的設計，肯定會有意想不到的效果。

考慮成熟以後，羅梅爾向央行提出利用馬克進行創作的要求。雖然當時馬克已經被切割成紙屑，屬於毫無用處的東西，但是羅梅爾的計畫依然讓央行的工作人員吃了一驚。為了證實自己的目的，羅梅爾不得不向他們出示自己的獲獎證書，以及帶領他們到自己曾經舉辦過畫展的地址去看。經過一系列的證實，央行最後終於相信，羅梅爾索要粉碎的馬克的確是用來進行藝術創作的，他們派了保安，把十億馬克的碎屑送到了羅梅爾臨時找來的廢棄廠房裡。

羅梅爾首先把這些碎屑壓製成磚頭大小，它們一塊一塊堆起來簡直像一座小山。然後，羅梅爾就經常在空暇時來到廠房內，用小剪刀、膠水以及鑷子等工具，開始了想像中的圖案創作。

那些本來沒有生命的碎屑，經過羅梅爾的精心安排，便又重新煥發了生機，以另一種形態呈現在人們面前。想想這些碎紙幣曾經給人們帶來過那麼多的希望、痛苦和夢想，如果就此變為灰燼，那就太可惜了。

而用另一種形式把它們的生命重新呼喚出來，既是對藝術的昇華，更是一種對生活的紀念。

羅梅爾的構思得到了很多人的回應，不久，就有幾位銀行家上門找他談收購的問題。

藝術美學也叫藝術哲學，是哲學的分支，它的論點是以客觀的唯心主義為立足點，主張藝術和美都是對事物本身的一種象徵和表現。在滿足哲學藝術所規定的條件裡，所有的作品都呈現出一種絕對的永恆美感，這就是絕對藝術。

德國哲學家弗里德里希・謝林說過，包含理念的審美活動就是最高的理性活動，只有在這樣的理性審美狀態下，才有可能發現感知真、善、美的存在。

而所謂的美，正是把科學的真實性和道德的善良性結合在藝術當中，這也就是藝術立於哲學之上的原因所在。哲學家們在領悟宇宙的神祕和世界的真、善、美，是在對藝術的審美當中，而不是在數學邏輯的演算當中。

在藝術哲學所提出的構造說裡，宇宙是一個絕對的精神領域的宇宙，也叫宇宙精神。在這種絕對狀態的作用下，藝術家們的創作是源於天賦、本性，是滿足於自己的創作衝動。

但是這種天賦是上帝賦予的，而藝術哲學宣導者正是要突破和摒棄這樣的感性認識，而將其與無限的宇宙本身相結合。只有這樣，才能更有力地把握生存的根本，而也由此實現了藝術與美的本質在於體現「絕對同一性」的真與善、制約與自由、現實與理想、感性與理性的統一的基本論點。

在美學史上，藝術哲學自有它一套形成原則，首先從感性延伸到精神，然後再逐步延伸，超越物質。同時它被分成兩大派系，一種是現實，包括音樂、建築、繪畫和雕刻等，而另一種是理想，以文學的抒情方式來表達，包括詩歌、戲劇、史詩等。

小知識

奧古斯特‧孔德（西元1798年2月17日～西元1857年9月5日），法國著名哲學家、社會學的創始人。他認為人類社會有統一性，人性中的感性是推動社會發展的動力，人性中的才智則是推動社會發展的工具。理想社會應該是企業家或科學家當主管，用科學來指導生活，沒有戰爭，很有秩序的工業社會。

爵士樂歌手
擊打出暴力美學

「暴力美學」起源於美國，其根本特徵是利用一些暴力手段，來達到人性暴力的一面或者是表現暴力行為。它的另一種表現形式是，將其符號化，但是卻被做為影片或者是藝術作品的審美要素，跟作品緊密地連結在一起。

某天傍晚，在美國田納西州孟菲斯城郊小鎮的路邊，爵士樂歌手拉扎勒斯救起了一個半裸著身體的女孩。她被人打得遍體鱗傷，已經奄奄一息，經過一番辨識，拉扎勒斯認出了這個受傷女孩，大家都叫她雷，她就是小鎮上臭名昭著的、拼命追逐男色的色情狂，常常在濫交舞會上，向那些浪蕩的男人投懷送抱，並為此受到了人們的唾棄。

對於拉扎勒斯來說，他從內心裡就清楚，即便雷的行為如何令人不齒，可是她也是有尊嚴的人。遍體鱗傷、羸弱無助的雷，喚起了他的內心深處那顆同情心，並且觸景生情，想起了自身的際遇：剛剛破碎的家庭、不幸的婚姻、妻子的背叛……這一切，彷彿雷電般擊碎了拉扎勒斯的自信，令他幾乎失去了生存下去的勇氣，灰色的天空，如同他灰色的心情。

拉扎勒斯必須要鼓起勇氣，徹底拋棄這些對生活不幸的痛苦記憶，為此他必須敞開胸懷，大膽地迎接命運的改變，哪怕這些改變會給人帶來陣痛。要改變，就需要機遇的眷顧。這個女孩的出現，恰如天空中的雷電，瞬間在拉扎勒斯的內心點燃了改變現狀和重新生活的勇氣。他毅然決定幫助雷擺脫過去那種近乎病態的生活，達到自我救贖。

　　因為精神的病態，導致了雷有著無法滿足和遏制的高亢肉慾，為了控制雷不再放縱自己墮落下去，不再吸食毒品般對濫交舞會上癮，拉扎勒斯用一把鐵鎖把雷鎖在了自家廚房的一個自來水管上。

　　兩個人在一起生活了一段時間，經過相互的瞭解，彼此開始信任對方，雷終於對拉扎勒斯傾吐出了心裡話。她的童年充滿了悲慘和不幸，很小就遭到了男人的強暴，使她的心靈受到了極大的傷害，內心充滿了恐懼和痛苦。她沉迷肉慾並非來自心甘情願的享樂和墮落，而是她實在無法控制自己，只有經由與陌生男人無休止地做愛，才能消解她內心深深的恐懼和無盡的痛苦。小鎮的人們無法瞭解她的內心，沒有人理解她的病情，所以都把她當成了一個色情狂。

　　四處尋找溫暖和關愛的雷，也曾遇到對她關心體貼的男友羅尼，但不幸的是，羅尼服兵役的時候，卻戰死在伊拉克。如此沉重的打擊，更加讓雷對生活自暴自棄。

　　各自擁有不同的辛酸往事，讓兩顆孤獨的心，互相依偎，互相溫暖。在人生的十字路口，拉扎勒斯為雷彈起了吉它，他用自己悽楚的嗓音和吉他的旋律，釋放著兩個人積壓心底的傷痛，表達著對雷深沉的愛。

　　就這樣，拉扎勒斯拯救了雷，同時也徹底地解救了自己的靈魂。

　　「暴力美學」起源於美國，其根本特徵是利用一些暴力手段，來達到人性暴力的一面或者是表現暴力行為。它的另一種表現形式是將其符號化，但是卻被做為影片或者是藝術作品的審美要素，跟作品緊密地連結在一起。暴力美學被大量運用於武打片中，導演努力表現槍戰、追擊、打鬥的激烈場面，致使這種形式上的表現能給人們帶來強烈的震撼，進而達到期望的票房收入。

　　「暴力美學」在追求效益的同時，忽略了藝術品的道德功能和社會影響。特

別是早期的武打電影，它的特徵主要是用一些極為誇張的、常人難以接受的暴力行為，來展示攻擊力度。暴力美學是將主體意識弱化了，而注重的是對暴力細節的處理和展現，反應出一種反對經典、反對主體創作意識、反對精英主義的現象。

暴力作品以兩種形式存在，一種暴力在經過社會的改造以後，已經削弱了原有的攻擊性，許多血腥的場面已經隱去了，做到點到為止，比如槍戰片，觀眾只看到子彈，而看不到死者掙獰的面孔，進而也就減弱了對社會的危害性。而另外一種暴力，是以直接展現暴力行為和血腥場面為主，它所要求的是暴力場面能夠帶給人的刺激感覺。這兩種暴力方式所表現的形式不同，審美的價值也不同，所以給社會帶來的效果也不同。

現在的武打片受暴力美學的影響，對武打動作也趨向於舞蹈化、抒情化和表演化，這種視覺上毫無恐怖可言的觀賞性暴力，實際上是從人性的角度削弱了暴力的殘酷性。

小知識

喬治‧桑塔耶納（西元1863年～西元1952年），西班牙著名自然主義哲學家、美學家、美國美學的開創者，同時還是著名的詩人與文學批評家。主要著作有《美感》、《詩與宗教的闡釋》、《懷疑論與動物信仰》、《存在領域》等。

牛仔褲的發明
體現了印象主義美學

印象主義美學是十九世紀末到二十世紀初流行在法國以及歐美，後來流傳到世界的一種文藝思潮。

很多人都知道美國西部淘金熱，當年的李維斯也像很多年輕人一樣，帶著發財的夢想，加入了淘金的隊伍，開始去西部淘金。當他跟隨人們走往西部的半路上，一條寬闊的大河擋住了他們的去路。面對突如其來的困難，夢想淘金的人們做出了不同的選擇，有些人繞道而行，走更遠的路去追尋目標；有的人選擇了退縮，打道回府；更多人不甘心就此失敗，但又不願繞道而行，便停留在河邊抱怨個不停。

面對阻住去路的洶湧河水，李維斯的心情慢慢平靜了下來，他突然想起曾有人傳授給自己一個「思考制勝」的法寶，於是陷入思考：「棒極了，真是上天的眷顧，如此美妙的事情竟然降臨在我的身上，這是上帝又給了我一次成長的絕好機會。任何事情的發生，必有其因果，有弊就有利，無論什麼困難出現，對我來說都是幫助。」原來，經過慎密的思考，李維斯面對寬闊的河面，突然閃現出一絲創意的靈感，這麼多人要過河，為什麼不做擺渡生意呢？於是，李維斯做伐弄舟，開始在大河上做起了擺渡的買賣。任何人也不會想到，懷揣淘金夢的李維斯，淘到的人生的第一桶金竟然是因為大河擋道而意外獲得的。

做了一段時間的擺渡生意後，去西部淘金的人逐漸減少，他的買賣自然也就跟著開始清淡。這時候他毅然決定放棄，繼續向西行，追隨淘金隊伍前往西部淘金。他到了西部後也毫不猶豫買了一塊地，開始了他的淘金夢想。但沒過多久，

就來了幾個惡漢，用毋容置疑的口氣對他吼道：「哪來的混小子，滾開這裡，別來侵犯老子的利益，老子的拳頭可不是吃素的。」

面對蠻橫的惡勢力，勢單力薄的李維斯只好不情願地離開自己剛剛開始充滿希望的淘金地。每次遇到挫折，他都會想起那個「思考制勝」法寶，此刻他經過認真觀察思考，又發現了一個不錯的商機。他發現西部人多、黃金多，但水很少，很多人飲水很不方便，就抓住這個機遇，做起了販賣水的買賣。

眾人皆知，當時的美國西部沒有法律，只有武力，李維斯的發現，不過是戳破了窗戶紙，人們很快就明白了他的生財之道。於是，他再次被人用武力脅迫，搶走了生意。

接連遭受失敗的李維斯，早已有了承受壓力的能力，他默默地接受了現實，開始了新一輪的觀察和思考。而這次，他的目光聚焦到了西部淘金人穿的褲子上。

經過仔細的觀察，他發現淘金人的褲子在高強度勞動下極容易磨損，而湧入西部的淘金人太多，人們都是支起帳篷露營，這樣就有了很多廢棄的帳篷。堅信「總有機會」的李維斯，開始在這些廢棄的帳篷上做文章，他把這些帳篷收集起來，洗得乾乾淨淨，經過一番精心設計，裁剪縫紉出了世界上第一條用廢舊帳篷布縫製的褲子，這就是至今風靡世界的牛仔褲。

從此，李維斯走上了一條通往「牛仔褲大王」的康莊大道，成就了西部淘金的另一個傳奇。

印象主義美學是十九世紀末到二十世紀初流行在法國以及歐美，後來流傳到世界的一種文藝思潮。

馬奈的代表畫作——《吹笛少年》。

十九世紀，官方學院派主宰和控制著法國的畫壇，但是到了十九世紀後半葉，很多新青年的創新畫作由於受到官方舊制度的審查，所以很難在官方活動中展出。為了走出這個困境，他們經常私下裡悄悄集會、交換意見，希望為自己的藝術生命找到一條新出路。

新青年的畫作個性鮮明，這些畫家雖然在觀點和技巧上都相近，但是他們的畫又沒有一個特定需要遵守的原則，主要是表現純粹的光的關係和特徵。

在馬奈的藝術觀點中，突破性地改變了畫家以題材為中心的創作方式，而主張把繪畫的要點放在顏色和形體上。與此同時，西方的莫內、畢沙羅、雷諾瓦、西斯里和巴吉爾等畫家，也都在自己的風景畫作品裡力求突破舊的表現手法，用更直接的方式來表現光和色。印象學派認為，顏色絕不是物體的顏色，更不是物體原有的特徵，它是光的作用，使物體反射出色彩的一種光線。在這樣觀點的影響下，畫家們開始發現，許多的顏色並不是一成不變的，在不同時間段所呈現出來的顏色也是不一樣的，畫家筆下的物體筆觸簡短明瞭，看起來彷彿是一堆混亂的顏色，其實這恰恰能夠最有力地表現色彩。在印象派的啟發下，他們的繪畫藝術不再注意感情色彩和文學特性。

小知識

特奧多爾‧立普斯（西元1851年～西元1914年），德國心理學家、哲學家、美學家。在美學方面，其最為著名的理論是美感享受中的移情作用理論。他認為審美快感的特徵在於審美對象受到審美主體的「生命灌注」，而自我產生欣賞的心理活動。代表作品是《空間美學》。

第五篇

讓人生更美的使者

——一睹歷代美學大師的風采

蘇格拉底
對美學的初探

蘇格拉底的美學思想，體現在他提出的著名論題——「美德就是知識」。其涵義在於，一個人的美應當從知識上反映出來，而知識又是經由認真思考獲取的，而不是獨斷妄斷的結果。

蘇格拉底是雅典著名的哲學家，他相貌平平，語言樸實，但是他那些極富哲理性的思想，卻給後人留下了無窮的精神財富。

蘇格拉底一生勤奮節儉，他喜歡幫助窮人，同時討厭那些為富不仁、說話出爾反爾的人。

一次，有個鄰居找他借錢，他知道這個鄰居平時好逸惡勞，是一個借錢不還的賭徒，就沒有借給他。這個鄰居回去以後，說了很多蘇格拉底的壞話，說他小氣吝嗇，還說他不過是打著恩惠的招牌，其實是為了滿足自己的虛榮罷了。

當家人把這些話傳給蘇格拉底的時候，蘇格拉底搖搖頭說：「這個人外表看起來健康，其實他的思想早就染了重病，已無法挽救，我怎麼能在乎一個病人說的話呢？」

很多人都欽佩蘇格拉底獨特的思想以及那些閃著火花的智慧，特別是那些思維活躍的年輕人，他們離開自己的家鄉來投靠蘇格拉底，所以蘇格拉底的那間小房子裡，經常充滿著爽朗的笑聲。

他的鄰居問他：「你不覺得你的房子太小了嗎？你和朋友們每天都擠在裡面，不感到憋悶嗎？」

約西元前三九九年，蘇格拉底因「不敬國家所奉的神，並且宣傳其他的新神，敗壞青年和反對民主」等罪名被判處死刑。在收監期間，他拒絕了朋友和學生要他乞求赦免和外出逃亡的建議，飲下毒酒自殺而死。

「我的房子小嗎？我從來都沒有這樣的感覺，你看那些權貴們的大房子，每天也是人來人往，但是一旦失去了權勢，那些人就都沒有了。我的房子雖小，但是來的都是我真正的朋友，因為他們從來不曾嫌棄過我的窮困。」

有一段時間，他的朋友因為都很忙，就不怎麼來找他了。鄰居覺得他的日子突然變得這麼安靜，會很不適應，可是當看到蘇格拉底時，卻發現他依舊是一副樂觀的模樣，就問他：「你的朋友都不來找你了，沒人陪你說話，你不感到孤單嗎？」

蘇格拉底說：「你看我這屋子裡到處都是書，每一本書都是我的朋友。生活中的朋友走了，可是書籍裡的朋友永遠都在，所以我永遠都不會感到孤獨和寂寞。」

什麼是美？知識就是美，品德就是美。蘇格拉底的美學思想，體現在他提出

的著名論題——「美德就是知識」。其涵義在於，一個人的美應當從知識上反映出來，而知識又是透過認真的思考獲取的，而不是獨斷妄斷的結果。

在蘇格拉底的哲學理論中，人之所以會有一些醜惡的行為，是因為他們天生不具備分辨善、惡的能力，而不是故意而為。很多人都認為蘇格拉底的理論有些違背現實的規律，可是他們忽略了，蘇格拉底的理論恰恰是從平常生活中得來的。

世界上的善、惡、美、醜都是相對而言，如果你適應它，那麼它就是美的，相反地，你若不適應，它就是醜的。但是人們分辨善、惡的標準有時候是會轉移的，從這個角度上來說，所謂的美與醜既不是永久的，也不是絕對的。拿一件事情來說，如果你把它處理得非常好，帶來了很理想的效應，那就是美的。反之，這件事無論起因多麼善良，如果辦砸了，得來了惡果，那它無疑就是醜的。

如何才能讓一件事情按照理想的目標發展，進而達到我們所期望的目標呢？最好的辦法就是充實自己，只有等自己具備了分辨善、惡的能力，有了駕馭和扭轉善、惡的本能，那麼他給人的印象和感覺就是美的。

小知識

D‧狄德羅（西元1713年～西元1784年），十八世紀法國唯物主義哲學家、美學家、文學家、教育理論家，百科全書派代表人物，第一部法國《百科全書》主編。除主編《百科全書》外，還撰寫了大量著作，如《哲學思想錄》、《對自然的解釋》、《懷疑者漫步》、《論盲人書簡》、《生理學的基礎》、《拉摩的侄兒》等。

柏拉圖建構
第一個美學體系

在柏拉圖的美學理念裡，一個整體的美是由美本身的理論、分有說和回憶說三部分組成。美本身，就是指美的自身，也就是理論上的美；分有就是指一件事物本身對美所含的分有；而回憶，顧名思義就是說我們時常對一件事物產生的一些追憶。

在希臘語裡，「柏拉圖」是寬闊的意思。小時候的亞里斯多克勒斯因為身體強壯、胸寬肩闊，所以他的父親為他改名為柏拉圖，這也就是後來成長為希臘著名哲學家和思想家的柏拉圖。

柏拉圖一生從事教育，他以向學生們提問題，然後引導他們進行思考、分析、歸納、綜合、判斷的方式，讓學生們自己得出問題的答案。所以說柏拉圖的教育是啟迪、誘導性的，而不是生硬的灌輸。

一次，柏拉圖帶領學生們到麥田去，當學生問道：「老師，什麼才是真正的愛情？」

柏拉圖說：「這田裡有很多即將成熟的麥穗，你去摘一個最大、最飽滿的來，記住，你只走一趟，不許返回。」

學生按照老師的話去做了，滿眼的麥子，望不到盡頭，在微風中輕輕頷首，彷彿告訴學生，我們就是最飽滿的那個。可是那個學生並沒有理睬眼前的，他覺得後面肯定還有更好的，就一直往前走。眼看走到頭了，好像後面麥子也不比前面的好多少，但是老師規定不可回頭，學生只得空著手回來了。

義大利傑出的畫家拉斐爾所畫的《雅典學院》，是以古希臘哲學家柏拉圖所建的阿卡德米學園為題，以古代七種自由藝術──即語法、修辭、邏輯、數學、幾何、音樂、天文為基礎，以表彰人類對智慧和真理的追求。

「這就是愛情，當你一心想著找個最好的，那麼你已經錯過了最好的，當你發現自己的錯誤時，後悔已經晚了。」

學生又問道：「那什麼是婚姻呢？」

柏拉圖告訴他說：「你到森林區，砍一根大樹回來，因為你的家裡要用它來做桌子。記住，規則跟剛才一樣，只走一次，並且不能空手返回。」

進了森林，又是滿眼的大樹，學生想，這麼大的森林，如果往裡走，肯定還會有更合適做桌子的材料。抱著這個想法，學生越走越深，不經意間，他發現自己快要走出森林了。這時，他這才記起老師的話，不能空手而返，所以只得匆匆地砍了一棵，這棵樹雖然不是理想中的，但是做張桌子還是可以的。

「這就是婚姻。」柏拉圖看著有些喪氣的學生，平靜地告訴他。

在柏拉圖的美學理念裡中，一個整體的美是由美本身的理論、分有說和回憶說三部分組成。

美本身，就是指美的自身，也就是理論上的美；分有就是指一件事物本身對美所含的分有；而回憶，顧名思義就是說我們時常對一件事物產生的一些追憶。

　　柏拉圖之所以把美和理念聯繫在一起，實際上是提出了一個問題：那就是我們可以在大自然中，在日常的生產生活中，發現美、感受美，可是卻不知道這種美是怎樣形成的，我們為什麼會有這樣的感覺。

　　人們通常把美看做是理所當然，生性本該如此，可是柏拉圖卻極為反對這樣的說法。他認為，大自然中萬物的起源，既有著自身存在價值，同時還影響著自然界其他事物的狀態與價值。美與醜之間都有著特定的環境與條件，如果想知道美之所以會美的話，首先不妨給美做一個理論上的定義，然後尋找與定義相一致的東西，符合這個條件的就是美的，反之就是醜。只有找出它們之間的關聯，才能解釋事物本身所存在的這種狀態，進而找出美之所以會美，醜之所以會醜的原因。

　　這個理論應當是健全的，做為一種先驗的標準，美本身是有它的極致性與自足性。因為這兩種特徵而使美本身高高逾越於世俗的殘缺、猥褻與虛偽之上，與現實中的事物拉開一定的距離，而形成一種價值上的張力。用一個具體的比喻來解釋的話，美本身就好比是一個圓，幾何的圓有著它特定的理論，而現實中的圓從這裡找到它存在的依據。

小知識

　　喬治·愛德華·摩爾（西元1873年～西元1958年），英國哲學家、新實在論及分析哲學的創始人之一。他把精神活動和這一活動的對象加以區分，並認為後者是前者之外的一種獨立存在。著作有《倫理學原理》、《倫理學》、《哲學研究文集》等。

亞里斯多德奠定了
希臘美學的根基

亞里斯多德曾用哲學的角度來解釋什麼是美，他說人的感官是最基礎的，沒有感覺的話，世間所有的美都無從談起。而情感與理性之間也是相輔相成的，美好的情感有時會提高人的理性，幫助人們更深層地發掘自己潛在的價值。

在古希臘歷史上，還有另外一位偉大的哲學家，叫亞里斯多德。亞里斯多德既是柏拉圖的學生，同時也是國王亞歷山大的老師。

亞里斯多德對推理產生興趣是受了柏拉圖的影響，但是閱讀了大量的書籍後，他又摒棄了老師所持的唯心主義觀點。他認為，要想瞭解人類生產生活的各個方面，就必須認真地研究，進而得出正確的結論。宇宙萬物都不會被所謂的神靈所控制，反對無端地崇尚迷信和沿襲傳統的主意與做法。

對於亞里斯多德違背老師的理論，而獨創思想的做法，很多人不解，但是亞里斯多德是這樣解釋的：柏拉圖是我的老師，我愛他，但我更愛真理。

此圖描繪了馬其頓王亞歷山大東征的最後一場戰鬥——聯軍和古印度波魯斯王國的軍隊交戰的場景。湯姆·洛弗爾的作品，由美國國家地理學會收藏。

在柏拉圖所有的學生當中，亞里斯多德的表現應當是最為出色的。因為他的思想理論既有從老師那裡學來的，也有自己分析總結得出的。所以在老師柏拉圖眼裡，他被看做是「學園之靈」，意為學園的靈魂。

國王亞歷山大也曾經是亞里斯多德的學生，但是亞里斯多德並沒有留在自己學生身邊，享受美好安逸的生活，而是回到了大自然懷抱，繼續從事自己的教育。人們把亞里斯多德的教育稱作是逍遙派教育法。

在雅典城外的叢林裡，他們經常可以看到一位老者帶領十幾位學生，興致勃勃地上課。在這樣的環境下，學生們的心情是放鬆的，眼界是開闊的，他們可以向老師提各種問題，而不會像在課堂上那樣，只侷限於書本。

有一次，一個學生說：「老師，請您再講一遍三段論的前提好嗎？」

亞里斯多德說：「三段論是由兩個含有一個共同項的性質判斷做前提，得出一個新的性質判斷為結論的演繹推理。我給你舉個例子吧！在我們希臘有這樣一個諺語，如果你的錢在你的錢包裡，而你的錢包又在你的口袋裡，那麼可以得出結論，你的錢一定在你的口袋裡。」

亞里斯多德集古代知識於一身，在他去世後幾百年中，沒有一個人像他那樣對知識有過系統考察和全面掌握。在後人眼裡，他的著作可以稱得上是古代的百科全書。

亞里斯多德曾用哲學的角度來解釋什麼是美，他說人的感官是最基礎的，沒有感覺的話，世間所有的美都無從談起。而情感與理性之間也是相輔相成的，美好的情感有時會提高人的理性，幫助人們更深層地發掘自己潛在的價值。世上萬物不是一成不變的，但是這種變化有著它必然遵循的規律，我們有時候看到某種現象的出現，其實是它內在的本質起著決定性的作用。

因為是從哲學的角度來分析美的本質，所以亞里斯多德雖然對美學上的理論有積極的一面，可是也同樣有消極的一面。他的哲學觀點經常在唯物主義與唯心主義之間徘徊，他雖然在論證的時候引用了很多物質上的東西，但是他的結論又往往被經學院的哲學觀點所代替，這其實是自相矛盾的。

當然，從哲學的角度來研究美學，實際上是開闢了另外一個與柏拉圖觀點相對立的體系。柏拉圖否認事物本身的客觀事實性，那麼藝術文學也就無法從客觀的角度去描述；否認情感，那麼詩人理想化的情緒也就無從落腳。

一件作品，如果認可了它的客觀真實性，也就肯定了它的存在價值；如果它能夠陶冶情操，也就具有了教育意義；如果它能夠給人們帶來美的享受，那麼它也具有實實在在的美感。所以說，美的本質是具體的，不是抽象的。所以美學家們首先要做的，是透過事物本身，來探究它的藝術法則和規律，藝術上的美反映的則恰恰是事物在哲學高度上的價值。

小知識

傑里米·邊沁（西元1748年～西元1832年），英國法理學家、功利主義哲學家、經濟學家和社會改革者。他試圖建立一種完善、全面的法律體系，而此法律所基於的道德原則就是「功利主義」。並且認為任何法律的功利，都應由其促進相關者的愉快、善與幸福的程度來衡量的。

「上帝之友」奧古斯丁
開創了基督教美學

在所有的美中，來自精神世界的美是至高無上的。在奧古斯丁眼裡，所有的美都是由上帝創造的，世間萬物的美都是上帝的恩賜。

奧古斯丁最初是信奉摩尼教，但是摩尼教徒很多重錢財寡情義的行為讓他非常不滿，甚至憤怒。

一個偶然的機會，他在米蘭結識了基督教徒安布羅斯。對於遠道而來的奧古斯丁，安布羅斯不僅表現出了一個基督徒熱情周到的性情，而且還跟奧古斯丁談到了很多人文社會知識。安布羅斯的謙遜與文雅給奧古斯丁留下了深刻的印象，也使他對基督教產生了一些最初的好感。

慢慢地，奧古斯丁就開始跟隨安布羅斯去教堂聽道。雖然他的思想已經傾向於基督教，但是他內心也經常掙扎，因為他畢竟跟隨摩尼教許多年，就像是一個老朋友，怎麼捨得丟棄呢？

一天，一個朋友來到他的住所，看到桌子上擺著一本基督教徒保羅的書信集，便會心地笑了。他說：「我的兩個朋友，他們都是宮廷要員，他們也是在一個偶然的機會裡看到安東尼的傳記，便決定放棄許多人夢寐以求的凱撒之友的位置，而去追隨上帝。」

朋友的話讓奧古斯丁心裡充滿了愧疚，十幾年前，他從西塞羅的《荷爾頓西烏斯》一書懂得了什麼是真正的大智慧以後，至今沒有做出自己的選擇。他既想追隨上帝，又不捨放棄摩尼教。他一方面想實現更高的人生價值，一方面又眷戀世俗的紙醉金迷，這種無法抉擇的痛苦一直折磨著他，使他為之發狂。

269

據奧古斯丁的自傳《懺悔錄》記述，某日正當他在住所花園裡為信仰而徬徨之際，耳邊響起清脆的童聲：「拿起，讀吧！拿起，讀吧！」他急忙翻開手邊的《聖經》，恰是聖保羅的教誨赫然在目：「不可荒宴醉酒，不可好色邪蕩，不可爭競嫉妒，總要披戴主耶穌基督，不要為肉體安排，去放縱私慾。」奧古斯丁年輕時生活放蕩，他感到這段話擊中要害，「頓覺有一道恬靜的光射到中心，驅散了陰霾籠罩的疑雲」。西元三八七年復活節，他接受安布羅斯洗禮，正式加入基督教。

朋友走後，奧古斯丁一個人來到屋後的小花園，對著那些植物大喊道：「憑什麼讓那些無用的傢伙奪取天堂？我還在這裡傻等什麼？我是在走自己的路，在選擇自己的人生，至於別人怎麼做，與我毫不相干，我不應該再等了，我不想讓我的晚年伴隨著的只有無休止的慚愧。」

花園裡的花匠被他的喊叫聲驚呆了，不解地看著他。一陣喊叫過後，奧古斯丁走到一棵樹下，靜靜地坐下來。

兩種思想不停地攪擾他，像新、舊兩個情人，時而舊情人問他：「你真忍心離開我嗎？難道你忘記我們在一起相處的那些日夜了嗎？」

時而新情人又把他的思緒拉過來：「跟我走，那裡才是你真正所嚮往的，上帝把所有的恩惠都降臨給我們，你還有什麼可猶豫的呢？」

到底在猶豫什麼呢？奧古斯丁背靠樹上，雙目緊閉，淚水無聲地順著臉頰滑落下來。

在所有的美中，來自精神世界的美是至高無上的。在奧古斯丁眼裡，所有的美都是由上帝創造的，世間萬物的美都是上帝的恩賜。他曾在《懺悔錄》這樣表

達對上帝的熱愛：「萬能的主，你是真、善、美的化身，這世界上萬物只因為有了你的庇護，而擁有了真、善、美的本質。你是無所不能的，如果沒有你的存在，那一切都將會失去價值和意義，所謂的美也無從談起。」

有人對此提出了反駁，他們問奧古斯丁，既然世間萬物在上帝的庇護下都變成美的了，那為什麼還會有醜呢？難道醜也是上帝創造的嗎？

奧古斯丁解釋說，上帝之所以創造醜，目的只是為了襯托美的存在。其實世上沒有任何事物是醜的，所謂的醜也只是相對來說，比如鮮花和綠葉，光明與黑暗，從某種角度來說，醜的原型也是美的，只不過是出現了一點點缺憾，與原汁原味的美有了些許的差異，便被稱作是醜的。所以，再醜的事物也能從中找到美的痕跡。

奧古斯丁認為，美代表著和諧，而構成和諧的因素是平衡、對稱、適度、協調等，就像一棵大樹如果只有半邊葉子，肯定很難看。美還代表著一種願望，比如情人眼裡出西施，而西施的美是有特定環境的。同時，美還代表著一種寬容，就像楊貴妃，因為皇帝喜歡她，所以在當今崇尚體型苗條的時代，她的胖也被欣賞是一種美。

美是上帝所賜，它帶有一種常人無法抗拒的感染力和魅力。所以，真正的美是神聖的，要用心靈去欣賞、去感悟。

小知識

奧斯卡·王爾德（西元1854年～西元1900年），劇作家、詩人、散文家、英國唯美主義藝術運動的宣導者。著有詩集《詩集》和小說《道林·格雷的畫像》以及《瑞丁監獄之歌》和書信集《深淵書簡》等。

271

堅信上帝的湯瑪斯・阿奎那
成為了中世紀美學的集大成者

阿奎那認為，美客觀存在於現實世界當中，人類對美的感性認識先於理性，但是理性上的認識才是完整而正確的認識。所以，人需要依靠理智來認識美，而不是靠感官。他的美學思想的核心，就是教給人們怎樣發現美、認識美。

「啞牛」是人們送給湯瑪斯・阿奎那的綽號，因為他總是沉默寡言。可是許多年以後，這位很少說話的「啞牛」卻成長為義大利著名的神學家和經院哲學家。

阿奎那出生於十三世紀中葉的義大利，他的伯父是一位修道院院長，小時候的阿奎那便跟著伯父常在修道院玩耍。到了上學的年齡，他在修道院接受了九年的教育，因為一直未曾離開修道院，所以伯父便有意培養他長大後接替自己的職位。

而阿奎那自己也非常喜歡神學，他於西元一二四五年到巴黎跟隨阿爾伯特學習神教學。阿爾伯特是中世紀德意志經院哲學家、神學家，他是亞里斯多德學說的擁護者，阿奎那從他那裡接觸了很多亞里斯多德的思想。一二五七年，阿奎那留在巴黎大學開始教授神學。

在阿奎那教學期間，正是亞里斯多德學說與柏拉圖學說正面衝突最激烈的時候，一方面，亞里斯多德學說的大量湧入，引起了學校內部基督教徒的爭議；另一方面，教會也驚恐於這種思想，便極力阻撓，而阿奎那恰恰是亞里斯多德學說的擁護者，所以他所面臨的處境是可想而知的。

教會開始明令禁止跟亞里斯多德學說有關的書籍流入教會，並嚴禁學生們閱讀和收藏此類書籍。在這種強大的壓力下，阿奎那依然沒有退縮，因為他從亞里斯多德學說裡看到了真理，看到了人類無法逃避的自然規律，他要把這種思想傳播給世人，讓他們脫離愚昧。

這段時間，阿奎那和老師阿爾伯特一起，對亞里斯多德學說的內容做了新的修改，摒棄了那些所謂的唯物主義和辯證法，而留下了唯心主義和形而上學體系，並把神學體系也合理地納入其中，進而誕生了世上最完善的基督教神學體系。

阿奎那新的理論很快就在西歐中世紀思想中佔領了支配地位，並且教會在他生前就已經

天主教教會認為湯瑪斯·阿奎那是歷史上最偉大的神學家，將其評為三十三位教會聖師之一。

開始了對他的支援和讚譽，他們把阿奎那稱作是天使博士，並且在阿奎那去世以後，又追封他為「聖徒」以及「教義師」。一八七九年教皇還正式宣布他的學說是「天主教會至今唯一真實的哲學」。

阿奎那認為，美客觀存在於現實世界當中，人類對美的感性認識先於理性，但是理性上的認識才是完整而正確的認識。所以，人需要依靠理智來認識美，而不是靠感官。他的美學思想的核心就是教給人們怎樣發現美、認識美。

阿奎那一生的著作約有一千五百萬字，他的很多美學思想都散佈在他的文獻著作中。在其著作《神學大全》、《反異教大全》中，他論述了「上帝是至高無上的，所有的美都是上帝創造的」這個美學觀點，並在此基礎上總括了美的三要

273

素：

1.完整。美的事物首先要具備完整性，因為所有不完整的事物本身表達的就是一種醜陋的資訊。

2.和諧。物體之間和諧地搭配，也是美的要素質之一。就像一個人，如果他一邊的眉毛被剃掉，那麼就很難看，還有我們做事情，如果半途而廢，那也是與和諧相違背的。

3.鮮明。鮮明是美的三要素裡最重要的一點。所有的事情，無論它的起因多麼富麗堂皇，如果它的結局不是當初設計的，或者說與事實有些偏頗，那麼相對來說，就是醜的。

美既存在於人們的精神世界，同時又是外在的。精神的美是源於充實的內涵，這是由多年的經驗和修養達成的，而外在的美得益於事物本身和諧的比例構造。

小知識

喬治・戈登・拜倫（西元1788年～西元1824年），英國浪漫主義文學的傑出代表，被稱為是十九世紀初英國的「滿腔熱情地、辛辣地諷刺現實社會」的詩人。他未完成的長篇詩體小説《唐璜》是一部氣勢宏偉、藝術卓越的敘事長詩，在英國以至歐洲的文學史上都是罕見的。

《神曲》宣示了但丁人文主義美學精神萌芽

《神曲》的主旋律就是描述靈魂進化的過程,那些罪惡的靈魂被打入地獄,經過折磨、考驗、懲罰以及煎熬,最後脫胎換骨,經過充分的淨化而後升入天堂,享受極樂世界美輪美奐的景致。

但丁的一生並不平靜。一二六五年,他出生在佛羅倫斯一個沒落的貴族家庭。在他五歲的時候,母親因病去世,父親續弦後又生了兩個弟弟、一個妹妹。窮困的生活沒有磨滅他的意志,反而使他有了很多對理想生活的嚮往,《神曲》就是在這樣的思想狀態下寫成的。

《神曲》意為神來之曲,是一部氣勢龐大的長詩。在這部長詩裡,但丁描寫了三十五歲的自己,誤入一座黑暗而且難辨方向的森林,在森林裡,他遇到三隻猛獸:母狼、獅子、獵豹。在但丁的描寫裡,黑暗的森林象徵的是罪惡,而母狼、獅子、獵豹則分別象徵人生過程中難以避免的慾望、野心和享受。

恩格斯評價說:「但丁是中世紀的最後一位詩人,同時又是新時代的最初一位詩人。」

275

在被三隻猛獸圍攻的時候，但丁奮力疾呼，這時候，維吉爾（古羅馬詩人）的靈魂在他頭頂出現了，維吉爾告訴他：「如果你無法戰勝牠們，那就跟我來吧！我會為你指點一條勝利的出路。」

於是，但丁把所有生命的權利交給了他，然後由他引領自己走出困境和猛獸的攻擊。

維吉爾沒有食言，他帶領但丁穿越森林、高山、峽谷，甚至穿越地獄和煉獄，最後來到一個草肥水美的地方，並使他見到了心儀已久的女孩。這一切彷彿都早已經為但丁準備好了，他和女孩一起挽手飛上了天堂。

這是一部以完美結局告終的長詩，但是它的內容卻是驚心動魄的。所描寫的地獄是漏斗形的，越往下越小，也就越黑暗，令人從心裡感到恐怖。漏斗直達地心，那裡有可惡的魔鬼在潛伏著，但丁小心地繞魔鬼而過。接下來，但丁又來到煉獄。煉獄是呈高山形狀的，一共七層，每爬一層，就消除了一項罪惡，直到山頂。煉獄裡眾多的靈魂都在禱告懺悔，洗滌自己的罪過，這些人既有貴族公爵，也有窮苦百姓，但丁甚至還見到了很多著名的人物，並與他們的靈魂進行交談。但丁還遇到一些壞人，他將其重新推入煉獄，同時幫助那些好人爬上去。

但丁以一個亡魂遊記的形式，寫出了活人對當時社會的無奈，但是他又揭示了一個道理：一個人無論有著怎樣的罪惡，只要決心改過，努力攀登，也一定會到達理想的頂峰。

但丁是義大利文藝復興的先驅，他生活的時代，恰逢擁護教會統治的教皇黨和擁護世俗政權的皇帝黨在進行著激烈的鬥爭。那時候資產階級剛剛萌芽，他們站在了皇帝黨一邊。這兩個派別的鬥爭在佛羅倫斯最為激烈，但最後獲取勝利的是擁護教會統治的教皇黨。但丁因為不擁護教皇黨，所以被教皇黨流放到境外。

在但丁的長詩《神曲》裡，他把教皇打入地獄，並把自己所有的希望和信念都寄託於世俗政權的擁護者——皇帝黨身上。他的這種情緒在《論君主》一書裡，有明顯的表露。但丁身處新、舊交替的兩個時代，他的思想一邊受到新環境、新理念的影響，一邊又不能徹底地放棄舊的觀念。就他的《神曲》來說，這部作品的主旋律就是描述靈魂進化的過程，那些罪惡的靈魂被打入地獄，經過折磨、考驗、懲罰以及煎熬，最後脫胎換骨，經過充分地淨化而後升入天堂，享受極樂世界美輪美奐的景致。這本來是一個完美的過程，如果在常人看來，幾乎沒有什麼缺陷，可是在基督教那裡，卻是不受歡迎的。因為基督教的高層領導如教父、教皇等，在但丁的筆下，無不被狠狠地打入地獄，這與他們與生俱來的高貴身分是背道而馳的。

其實但丁這部著作的寓意在於告訴人們，如果憑著本身的天性恣意妄為的話，最終憑著他帶給人們的善、惡、美、醜，他應該受到合理的獎勵與懲罰。

所以但丁說：「我的這部作品，很多人看到的只是它流暢的表面，而內裡含有的美和善，卻不為人所知。」

小知識

尚・布希亞（西元1929年～西元2007年），法國哲學家、現代社會思想大師、後現代理論家。他試圖將傳統的馬克思主義政治經濟學與符號學以及結構主義加以綜合，意欲發展一種新馬克思主義社會理論。代表作有《物體系》、《消費社會》、《符號交換與死亡》等。

心靈感悟激發了達文西
偉大的畫論

在作畫的時候，達文西主張用一種心靈深處的感悟來描繪眼前的事物。
他認為，繪畫雖然看起來是面對面的描繪，但是要給所刻畫的人物加上
靈魂，使其看起來有令人怦然心動的地方，這就是藝術的創造力。

《最後的晚餐》創作題材取自於《聖經》。當時猶大為了三十個銀幣出賣了
耶穌，官府的人已經在緝拿他的路上，耶穌是先知，對此事已有察覺。在晚上，
耶穌與他的十二個門徒吃飯的時候，他鎮靜地向大家公布了此事，接下來門徒們
的表情可想而知，有憤怒、驚異、疑惑、茫然以及恐懼等。達文西就根據這些人
在這一瞬間的表現，作了此畫。

該畫420×910公分，是達文西直接畫在米蘭一座修道院的餐廳牆上，整個畫
的底色為深棕，畫的中央是一張蓋著白色桌布的桌子，耶穌坐在正中間，雙眼注
視著畫外的空間，彷彿看穿一切。他雙手攤開擺在餐桌上，那動作所表達的意思
溢於言表：「你們當中有人出賣了我？是誰？」

耶穌的兩邊，分別坐著他的十二個門徒，門徒的表情就更豐富了，他們有的
站起來，探過身子，彷彿向耶穌詢問：「這不可能吧？」有的轉過身，彷彿問自
己旁邊的人：「會是誰呢？」多數人的表情都帶有一種憤怒，除了一個人，那就
是猶大，只有他心裡明白這是怎麼一回事。猶大的職務是管錢，但是他生性懶
惰，經常偷錢去吃、喝，所以帳目虧空了很多，而魔鬼撒旦看準了這個機會，用
三十個銀幣的報酬向猶大打聽耶穌的住址，貪心的猶大見錢眼開，就把耶穌的住
址告訴了他。畫中，猶大的表情是鬼祟的，眼神不敢正視耶穌，他坐在板凳上，

《最後的晚餐》。

手裡緊握著錢袋，錢袋裡有出賣主所得的三十個銀幣。

　　怎樣才能夠最真實地利用繪畫來表達這些人的內心情感呢？達文西用了透視原理。他選擇將畫作畫在牆上，這樣會有一種自然延伸的感覺。耶穌的背後是明媚的陽光，光線均勻地灑在他金色的頭髮上，像一層金色的光環，而與此形成對比的，是眾門徒驚恐緊張的眼神。達文西用這種強烈的對比手法，精確地表達了耶穌的偉大與神聖，也表達了猶大的渺小和猥褻。

　　達文西的文藝本質論，明顯受亞里斯多德的影響，他曾經畫過一幅名為《女人頭像》的畫，畫中唯一有點象徵意義的，就是女人頭上那個鑲有珠寶的髮夾。珠寶在義大利古語中象徵著純潔，在當地，隨便一顆普通的鑽石都有這樣的寓意，而達文西隨便畫上一顆鑽石，就是告訴人們，這是一位純潔的少女。但是他並沒有採取那樣簡單的手法，在古時候，由於受當時條件的影響，鑽石的切割方式多為平面切割，而這位少女頭上的鑽石恰恰是以平面切割方式完成的，這代表

著更深一層的暗喻，暗喻少女是曠古絕今的純潔。達文西僅經由畫一顆鑽石的一點筆墨，便向觀眾展示了少女思想深處所具有的高貴品質。

在作畫的時候，達文西主張用一種心靈深處的感悟來描繪眼前的事物。他認為，繪畫雖然看起來是面對面的描繪，但是它絕不同於像照相一樣的翻版照抄，要給所刻畫的人物加上靈魂，使其看起來有令人怦然心動的地方，這就是藝術的創造力。

達文西說，做為一個畫家，他應當充分深刻地熟悉大自然、瞭解大自然，把自然界那些精緻的點收錄在自己的作品中，如畫龍點睛。但一幅畫僅有這樣是不夠的，在繪畫的過程中，作者還要對畫作加上自己的理解，進而使畫作本身來自於自然，而又高於自然。而心靈深處，這個被深刻的思想渲染過後的自然，達文西說，這便是第二自然。

小知識

哈利勒・紀伯倫（西元1883年～西元1931年），黎巴嫩詩人、作家、畫家，被稱為「藝術天才」、「黎巴嫩文壇驕子」，是阿拉伯現代小說、藝術和散文的主要奠基人，二十世紀阿拉伯新文學道路的開拓者之一。著有《先知》、《論友誼》等。

沒有成為神學家的笛卡兒
成了理性主義美學的奠基人

笛卡兒的「我思」是他邁向哲學理論、認識哲學理論的起點，他從這裡
分離出靈魂與肉體、精神與物質，進而總結出另一個主體。

　　笛卡兒，歐洲近代資產階級哲學的奠基人之一，因其自成體系的唯物主義與
唯心主義論，在哲學史上產生了深遠的影響，而被黑格爾稱作是「現代哲學之
父」。笛卡兒不僅僅是一位哲學家，而且還是一位科學家，他所建立的解析幾何
在數學史上具有劃時代的意義，被學術界看做是十七世紀的歐洲哲學界和科學界
最有影響的巨匠。

　　笛卡兒的父親是一位地方議員，家境比較好，所以他的童年過的無憂無慮。
可是他的童年剛剛結束，母親就
去世了。沒有了母親的悉心照
料，笛卡兒的身體便越來越差，
父親不得不雇了一位保姆來照
應笛卡兒的飲食起居，可是情
況並沒有因此好轉。到了上學的
年齡，笛卡兒依然常常臥病在
床，經過溝通，校方同意他可以
自由安排自己的時間，並且早晨
不用早起來上課。學校裡的那些
書籍，笛卡兒完全可以在家裡閱
讀，學校對他的照顧，給了他很

正在給瑞典女王講課的笛卡兒。

281

多安靜思考的時間，進而也讓他能夠獨立思考一些問題。

　　笛卡兒就在這樣的學習環境下逐漸長大了，大學畢業以後，父親為他安排了工作，可是笛卡兒並沒有聽從父親的安排，而是打算投筆從戎，然後藉機走遍歐洲，長見識，開眼界。

　　走出家門的笛卡兒收穫頗多。有一次，他在異國的大街上散步，看見一群人圍著一張告示，在嘰嘰喳喳地討論。這是一道重金懸賞的數學題，笛卡兒把題目抄回家，僅用了一天的時間就解出來了。就因為這道題，笛卡兒受到了以撒・貝克曼的注意，貝克曼向笛卡兒介紹了數學界的發展方向和一些新的課題。

　　對數學的研究使笛卡兒的思路有了新的延伸，他想：「可不可以用研究數學的方法來研究其他萬物的規律呢？」

　　有天晚上，笛卡兒做了一個夢，他夢見自己站在一個山頭上，前後彷彿都佈滿了大石塊和數不清的荊棘。正當他一籌莫展的時候，刮來一陣大風，恍惚中，他的身體竟然被大風吹起，越過茂密的叢林，越過峽谷，來到了一個寶庫前。這時他的手裡竟然握著一把鑰匙，他打開寶庫的門，裡面放射出多彩的光芒，寶庫裡的書籍寫的都是他聞所未聞的知識，令他大開眼界。

　　這個夢增強了笛卡兒探索知識的道路，也奠定了他創建新學說的信念。

　　麥爾生神父曾經向笛卡兒詢問美到底是怎麼一回事，笛卡兒是這樣回答的：「世間萬物的美都不是絕對的，這要看以什麼樣的眼光去評價它，一千個人會有一千種看法，所以我們也沒有辦法按照一定的尺度來歸納它。」

　　笛卡兒的「我思」是他邁向哲學理論、認識哲學理論的起點，他從這裡分離出靈魂與肉體、精神與物質，進而總結出另一個主體。「我思」是對事物本身抱

著懷疑的態度，而自己是真實存在的。「這不是在模仿什麼名家，也不是在虛擬什麼構想，我的懷疑是一種鋪墊。就像是在找到金子之前，要先對某一處河灘找出理論上不同於尋常的疑點一樣，經由對疑點的排查，最後證實事物本身的正確性。」

人都是平等的，這裡所謂的平等，是從人本性的角度上來說的。比如人在出生的時候，上帝給他的良知都是一樣的，即便他如何埋怨上帝的不公、埋怨自己命運的多舛，他的良知都不比別人少。

笛卡兒所說的良知指的是智慧、本性，上帝賦予我們的智慧，足夠我們在這個錯綜複雜的社會中有效地分辨真偽。所以笛卡兒說，當我懷疑一切的時候，我從未曾懷疑過我自身的存在，因此得出「我思故我在」的結論。

小知識

契訶夫（西元1860年～西元1904年），俄國小說家、戲劇家、十九世紀末期俄國批判現實主義作家、短篇小說藝術大師。他和法國的莫泊桑、美國的歐·亨利齊名，為三大短篇小說巨匠。代表作有《變色龍》、《小公務員之死》等。

夏夫茲伯里
對美學的貢獻

夏夫茲伯里認為所有的美都不應該逃離道德的範疇，一切偏離道德範疇的美都是毫無價值的。但是藝術美與道德美是截然不同的兩個概念，他並沒有把這兩者區分開來，不過他後來提出的「審美無關利害」，提醒了人們道德美和藝術美是可以分開來解釋的。

西方美學認為，來自感官方面的美被看做是動物本身的感覺系統，而被排除在美學之外，但是這個說法在許多年以後，遭到了希臘哲學家畢達哥拉斯的否定。他認為人的聽覺和視覺都屬於審美的感官系統，美包括對稱美和不對稱美，這一切都能透過視覺看得到。而大自然的聲音也是一種美，一種可以愉悅身心的和諧美，這種美可以經由聽覺享受到。亞里斯多德也贊同這樣的說法，他的理論更為直接，他總結說：「眼睛能看到物體的形狀，耳朵能聽到美妙的聲音，而形狀和聲音又恰恰是美的完美結合。」

夏夫茲伯里對於美的解釋和上述兩位是一樣的，他認為和諧就是美，而和諧就是比例適度的意思，和諧的美不僅僅存在於物質，大自然中的一切都可以構成美的因素。夏夫茲伯里認為，真正的美並不在於外表，而在於它富有藝術性的結構。在這自然界裡，人體結構應該是最美的，人體應該和心靈構成一個統一的關係，就是說，只有外表和內心相互合一了，才是美的最高境界。

希臘神話裡曾有這樣一個故事：一個經常在山坡上放牧的美少年納西斯，每到晌午休息的時候，他都會跑到山下的小溪邊去洗臉。慢慢地，他竟然愛上了自己清秀的面容，以致於對許多女子的求愛都視若無睹，傷了很多人的心。為了不

失去湖中的自己，納西斯就日夜守護在湖邊，不寢不食不眠不休地俯身看著水中的倒影。後來，納喀索斯倒在岸邊的綠草地上，死亡的黑暗遮住了他的雙眼，化為了孤傲的水仙。

美男子納西斯之死。

這個故事告訴我們，一個人只有外表的美是遠遠不夠的，他需要與心靈的完美統一。在基督教理論裡，人生來就是帶著罪惡的，那些慾望都被藏在肉體裡，只有抱著一種謙卑、自責、惶恐的思想，不斷懺悔、不斷禱告，才可以洗清自己，靈魂才會得以昇華，也才會擁有真正的美。如果顧影自憐，愛上自己的身體以及自己的容貌的話，那無異於臨水照花、攬鏡自窺，最終不過是自戀者的悲哀。

在西方國家，真正被譽為美學之父的是夏夫茲伯里，而遠非鮑姆加登。雖然鮑姆加登也是德國著名的哲學家、美學家，但是夏夫茲伯里首次在他的作品裡提到了藝術的重要性。他認為，對美的追求就是對美的感知能力，簡而言之，就是一個人怎樣正確地鑑賞美。從這個意義上來說，他才是美學的奠基者。

夏夫茲伯里的美學藝術最早是受了柏拉圖的影響，他也認為所有的美都不應該逃離道德的範疇，一切偏離道德範疇的美都是毫無價值的。但是藝術美與道德美是截然不同的兩個概念，夏夫茲伯里並沒有把這兩者區分開來，不過他後來提

出的「審美無關利害」一說，也提醒了人們，道德美和藝術美是可以分開來解釋的。

道德和藝術既有著各自獨立美學角度，又有著不可分割的關聯，夏夫茲伯里說，我所有的對藝術的欣賞和重視首先都取決於道德美。

要想正確理解美，首先要提高自身的趣味性，基於這個審美的先決條件，夏夫茲伯里開始注重教育。教育能夠提高人們的道德情操，進而提高他們的審美情趣，這二者是相輔相成的。

夏夫茲伯里的這個提議得到了眾多美學研究家的贊同。約瑟夫·艾迪生說，一個優秀的作者，在每次欣賞一幅作品的時候，都會有新的發現，這取決於他對藝術深厚的功底與內涵。休謨也說，要想使得一門藝術（無論是繪畫、寫作還是雕塑）達到極致，都必須在這個領域認真學習、反覆推敲，才可以發現它的美之所在。

塑造完美的作品其實就是塑造完美人格的手段之一，人格完美了，其作品自然也就完美了。

小知識

尼可羅·馬基雅維利（西元1469年～西元1527年），義大利的政治哲學家、音樂家、詩人、浪漫喜劇劇作家。他的思想核心是為達目的不擇手段，絕對維護君主至高無上的權威。代表作《君主論》、《論蒂托·李維羅馬史的最初十年》等。

懷疑論者休謨的
審美趣味

休謨提出了一個感官說法，他認為，確定一件事物的美學價值，既取決於不同的人群，又取決於不同的環境。同一件事物可以激發起無數的審美激情，並且這些感情又各自有獨立性和真實性，標誌著對象與心理感覺或者是其他本能之間的一種和諧關係。

一次，休謨的一個身患絕症的朋友問他說：「人死了會復生嗎？或者説真有來世嗎？」

休謨回答説：「那不過是一個毫無理智的幻想。」

由於休謨的家庭是一個非常有名望的神學之家，所以他基本上從一懂事就開始接觸神學。其實小休謨一點也不笨，他只是看起來有點胖，所以給人笨的感覺。進入學校以後，他的聰明很快就顯露出來，成績優秀的他十二歲就考入了愛丁堡大學。休謨的聰明與好學，使他在十五歲時就已經能夠很完整地閱讀和理解當時那些哲學著作了，但是那些哲學彷彿並沒有給他帶來什麼快樂，他的內心世界反倒由於這些作品的介入，而多了一些不可名狀的苦澀。特別是當他在接觸到洛克和克拉克的作品以後，這種情緒就更加明顯。

為了生存的需要，休謨被迫攻讀法律學，可是法律帶給他的枯燥與壓抑，差點使他精神失常。在他工作以後，同伴們之間溢於言表的勢利與吝嗇更是讓他難以苟合，這樣的日子沒過多久，休謨就毅然辭職，到法國謀生。

在法國的拉弗萊奇神學院，他安頓了下來，在日後兩年多的時間裡，他在神學院的圖書室閱讀了大量的神學著作，並寫出了《人類天性論：實驗（牛頓）推

休謨。

理法引入道德主題的嘗試》一書。他在這本書裡，清晰闡明了自己的觀點和思想。這本書包含了休謨很多關於神學的新觀念和新註解，也是他多年心血的結晶，他以為這本書會帶來轟動效應，可是這本書在出版以後，反應平平，讓他很失望。後來經過多方的宣傳，效果勉強好一些。

休謨的經濟狀況一直很差，為了生存，他給人當過教員、私人祕書等，在經濟慢慢好轉以後，他又繼續寫作。

他後來的一些著作引起了社會的廣泛關注，尤其是他在政治、經濟、哲學、歷史和宗教方面的剖析，使他經常被邀請到一些重要的場合做演講，並且還受到了當時最著名的作家伏爾泰和狄德羅的稱讚。

很多人評價休謨，說他長得腰圓體胖，表情木訥，看起來根本不像是一個極富思想的哲學家，但人不可貌相，休謨的才華在內心，而不是表面。

美是流動的，美是相對的，美又是和諧的。現實社會中，對於怎樣判斷美，休謨在美學思想論文《論審美趣味的標準》中，提出了一個感官說法，他認為，確定一件事物的美學價值，既取決於不同的人群，又取決於不同的環境。同一件事物可以激發起無數的審美激情，並且這些感情又各自有獨立性和真實性，這些情感並不體現或代表審美對象的真實含意，它只是標誌著對象與心理感覺或者是其他本能之間的一種和諧關係。休謨說，這世界上沒有哪一個人的感官是最標準

的,所以從感官的角度來說,美是相對的。

　　趣味的普遍性是審美的大前提,在這個前提下,由於個人修養、社會風俗、歷史文化的差異,以及流行時尚與其他外界因素對審美情趣的影響,所以評判標準也會有差異,這就是審美標準的社會因素以及心理因素。《論審美趣味的標準》一書中,又論證了審美趣味的統一性。審美趣味的統一性就在於人所具有共同的生理結構、共同的感官世界,對於一些有特殊形式和性質,能夠引起快感的一種審美體驗。

小知識

伊索(西元前620年～西元前560年),古希臘著名的寓言家,他與克雷洛夫、拉封丹和萊辛並稱「世界四大寓言家」。現在常見的《伊索寓言》是後人根據拜占庭僧侶普拉努得斯搜集的寓言,以及後來陸陸續續發現的古希臘寓言傳抄本編訂的。

盧梭的戀情
驗證了音樂美學的觀點

盧梭讚美自然界一切啟蒙狀態的美，這是一種不受理性控制的狀態。而工業和農業的發展恰恰違背了自然的規律，同時也影響了原始狀態下的自然美，在此基礎上的美是人為的、虛擬的，實際上是一種墮落。

這是一段來去匆匆的戀情，戀情結束後，留給他的是無盡的追思。

盧梭是法國著名的思想啟蒙家，一生成績卓著，然而由於他是一位激進的民主主義者，並且與狄德羅在宗教等方面觀點上的不同，所以他的作品曾一度遭到當局的鎮壓和教會的反對。瑞士當局下令焚燒他的書籍，甚至逮捕他，所以他不得不放棄日內瓦公民的身分，而逃往法國。

不幸的遭遇使盧梭變得沉默寡言，一個舊日的朋友收留了他，讓他住在自己的別墅裡。在這一段時間裡，他想了很多，從出生就失去了母親，當學徒的時候又時常遭到老闆的毆打，如今又被迫離鄉背井，一生坎坷的遭遇，使他覺得命運對他是如此的不公。尤其是美好的愛情對他來說，彷彿是很遙遠的事情，但是他心中的激情尚未泯滅，他打算把所有對青春的嚮往和對愛情的渴望全部傾注在作品裡，為此，他開始了長篇小說《新愛洛伊斯》的創作。

一天，朋友的妹妹來訪，她的名字叫桑潔娜，是一個嫵媚的少婦。她談吐大方，舉止優雅，充滿女性的魅力。當時盧梭正在構思故事中女主角的形象，而桑潔娜的出現，使他眼前一亮，認為這個女子就是最適合的人選。

故事中的女主角時時出現在筆端，而現實中的桑潔娜卻遲遲不出現，這使盧梭在寫作之餘不免有些惆悵。終於，半年以後，桑潔娜再次出現了。

桑潔娜的出現讓盧梭感覺到自己的生命彷彿又重新燃燒起來一樣，對他來說，桑潔娜不僅是故事中的女主角，同時也是自己夢裡千迴百轉，歷盡艱辛尋找的愛情港灣，這樣的女性讓他的靈魂感到溫暖和安逸。

盧梭急不可待地向桑潔娜表達了自己的心意，他帶著她在別墅的花園裡，向她講述自己曾經的輝煌和那些不為人知的苦難。微風輕拂，花園裡傳來悉悉索索的蟲鳴，身邊巨大的幸福早已把悲傷盪滌在遙遠的地方，盧梭覺得此刻小說中的幸福和現實中的幸福正在合二為一，沒有任何理由，他們真切地相愛了。

愛情是幸福的，可是現實又是殘酷的。一年以後，桑潔娜患上了癌症，沒多久就離開了人世。

盧梭既是法國大革命的精神導師，同時又被譽為法國浪漫主義美學的奠基人。說他是大革命的精神導師，源於他的著作《論法國音樂的信》，這部著作寫於一七五三年，那個時候法國各個學術之間正發起一場趣歌劇爭論（趣歌劇是歌劇的多種表現形式之一，除此之外，他還有喜歌劇、德式歌唱劇、英式民謠劇等），而盧梭的這部著作就像是在一場酣暢淋漓的大火中刮過的一陣旋風，頃刻間顛覆了所有的論點，進而使這場激烈的討論攀越上了一個新的高峰。

在一七五六到一七六一年間，盧梭又寫了一本《論語言的起源》，這本書集中了他幾乎所有的思想和探索的成果。盧梭以長篇詩歌的形式，論述了西方國家詩歌的形成、發展和衰落，在這部書的後半部，他又集中論述了音樂的起源，分析了音樂與語言之間的關係、音樂在社會發展中的地位，以及構成音樂的幾大要素等。

在這部書裡，盧梭細緻而全面地闡述了自己對音樂美學的觀點。他讚美自然界一切啟蒙狀態的美，這是一種不受理性控制的狀態，而工業和農業的發展恰恰

違背了自然的規律，同時也影響了原始狀態下的自然美，在此基礎上的美是人為的、虛擬的，實際上是一種墮落。所以說，盧梭強調，自然美與文明是相對立的。因為盧梭堅持這樣的思想，所以他被看做是浪漫主義和現實悲觀主義的啟蒙家。

起初，人們對自然與文明相對立一說並不認可，可是隨著社會的發展和進步，人類的物質生活越繁榮，精神越空虛，進而也真正認識到自然與文明相對立的深刻含意。

小知識

羅賓德拉納特・泰戈爾（西元1861年～西元1941年），印度著名詩人、文學家、藝術家、社會活動家、哲學家和印度民族主義者，是首位獲得諾貝爾文學獎的印度人（也是首個亞洲人）。他與黎巴嫩詩人哈利勒・紀伯倫齊名，並稱為「站在東西方文化橋梁的兩位巨人」。對泰戈爾來說，他的詩是他奉獻給神的禮物，而他本人是神的求婚者。他的詩中含有深刻的宗教和哲學的見解，在印度享有史詩的地位。代表作《吉檀迦利》、《飛鳥集》。

狄德羅效應
引爆現實主義美學

狄德羅在《百科全書》一書中，一方面完整地總結了人類從自然科學到人文科學演變的過程中，所涉及到的諸多學科方面的探索與研究成果；另一方面，他又旗幟鮮明地反對封建制度的腐朽和愚昧，宣導自由、平等、博愛的進步思想。

在世人眼裡，狄德羅是一個矛盾的混合體：齷齪與高尚、自豪與卑鄙、才智與愚蠢，他用自己的行為來揭示人世間的真、善、美，揭示那些道貌岸然的虛情假意，卻時常用無知的、愚蠢的、瘋狂的、不識羞恥的、懶惰的等這樣的語言形容自己。他說：「謊言是為騙子服務的，在他們眼裡，真話的害處是不可估量的。」

在狄德羅的作品裡，也同樣充滿了這樣的論調，比如他曾經寫過這樣一部小說，名字叫《宿命論者雅克和他的主人》，講的是一個貴族家庭的女孩，愛上了一個侯爵，可是幾年以後，侯爵卻變了心，不再愛她。其實侯爵原本就是一個浪蕩公子，他打著愛情的旗號欺騙了一個又一個女孩。侯爵的絕情使女孩悲痛萬分，然而經過認真的思考，她發現侯爵表面上好像在追求真正的愛情，其實他內心已經沉淪，他的解釋不過是為自己的無恥做遮掩罷了，而這樣的人是不配得到真正的愛情的。

為了懲罰他，女孩從風塵場所找來一個以唱歌賣笑為生的妓女，把她打扮成一位清純的鄉村少女，然後又製造了一個很「偶然」的機會，讓侯爵與這位女子相識。女子的清純氣質打動了侯爵，他竟然不可自拔地愛上了女孩，而這正是被

狄德羅。

侯爵所拋棄的貴族女孩想要的結果。經過一番海誓山盟，他們結婚了，侯爵認為找到了自己一生的所愛。就在這時，貴族女孩出現了，她告訴侯爵：「恭喜你娶了一個妓女為妻，恐怕這就是你想要的吧！」

貴族女孩的話讓侯爵大吃一驚，隨後貴族女孩告訴了他事情的全部經過，而此時的侯爵，已滿臉的羞愧與懊悔。貴族女孩是被侯爵拋棄的，很多場合下，侯爵都以一種高高在上的姿態來冷落和中傷她，然而今天，在這個人生最重要的場合，侯爵卻無奈地低下了頭。

狄德羅時常以這樣的手法來揭露現實中的醜惡與虛偽，就像他自己所說的那樣，「天才，不是常人眼中的天賦才華，是能夠具有預見性、走在時代前端的那種才能。」而狄德羅恰恰具有這種才能。

狄德羅的美學思想既傳承了亞里斯多德的美學觀點，又吸納了車爾尼雪夫斯基的美學經驗，所以他在美學方面的研究還是非常受關注的。

狄德羅生活在一個極不平靜的時代，封建社會苟延殘喘，而資本主義正欣欣向榮，日益強大。做為社會的一分子，狄德羅親眼目睹了封建社會的衰亡和資本主義的興起，在這樣的環境中長大，狄德羅的理論逃不開社會因素的影響。他在《百科全書》一書中，一方面完整地總結了人類從自然科學到人文科學演變的過程中，所涉及到的諸多學科方面的探索與研究成果；另一方面，他又旗幟鮮明地

反對封建制度的腐朽和愚昧，宣導自由、平等、博愛的進步思想。

　　一個和諧的社會，自然存在了很多美的元素，狄德羅說，美是一個辭彙，這個辭彙的責任就是證明某件事物的性質。

　　美又分為現實中的美和藝術中的美。從藝術家創作的角度來看，藝術的美彷彿是一種模仿，但是如果一味去模仿和效法的話，那麼這種美就會失去自身的價值，變成一塊沒有靈魂的石頭。狄德羅主張藝術家在創作的時候，盡量到大自然中尋找和發現靈感，並且作品也要遵循自然的發展規律，唯有自然的才是最美的。

小知識

　　珀西‧比希‧雪萊（西元1792年～西元1822年），英國著名的詩人、柏拉圖主義的追隨者。著有《解放了的普羅米修斯》、《倩契》以及《西風頌》等不朽名篇。

以己渡人的隱喻
使維柯發現了形象思維規律

喬瓦尼·維柯是形象思維的宣導者，他認為藝術家在創作的時候，腦海裡是會產生一定的想像和構思的，使作品各有各的巧妙之處。這一方面取決於他們審美情趣的差異，另一方面取決於他們欣賞水準和欣賞角度的不同。

喬瓦尼·維柯出生在義大利南部的一個小鎮上，父親是一個不起眼的書商。維柯家境並不富有，他曾當過私塾教師，執教過羅馬公學。羅馬公學是為天主教培養人才而成立的學校，這所學校從成立以來，培養了很多優秀的神職人才，而維柯的神學理論也就是從這裡開始的。

雖然出生在偏僻小鎮，但是維柯的思想並不閉塞，他甚至非常輕視笛卡兒的理性主義。在他看來，人類的文化絕對不是從理性開始，而是從非理性開始的，應當從歷史的角度來剖析與研究人類的進化。不過這樣的論調在當時並不為人所接受，因為那種理性的文化起源在西方國家已經根深蒂固，甚至已經沿襲了很多年，所以大家認為維柯的理論生澀難懂，就不難理解了。

基於這樣的思想，維柯非常認同古埃及對歷史三個時期的劃分，神的時代、英雄的時代和人的時代。

早期的人類不會說話，他們之間沒有語言交流，茹毛飲血，與動物雜居，沒有固定的性伴侶，甚至坦胸露乳，沒有絲毫的羞怯感。他們的生活沒有任何制度與規律，當然也就沒有任何的宗教信仰。

後來過了很多年，地球上來了一場洪水。洪水退去以後，留下了大大小小的

湖泊，這些湖泊在太陽的蒸發下形成水蒸氣上升到天空，遇冷又變成雨，大雨傾盆，時而伴隨著雷鳴電閃。這時候地球上的男男女女就有了惶恐不安的意識，他們開始警醒自己的所作所為，開始向上天祈禱。為了躲避風雨，他們住進了山洞，同時也開始了注重各個方面對自己的保護，對於那些死去的同伴，他們再不會若無其事地任其腐爛，而是把他們的屍體掩埋。

從那時起，人們開始敬仰各式各樣的神，他們把神分為十二種，而在維柯看來，這十二種神所代表的就是人類進步的十二個階段。例如農神標誌著農業的開始，而海神則標誌著航海事業的開始，以此類推，文化也就從中繁衍開來。

在維柯所著的《新科學》一書中，他對歷史的發展做了很生動地解釋：早期的歷史就好比是人類的嬰兒時期，隨著逐漸長大，也就有了思想。原始人類不會思考，他們只會用形象做比喻，所以那個時候的宗教信仰以及神話故事也都是形象思維的產物。

海神波塞冬巡遊圖。

維柯是形象思維的宣導者，他認為藝術家在創作的時候，腦海裡是會產生一定的想像和構思的，使作品各有各的巧妙之處。這一方面取決於他們審美情趣的差異，另一方面取決於他們欣賞水準和欣賞角度的不同。

形象思維與邏輯思維統稱為最基本的思維形態。有人說，科學家在思考問題時常常引用某些理論和概念，而藝術家在構思的時候，常常以豐滿的形象來做餌。其實不然，形象思維不僅僅適用於藝術家，在科學家眼裡也同樣受到青睞。在物理學上，很多模型都是物理學家形象思維的產物，這些物理模型大到地球儀，小到分子和原子的結構，無一不是物理學家們形象思維的結晶。

一八三八年到一八四〇年，前蘇聯文藝理論界把形象思維從詩歌和藝術的方面來定義，並提出「詩寓於形象思維」一說。俄羅斯文學評論家別林斯基在《藝術的觀念》（一八四〇年）一書中，對這個定義做了修改和論證，他用藝術來替代詩，即藝術是寓於形象的思維。別林斯基的這個觀點可以從黑格爾的美學思想那裡找到依據，黑格爾主張藝術是理念的感性顯現。這個理念不是平常意義上的理念，而是一種與現實相吻合的形象概念，所以別林斯基的這個觀點是繼承黑格爾美學思想的主要標誌。

小知識

柯亨（西元1842年～西元1918年），德國哲學家，新康德主義馬堡學派的創始人。他把「認知」看做是透過純粹思維實現的，純粹思維透過先驗的邏輯範疇而創造一切科學認知。此外，他把康德的「物自體」僅僅看做是「極限概念」，進而把康德哲學徹底唯心主義化了。代表作有《康德的經驗論》等。

準時的康德
成為德國古典主義美學奠基人

什麼是目的呢？康德解釋說，這個概念既與所指的對象有關，同時又包含著對象本身現實性基礎的時候，就叫做目的。

這世上恐怕沒有比康德更守時的人了。一次，他的朋友邀請他到家裡做客，康德欣然答應了。朋友的家並不太遠，只是途中要經過一條河，當康德興致勃勃走到這條河邊的時候，他突然發現橋不見了。

他向附近的農戶打聽，一個農夫告訴他説：「先生，這座橋壞了。」

「可是我急等著拜訪朋友，説好十二點到的，這都十點了，怎麼辦呢？」

「沒關係的，從這裡往上游走十公里，還有一座橋，到那裡去過河吧！」

康德心想，如果繞道就會耽誤時間，可是明明跟朋友説好的，要是耽誤了多難為情。

康德是一個生活很有規律的人，比如他每天早上五點起床，然後看兩個小時的書，吃過飯以後，用兩個半小時時間講課，下午是寫作時間。這樣的規律幾十年沒變過，他把時間都按計畫安排好，幾乎沒有什麼可以拖延或者是浪費的餘地。

考慮再三，康德還是想盡量從這裡過河，可是河上沒有橋，河水又深又涼，怎麼通過呢？他焦急地向四處張望，目光正好落在了一個破舊的茅屋上。那個茅屋看起來很簡陋，彷彿並沒有太大的用處，但是茅屋上的幾塊門板看來倒是可以幫助他過河。

「我有一個打算，我想把那間茅屋買下來，可以嗎？」

「你買茅屋做什麼？難道你想住在這裡等橋修好嗎？」農夫大惑不解地看著康德。

「你別問我做什麼，要是你願意出售的話，我立刻就給你錢。」

「屋子這麼破舊，你給二十法郎就行。」

「我想用這屋上的門板搭一座橋，我過河之後，這茅屋以及搭橋的門板還是你的。」

農夫此時明白了康德的用意，他趕緊叫來了兒子，一起動手把橋搭好。

康德順利地過了河，並且準時與朋友相見。而朋友在見到他時，第一句話就是：「康德，我的朋友，多年不見，你真是一點也沒變，還是那樣守時。」

什麼是目的呢？康德解釋說，這個概念既與所指的對象有關，同時又包含著對象本身現實性基礎的時候，就叫做目的。比如說「人」，人之所以會被叫做人，是因為在理論上確定了「人」的規範，並按照這個規範來要求自己的行為。這種行為包括行為習慣、飲食習慣等，它與動物的習性是有區別的，所以被叫做「人」。目的可分為內在和外在兩種，外在指的是某種事物的存在，是受了其他事物的影響，或者說事物本身為了追求兩種事物之間的適應程度。內在的目的指的是某些事物本身具有的價值和因素，它的發展和形成只取決於自身的條件，並不受外界的干擾。

按照這個範疇，自然界的萬物都可以用一定的要求規範起來，比如山之所以是山，河之所以是河等，或者說它們所能夠帶來的愉悅感和震撼力也都有它自身的定義。

　　什麼是合目的性？康德解釋說，某些事物本身是按照自然界與其相同品質的框架來約定自己的，這就是這種事物的形式上的合目的性。

　　美是崇高的，主體壓倒對象憑藉的是理論，而崇高的道德又會壓倒主體，成為最後的勝利者，真正能夠決定崇高道德思想的不是對象，而是自身的理性，自身的修養。美與崇高有著明顯的區別，美是柔和的、細膩的、滋潤的，而崇高則是高大的、深沉甚至是孤獨的，美給人的印象是和諧自然，而崇高給人的印象則是痛過之後的深思和感悟。

小知識

亞歷山大·謝爾蓋耶維奇·普希金（西元1799年～西元1837年），俄國著名的文學家、偉大的詩人、小說家，被譽為「俄國文學之父」、「俄國詩歌的太陽」。著有詩體小說《葉甫蓋尼·奧涅金》，長篇小說《上尉的女兒》，政治抒情詩《致大海》、《自由頌》等。

與歌德的友誼使席勒在美學史上發揮了承上啟下的作用

康德美學理論的出發點是在先人的經驗哲學上，席勒的出發點則是站在德國當前現實的角度上，是一種抽象理論思想與豐富的現實內容相結合的美學觀點。

在席勒的生命裡，有一個莫逆之交，他就是歌德。

歌德出生於貴族家庭，經濟上一直很富有，而席勒則出生於德國符騰堡的小城馬爾赫爾的貧窮市民家庭，使他們走到一起的，是對詩歌以及戲劇的濃厚興趣。因為席勒太窮了，歌德不忍看到自己的朋友過著窘迫的生活，不僅時常接濟他，而且還把他接到自己家中。在那段時間裡，如果歌德要出席什麼宴會的話，就盡量帶上席勒，希望利用自己的影響，幫助他提高知名度。

一同學習，一同寫作，甚至一起吃飯，一起散步，席勒與歌德之間的友情像一對難捨難分的戀人。如果日子能夠永遠這樣下去也不錯，可是，人生總有一些缺憾，讓人們心裡時常生出一種揪心的痛。

席勒病了，而且病得很重，或許是心靈感應的緣故，歌德很快就知道了席勒生病的事情，他常去看望自己的朋友，在病床前陪著他。儘管歌德請了最知名的大夫，卻依然無法挽回席勒的生命，幾個月以後，就在那張病床上，在歌德眼前，席勒閉上了眼睛，永遠離開了人世。

因為席勒家裡太窮了，家人只好把他的屍體暫時寄放在教堂的地下室，那裡也有其他窮人家暫時寄放的親人遺骸，席勒與他們被放在了一起。

在席勒去世的時候，歌德生了一場大病，所以他的家人具體怎樣安葬席勒，歌德並不知道。直到二十年以後，教堂地下室需要清理的時候，家人才想起，席勒的遺骸還在裡面。

可是二十年過去了，那些遺骸已經很難辨認，歌德帶著悲痛與愧疚開始在地下室分辨席勒的遺骸。

經過仔細地辨認，席勒的遺骸終於被歌德找到了。一段時間以後，歌德把席勒的遺骸安放在了魏瑪公墓。第二次世界大戰時，人們把席勒的靈柩做了保護性的轉移，可是在戰爭結束以後，當打開席勒的靈柩，卻意外發現裡面有兩具骨骸。到底哪一具是席勒呢？一百年的光陰，歌德的靈魂連同肉體早已化為青煙，誰又能夠辨認席勒呢？

歌德與席勒。

在席勒生活的那個時代，彷彿沒有什麼美可以讓藝術家來抒發，大革命屠殺如火如荼，整個社會動盪不安，人民處在水深火熱中。之所以會出現這樣的狀況，首先歸結於文化的衰敗。

　　與原始的自然文化相比，近代的文化不僅是一種刻意的模仿，而且添加了很多虛偽和假象。在整個社會進步的大前提下，每個人都在拼命補充營養，以便於能夠與社會相融合。他們像安裝精確的機械錶，每一分鐘、每一天都生活在被人設計好的框架內，喜、怒、哀、樂都是機械化的。法律撕碎了原始的風俗習慣，繁重的勞動給生活帶來了莫大的壓力，娛樂不再無拘無束，無論是誰在這樣的環境下，都很難從內心對社會產生一種自然且立於道德的基礎上的美感。而要想改變這樣的現實，就應該在整個社會範圍內開展道德倫理與美學教育。

　　席勒的哲學思想，在很大程度上受康德學派的影響，但是與康德學派所不同的是，席勒主張脫離主觀驗證的基本模式。康德美學理論的出發點是在先人的經驗哲學上，席勒的出發點則是站在德國當前現實的角度上，是一種抽象理論思想與豐富的現實內容相結合的美學觀點。

小知識

亞歷克修斯·里特·馮德舒克辛（西元1853年～西元1920年），奧地利哲學家、心理學家、新實在論者。他曾發表過假設論、證據論、對象論和價值論等學說。主要著作有《假設論》、《對象論》、《對象論在科學體系中的地位》等。

叔本華餐館收回金幣
開啟了存在主義美學的先河

叔本華說，理論上的科學只能使人們認識表象的東西，其實表象的存在也只是人們給它下的定論。這些事物的結果看似客觀，但它卻又是人類主觀意識上的產物，因為這個結果沒有逃出理性的思維範疇。

叔本華，一個著名的哲學家，卻有著極為孤獨的本性和極為悲情的世界觀。

在叔本華居住的街道上有一家餐館，那裡的披薩做得很美味，而叔本華經常在寫作累了的時候，去那裡吃飯。

選擇了一個乾淨的飯桌坐下，叔本華從口袋裡拿出一塊金幣，放在桌子上。然後有侍者過來送餐，叔本華一邊吃飯，一邊環顧四周，十幾分鐘以後，他吃完了飯，然後站起身，收拾起桌子上的金幣，離開餐館。

幾天以後，叔本華又走進這家餐館，還是那樣選擇一個乾淨的位置坐下，然後如法炮製，把一枚硬幣擺在桌子上，等他吃完飯，又拾起金幣，離開餐館。

餐館的侍者不明白叔本華為什麼會這樣做，就問他：「先生，您這是做什麼呢？」

「我只是在跟自己打賭，看看那些在這裡吃飯的官員們，他們的話題除了女人、狗和馬之外，如果還有其他的，那麼我就把金幣投到慈善箱裡。」

從一八一四年到一八一九年，叔本華利用五年的時間，完成了他具有代表性的作品——《做為意志和表象的世界》。這本書融入了印度哲學理論，是東西方文化的統一體。但是對於這本書，社會上卻反應平平，這給叔本華帶來了一種

莫大的失望，他說：「如果不是我配不上這個時代，那麼就是這個時代配不上我。」

後來，他去柏林大學做編外教授，不巧的是，當時黑格爾也在這所大學任教，並且黑格爾正處於事業的頂峰，人氣極旺。他們兩人同時授課的時候，叔本華的班級基本上沒有什麼人，甚至有時候一個人也沒有，無奈之下，他只得辭職，離開柏林大學。

叔本華並不是一個很大度的人，因為討厭女房東的吵鬧，他衝動地將其推下樓梯，使女房東摔斷了脊椎骨，癱瘓在床。從那以後，按法律規定，叔本華每年都要付給女房東一定數額的補償金，一直到她去世。

女房東去世以後，叔本華才如釋重負。

十九世紀是德國哲學的巔峰時期，當黑格爾的理性主義哲學被高高地信奉為真理的時候，叔本華卻提出了不同的意見，這就是唯意志主義。

一直以來，唯意志主義與西方的理性主義之間都是水火不容的。雖然當時在黑格爾的光華遮蓋下，人們並沒有真正意識到唯意志主義的價值，但是叔本華心裡清楚，他所提出的唯意志主義給社會帶來的影響，絕不亞於黑格爾的理性主義哲學觀。

究竟什麼是唯意志主義呢？

首先說意志。意志在天性是本能，就像一個人與生俱來的慾望一樣，決定著一個人自身的素質。叔本華說，理論上的科學只能使人們認識表象的東西，其實表象的存在也只是人們給它下的定論，如太陽、地球、月亮之所以存在，是相對於人們的感覺來說的，是人的眼睛所看到的。這些事物的結果看似客觀，但它卻

又是人類主觀意識上的產物，因為這個結果沒有逃出理性的思維範疇。

　　唯意志主義，從理論上說，是反對經驗、反對理性的一種哲學。從科學的角度來說，人類對一件事物的判斷不能只遵照經驗、拘泥於理性，否則不僅自身的潛能得不到發揮，而且會歪曲事物的本身價值。而理性哲學的錯誤就在於它一直關注的是經驗、理性，這些經驗是外在的，是判斷事物標準的最基本依據，但除此之外，人們還應該把它融入到自己的內心世界，與自己的道德修養相結合，進而更喚出另一種潛能，而這種潛能才是最值得推崇的。

小知識

克洛德・阿德里安・愛爾維修（西元1715年～西元1772年），法國啟蒙思想家、哲學家、教育家、「教育萬能論」的宣導者，他所講的教育是「一切生活條件的總和」，即自然環境和社會環境的總和。主要的教育著作有《論精神》和《論人的理智能力和教育》等。

尼采用悲劇
揭示了美的所在

尼采用一部悲劇《酒神》揭示了美之所在。酒神是神話中的人物，他在喝酒的時候，整個狀態是亢奮的、激昂的，甚至是悲憤無比的，進而解脫了自身的一切痛苦，獲得了超越世俗、超越平凡的歡樂。這就是醉，而醉就是酒神狀態。

尼采的父親是一位宮廷教師，深得國王的信任，所以國王允許他可以用王室的名字為孩子命名，尼采的名字便由此而來。而更加巧合的是尼采出生的日期與威廉四世同一天，所以每逢國慶日，尼采便自豪地說：「最快樂的就是我的生日了，因為這一天舉國上下都歡騰，這基本上是我整個童年記憶最深刻的一件事。」

尼采出生在一個神職家庭，祖父是一位基督教徒，曾寫過神學著作，而外祖父則是一名牧師，不過小時候的尼采很沉默，極少說話。

尼采沉默的性格跟家庭不無關係，在他五歲的時候，父親和弟弟就先後離開了人世。親人的離去使他感到生命是如此的脆弱，那種無法控制的恐懼感時常伴隨著他，讓他感到一種莫名的失落和壓抑。尼采的生活裡，沒有了父親的疼愛，沒有了弟弟的嬉鬧，憂鬱和孤獨時常侵襲著他，為了排解這樣的情緒，他經常一個人去爬山、郊遊，從大自然中尋找那份屬於自己的心靈依靠。

父親去世以後，母親就帶著尼采到妹妹家居住，那個時候祖母依然在世，她經常向尼采講述自己的家族史，講述身為波蘭人不可侵犯的高貴的血統，使尼采從內心產生了一種做為波蘭人值得驕傲的優越感。尼采一直把父親視為偶像，他

希望自己長大以後，能夠像父親那樣做一個受人尊敬的牧師。

他開始翻閱父親留下的《聖經》，並且向周圍的人講述《聖經》裡的故事。而沉浸在《聖經》的那些章節裡，對他多少是一種解脫，尼采經常感嘆道：「那些孩子們真快樂，即便是在聽《聖經》的時候，也不能使他們安靜一會兒，可是我的童年跟他們相比，是一種無法彌補的缺憾。」

童年很快結束了，尼采也升入了瑙姆堡中學。學校濃厚的藝術氛圍好像對尼采這個生性孤獨的人沒有什麼感染力，他依舊喜歡獨來獨往，不過這樣的性格倒是給了他很大的幫助，使他能夠很安靜地學習和閱讀。那個時候，尼采的文學和音樂都得到了較大的進步，並且已經成長為他生命不可分割的一部分。

酒神巴克斯的盛宴。

美是複雜多變的，它存在於自然界的萬物之中，來自於人們的感官。尼采用一部悲劇《酒神》揭示了美之所在。酒神是神話中的人物，他是宙斯的私生子，在剛出生的時候，母親就被燒死，而由眾仙女將他養大。但是那不光彩的出身，

令他一直被赫拉（宙斯的妻子）追殺，所以他的命運一直是顛沛流離的。酒神在仙女那裡學會了釀酒的本事，所以他經常以喝酒的方式來釋放自己。他在喝酒的時候，整個狀態是亢奮的、激昂的，甚至是悲憤無比的，他解脫了自身的一切痛苦，進而獲得了超越世俗、超越平凡的歡樂。這就是醉，而醉就是酒神狀態。

與酒神狀態相對立的是日神狀態，日神的光輝普照大地，在它的照耀下，自然界的萬物呈現出無以倫比的美感，這是藝術上的美。這種藝術被稱為是日神藝術，如古希臘神話故事中十二位奧林匹斯神祇的形象，就是鮮明的日神藝術。

那麼到底哪一種狀態更接近於人的理性呢？有人說酒神的狀態出於衝動，所以日神狀態應當屬於理性狀態，其實不然。在尼采看來，酒神藝術是自身藉助外界所賦予的一種幻覺來尋找自我，從中得到快樂，而日神藝術是自我否定，然後把一切美的感覺都歸結於外界因素，而扼殺了自我的本能。所以說，這兩者都不屬於理性藝術的範疇。

小知識

布朗尼斯勞．馬凌諾斯基（西元1884年～西元1942年），英國社會人類學家、功能學派創始人之一，著有《科學的文化理論》、《野蠻社會的犯罪和習俗》、《西北美拉尼西亞的野蠻人性生活》、《自由和文明》等。

為思想而生活的泰納
堅信特徵說

泰納曾經以真實的歷史發展為依據，探索了整個歷史時期文化藝術發展
的規律，其中地域、環境和時代是促進和影響藝術發展的三個主要因
素。

泰納居住在法國東北部的阿登省武濟耶鎮，童年的時候，父親和伯父就開始
教他學習英語和拉丁語。由於泰納聰明認真，十歲的時候就已經能夠閱讀莎士比
亞的英文原著。可是泰納的快樂童年並沒有持續多久，父親在他十三歲的時候就
去世了，迫於生活，母親帶著他離開武濟耶到了巴黎，而泰納同時也轉入波旁中
學讀書。在那裡，泰納天生聰穎的特點再一次得到展現，他不僅成績優異，而且
還經常得到學校的嘉獎。

一八四八年，泰納以優異的成績從波旁中學畢業，繼而考上了巴黎國立高等
師範攻讀哲學。可是當他的才華再一次嶄露頭角的時候，卻因為堅持哲學唯物論
觀點而遭到當局的反對，他的第一篇博士論文《論感覺》也因此遭到駁回。無
奈，他只得換一種語氣，撰寫了另一篇論文《拉封丹及其寓言詩》，而這本以批
判語氣撰寫的論文竟獲得了意想不到的好評，從那以後，他便轉向了從事文學批
判的道路。

泰納的論著大多是在業餘時間寫出來的，特別是在十九世紀五○年代，他一
邊當家教，一邊忙於寫作。到了五○年代末，他放棄了家教的工作，開始周遊世
界。那段時間，他曾到過英國、比利時、荷蘭、德國和義大利。在此後的幾年
裡，法國政局一直動盪不安，從普法戰爭中慘敗到巴黎公社革命，這些事件給泰

納很大的觸動，他決心用自己餘生來研究法國社會動盪不安的潛在因素。為了讓自己的工作與現實相照應，他利用在牛津大學講學的機會，與勒南等一些著名的知識分子，在埃彌爾‧布特悄悄創辦了巴黎私立政治學院，這個學院主要是為法國培養傑出的政治精英。

泰納的理論對於社會的發展以及歷史的發展都有著極為重要的影響，左拉吸收泰納的理論而形成了一套自然主義的文學主張，普列漢諾夫把泰納的理論加以補充和整合，進而率先在俄國用馬克思主義研究美學。

一位英國的批判家這樣稱讚泰納：如果把泰納的作品比喻為是一幅畫的話，那麼鑲嵌這幅畫的最好畫框就是歷史。

泰納曾經以真實的歷史發展為依據，探索了整個歷史時期文化藝術發展的規律，而地域、環境和時代是促進和影響藝術發展的三個主要因素。

人類生活的地球，不同地域有不同的種族劃分，而不同的種族自然繁衍出各自的文化藝術。一個古老的民族，它的文化遺產儘管會在社會的進步過程中受到外界的影響而發生一些改變，但是它的語言、宗教、文學、哲學中所蘊含的血統和智慧是無法消失的，這就是原始的民族痕跡。自然繁衍的文化藝術同時又承受著外界環境的影響，比如飲食文化、服飾文化，以及音樂繪畫等，都與所處的環境不無關係。

除了上述兩種因素之外，文化的發展還有第三種關係，那就是時代性。簡單地說，某些藝術因為所處的時代不同，所以審美觀和價值取向也各有差異，比如達文西和伽多都是義大利人，但是因為他們所處的時代不同，所以他們創作的意義和作品的風格也迥然不同。一個理論或一件作品，前人探索的結果，後人可以拿來借鑑、增補和完善，當然也可能提出質疑，這就是時代不同所賦予給藝術家

們的不同理論基礎。

　　泰納的藝術發展三要素的理論開創了社會文化的先河，他之所以會有這樣的理論，源於他所生活的時代。泰納生活的時代處於世紀之交，社會文化新、舊交替，所以他力圖在紛亂的藝術理論和環境中，尋找一個清晰的思維軌跡。

小知識

梁啟超（西元1873年～西元1929年），中國近代史上著名的政治活動家、啟蒙思想家、教育家、史學家和文學家，亦是戊戌變法領袖之一。曾宣導文體改良的「詩界革命」和「小說界革命」。著有《中國近三百年學術史》、《中國文化史》等。其著作合編為《飲冰室合集》。

被墨索里尼罷免的克羅齊
反對美學中的「模仿說」和「聯想說」

克羅齊認為，藝術創作其本質的目的就是為了藝術本身，不含有其他社會功利，其理論核心就是「藝術即直覺，直覺即表現」。

一八六六年二月五日，在義大利阿布魯佐省的佩斯卡塞羅利，有一個小男孩呱呱墜地了。這是一個在當地很有威望的家族，從男孩懂事起，就開始接受嚴格的天主教式的教育。在他十六歲的時候，他的思想中就已經形成了很完整的價值觀，並且逐漸成長為一個出色的哲學家。這個男孩就是義大利著名的文藝批評家貝奈戴托‧克羅齊。

雖然從小就接受天主教的薰陶，但是在克羅齊看來，天主教只不過是一種信仰，不可以當作思想的主旋律來做為生命的寄託。

一八八三年，是克羅齊命運轉折的一年。那一年他帶著家人到伊斯基亞的卡薩米喬拉度假，不料遭遇了地震，房屋倒塌，姐姐死亡，而他自己也被埋在地下，幸得搶救及時，才得以活命。

唯一的姐姐死了，克羅齊便繼承了家裡所有的財產，並把自己關在房子裡研究哲學。隨著研究的深入，他所取得的成就也越來越被人熟知，他思想上的那些令人耳目一新的觀點，引起了政客們的注意。在他們反覆要求下，克羅齊接受了公共教育部部長這個職位，一年以後，他又被任命為義大利參議院議員。他在這個職位上工作了很多年，後來一戰開始了，克羅齊強烈反對義大利參戰，他把一戰看成是一場貿易戰爭，在各個強國面前，義大利的介入無異於自取滅亡。當然，他的意見並沒有使義大利退出戰爭，不僅如此，很多政客都對克羅齊持懷疑

態度，認為他是懦夫，這樣的態度一直持續到一戰結束。

此後，墨索里尼竊取了國家政權，克羅齊也隨之從教育部長的職位上被罷免。墨索里尼一直反對克羅齊的哲學思想，所以處處壓制和迫害他，查抄他的書籍和著作、監視他的行動，並遏制所有的報刊雜誌發表有關克羅齊的消息和他的哲學觀點。這樣的處境一直到一九四四年才得以改變，那時候專制政府被推翻，克羅齊又被任命為新政府的部長。

貝奈戴托‧克羅齊。

克羅齊，二十世紀西方最具影響力的哲學家之一，他的美學思想是心靈哲學的重要組成部分。在克羅齊的哲學理論中，精神是世界的本源，只有心靈上的認識和感覺才是最真實的，心靈代表的就是現實，這是一個把客觀世界完全等同於心靈世界的理念。克羅齊的美學思想繼承了康德的主觀唯心主義理論，表現出濃厚的形式主義色彩，認為藝術就是直覺上的感受，是心靈活動的最初階段，是直觀的感情顯現，而不是理性的顯現，它的性質在於有獨立的思維和獨特的社會實踐。藝術能夠給人帶來美感，原因是它所具有的個性化的思想表達方式。

克羅齊認為，藝術創作本質的目的就是為了藝術本身，不該含有其他社會功利，其理論核心就是「藝術即直覺，直覺即表現」。他反對美學思想的「模仿說」和「聯想說」，認為「模仿說」只是事物的機械翻版，缺乏藝術欣賞的實質

性內涵和價值；而「聯想說」是把一件完整的藝術作品分為了兩個層次來理解，使審美對象變成了兩個形象，它的弊端就在於破壞了審美的統一性。

與外在的形式主義美學不同，克羅齊的形式主義美學是建立在創造和弘揚主體內容的基礎上的，他反對只追求事物外在結構的形象主義，認為這樣就失去了美學是表現的科學這一基本意義。

小知識

馬爾庫斯‧奧列里烏斯‧安東尼‧奧古斯都（西元121年～西元180年），古羅馬皇帝，哲學家，斯多亞學派代表人物。他試圖為倫理學建立一種唯理的基礎，把宇宙論和倫理學融為一體，認為宇宙是一個美好的、有秩序的、完善的整體，由原始的神聖的火演變而來，並趨向一個目的。代表作《沉思錄》。

小漢斯用自身經歷
驗證佛洛伊德的精神分析說

佛洛伊德認為，人類的審美經驗和藝術創造動力，均來自人的無意識領域。人類性慾的替代性滿足，是所有藝術品及其審美對象，所能夠賦予人類快樂的真正原因。它是美的泉源，是藝術品不斷產生和發展的動力。

幾乎從有了最初的思想意識開始，人就懂得了什麼是做夢，夢是因為大腦皮層的細胞尚未完全進入睡眠狀態，有的還在興奮中，而產生的一種雜亂無章的思想反應。可是為什麼做夢會跟現實有很大的相似呢？佛洛依德解釋說，那是因為人在白天的活動中，有很多願望沒有達成，因此會煩躁焦慮，人在睡著以後，這種情緒依然得不到休憩與控制，但是夢境可以暫時使願望達成。在夢裡，願望達成了，人的神經系統就可以維持平衡，緩解了焦躁，也就保證了睡眠。

為了證實自己的判斷，佛洛伊德做了多次實驗，並列舉了大量的例子。他在白天故意吃了很鹹的食物，然後在口渴難耐中睡著了，在夢中，他夢見自己看到了一汪清泉，然後捧起來就喝。喝水的想法得到滿足，他也就放心睡去了，所以從某種意義上說，做夢是保證有效睡眠的一種方式。而有的夢是一種思維錯亂的反映，比如佛洛伊德時常工作到深夜，第二天早上起不來，這時候他也明明感覺到是黎明了，然後他夢見自己起床了，穿好衣服，在浴室裡像往常一樣梳洗，這一切都做完以後，他認為自己已經沒有該做的了，然後轉身繼續睡去。佛洛伊德的同伴西皮也做過類似的夢：有一個人欠西皮五十塊錢，說好了來還錢，一大早，西皮還在夢裡，他夢見朋友來到家裡，把錢放在桌子上，然後說了幾句話就走了，而西皮轉身又沉沉睡去了。

佛洛伊德。

佛洛伊德說，自己對做夢的解釋，是有著一定的道理和根據的，它不同於占卜，所以很多人都來找他解夢。

有一次，他帶著妻子和女兒，還有鄰居家的三個孩子去遊樂場，他們玩得很開心，晚上還在一起吃飯。第二天一早，女兒興奮地告訴佛洛伊德：「爸爸，我昨晚夢見艾米爾跟我們成了一家人，一起吃飯，一起上學，還叫你爸爸。」

佛洛伊德知道女兒做這個夢，是因為她跟鄰居的孩子玩得很開心，並且希望他們之間成為好朋友，永遠這樣下去。

佛洛伊德認為，人類的審美經驗和藝術創造動力，均來自人的無意識領域。人的本能慾望隱藏在人的無意識裡，又被稱為力必多，以願望和意圖為表現，實際上是一種動力源。而人類的文明不時地對「力必多」的活動加以限制、約束和壓抑，進而導致人的本能慾望受到壓抑，而成為潛意識，並進行自動調節。這被稱為「力必多」轉移，夢和想像均屬於「力必多」轉移的現象。

所謂的「力必多」昇華，也是一種「力必多」轉移方式，即藝術想像，它是以文明和社會所允許的方式加以顯現，進而使現實世界中無法滿足的慾望得到替代性滿足，這就是審美經驗和藝術欣賞的本質所在。

任何藝術的創造，都是在現實中無法滿足的慾望，在無意識裡的轉換，並經過改頭換面，以新的面貌，隱藏在藝術作品裡。

總之，佛洛伊德認為，人類性慾的替代性滿足，是所有藝術品及其審美對象所能夠賦予人類快樂的真正原因。它是美的泉源，是藝術品不斷產生和發展的動力。

小知識

埃蒂耶納‧博諾‧德‧孔狄亞克（西元1715年9月30日～西元1780年8月3日），法國哲學家，啟蒙思想家。他把洛克的唯物主義經驗論心理學思想發展為感覺主義心理學思想。他認為心靈有自己發展的能力，知識是由感覺引起的觀念形成的，一切心理過程都是由感覺轉化來的，都是變相的感覺。

國家圖書館出版品預行編目資料

關於美學的100個故事／馮慧編著.
－－第一版－－臺北市：宇河文化 出版；
紅螞蟻圖書發行，2011.8
面 ； 公分－－(Elite；34)
ISBN 978-957-659-854-8（平裝）

1.美學－通俗作品

180   100013405

Elite 34

關於美學的100個故事

作　　者／馮慧
美術構成／Chris' office
校　　對／楊安妮、周英嬌、賴依蓮
發 行 人／賴秀珍
總 編 輯／何南輝
出　　版／宇河文化出版有限公司
發　　行／紅螞蟻圖書有限公司
地　　址／台北市內湖區舊宗路二段121巷19號(紅螞蟻資訊大樓)
網　　站／www.e-redant.com
郵撥帳號／1604621-1　紅螞蟻圖書有限公司
電　　話／(02)2795-3656（代表號）
傳　　真／(02)2795-4100
登 記 證／局版北市業字第1446號
法律顧問／許晏賓律師
印 刷 廠／卡樂彩色製版印刷有限公司
出版日期／2011年 8 月　第一版第一刷
　　　　　2019年12月　　　　第二刷

定價 300 元　　港幣 100 元

ISBN 978-957-659-854-8   Printed in Taiwan